GÉRARD DE CORTANZE

Sarah Bernhardt

par

Sophie-Aude Picon

Gallimard

Crédits photographiques :

1 : FIA/Rue des Archives. 2, 4, 20 : Roger Viollet. 3, 9, 16 : Rue des Archives/PVDE. 5 : Lyliane Degrâces/Musée Carnavalet/Roger-Viollet. 6, 7, 14, 15 : BNF. 8, 12 : Rue des Archives/RDA. 10, 11 : Rue des Archives/BCA/CSU. 13 : Rue des Archives/CCI. 17 : akg-images. 18 : Aisa/Leemage. 19 : Collection Grob/Kharbine-Tapabor. 21 : Photo Josse.

© *Éditions Gallimard, 2010.*

Ancienne élève de l'École normale supérieure, agrégée de lettres modernes et ancienne élève du Conservatoire national d'art dramatique de Paris, Sophie-Aude Picon est aujourd'hui comédienne et assistante à la mise en scène. Lauréate de la Villa Médicis hors les murs, elle a enseigné à l'université de Paris III-Sorbonne nouvelle. Aux Éditions Gallimard, elle a commenté pour la collection « Folioplus classiques » *Thérèse Raquin* d'Émile Zola, *Six personnages en quête d'auteur* de Pirandello, et *Antigone* de Sophocle.

Une enfance sous le signe de l'abandon

(1844-1860)

> *Les démons du hasard selon*
> *Le chant du firmament nous mènent*
> *À sons perdus leurs violons*
> *Font danser notre race humaine*
> *Sur la descente à reculons*
>
> APOLLINAIRE,
> La chanson du mal-aimé [1]*

D'origine polonaise, la famille Bernard s'installe aux Pays-Bas à la fin du XVIIIe siècle. Baruch Milles Bernard épouse Jetta Wolf en 1787, leur fils Moïse change son nom en Moritz et ajoute un « t » à son patronyme. Il s'établit comme oculiste à Rotterdam et parcourt toute l'Europe au service d'une clientèle fortunée. Il se marie avec Janette Hartog, originaire du sud de la Hollande, avec laquelle il a six enfants : Annette, Henriette, Julie, née à Berlin, Rosine, à Bâle, Mathilde et Édouard. Après la mort de sa femme, en 1829, Moritz s'installe à Amsterdam où il épouse en secondes noces Sara Abraham Kinsbergen issue d'une famille d'artistes. Julie et

---

* Les notes bibliographiques sont regroupées en fin de volume p. 277.

Rosine ne s'entendent pas avec leur belle-mère et quittent le foyer paternel à l'adolescence pour courir le monde. Julie est au Havre en avril 1843 ; elle y donne naissance à deux jumelles, Rosalie et Lucie, et se déclare à l'état civil du Havre « artiste musicale », âgée de vingt et un ans. Les bébés ne vivront pas. Les deux sœurs partent ensuite pour Paris. Le 23 octobre 1844, Julie donne naissance à Rosine-Sarah, sans que l'on soit absolument certain ni de la date de naissance de celle qui deviendra la « grande Sarah », ni de l'identité du père, ni même du lieu où elle a vu le jour. Certains biographes la disent née le 25 septembre, d'autres le 22 octobre. À Paris, une plaque au 5 rue de l'École-de-Médecine revendique l'honneur d'avoir abrité ses premiers cris, mais on donne aussi deux autres adresses possibles de Julie Bernard à cette époque : 265 rue Saint-Honoré ou 22 rue de la Michodière. L'incendie et le pillage de l'Hôtel de Ville sous la Commune ont fait disparaître les registres d'état civil qui auraient permis de certifier la date et le lieu de naissance de Sarah. Une autre des sœurs Bernard, Henriette, s'est également installée à Paris où elle a épousé un homme pieux et bourgeois, du nom de Faure, choisissant un mode de vie radicalement différent de celui de ses sœurs. Le foyer des Faure accueillera quelquefois Sarah dans son enfance. La belle-mère de Julie, grand-mère paternelle de Sarah, sera elle-même hébergée un temps par sa petite-fille, à la fin de sa vie. La situation familiale est donc assez instable, les trois sœurs Bernard qui vivent à Paris se voient occasionnellement, surtout Julie et Rosine qui fréquentent le même monde, sans entretenir de liens très étroits avec leur famille hollandaise.

Dans les années 1850, Julie Bernard est clairement identifiée comme courtisane par de nombreux témoignages littéraires, comme le *Journal* des frères Goncourt. Par ailleurs, la France est depuis près de cinquante ans le théâtre de guerres ou de révolutions et les jeunes gens des années 1840 s'occupent désormais de faire fortune et de se divertir, suivant en cela le conseil de Guizot, chef du gouvernement sous la monarchie de Juillet : « Enrichissez-vous ! », oubliant que celui-ci a précisé « par le travail et par l'épargne ». C'est le début de l'âge d'or des demi-mondaines, des cocottes, des lorettes qui fréquentent des hommes du beau monde sans jamais pouvoir vraiment s'y intégrer. La courtisane est d'ailleurs une figure littéraire récurrente des romans de l'époque, des *Mystères de Paris* d'Eugène Sue (1843) à *Splendeurs et misères des courtisanes* de Balzac (1847) en passant par *Nana* d'Émile Zola (1880), dans lesquels elle apparaît comme une victime. Cependant, ces fictions, écrites par des hommes, activent le plus souvent le fantasme de la pécheresse sauvée par l'amour, montrant comment cette « créature » peut être sauvée par une passion profonde et sincère.

Petite, assez jolie et blonde, Julie Bernard, surnommée « Youle » par ses familiers, se déclare désormais « modiste » sur les actes officiels. À la naissance de sa deuxième fille, Jeanne-Rosine, en 1851, Youle devient « rentière ». Sa judaïté lui tient lieu d'exotisme dans la vie galante de la capitale sous la monarchie de Juillet gouvernée par son appétit de plaisirs. Elle habite rue de la Michodière dans le quartier de Notre-Dame-de-Lorette, alors réservé au commerce galant. Sans être une beauté, elle a un joli brin de voix ; son goût est assez médiocre, mais elle ne répugne pas à raconter avec une feinte pudeur des histoires osées qui font l'attraction de son salon fréquenté par de nombreuses personnalités de l'époque, comme le peintre Fleury, le docteur Monod, Alexandre Dumas père, Rossini, le banquier Lavolie, Camille Doucet, alors directeur des Beaux-Arts, le duc de Morny, amant attitré de sa sœur, ou encore le baron Hippolyte Larrey, chirurgien de Napoléon III. Pour faire commerce de leurs charmes, les deux sœurs Bernard, Youle et Rosine, ont mis au point un véritable numéro de duettistes qui fait la renommée de leur salon, attirant aussi bien intellectuels qu'hommes d'affaires, et leur assurant un train de vie relativement confortable.

Il semble que Sarah Bernhardt * n'ait jamais connu son père. Ses biographes hésitent entre un officier de marine bien né, Morel, originaire du Havre, et un étudiant en droit. Quelle que soit sa véritable identité, s'il n'a pas reconnu sa fille, il a

---

* Devenue comédienne, Sarah a elle-même ajouté un « h » et un « t » à son nom de famille. Le journaliste Émile Bergerat désappointé par son refus de réintégrer la Comédie-Française après sa première tournée américaine, écrit ainsi dans *Le Figaro* : « Elle pouvait être la Muse de l'art dramatique ! C'est dans cet espoir qu'on lui avait accordé le bénéfice de ces "H" qu'elle ajoutait à son nom et qui semblaient la mettre sous l'égide de Victor Hugo » (cité par Marie Colombier, *Les Voyages de Sarah Bernhardt en Amérique*, Marpon et Flammarion, 1881).

versé, semble-t-il, une rente à sa mère. Dans son autobiographie, intitulée *Ma double vie* et publiée en 1907, Sarah entretient le mystère autour de l'image du père. Elle en parle d'ailleurs assez peu, le dit parti en Chine au moment de sa naissance et de son placement en nourrice, puis révèle qu'il serait venu la voir pour lui parler en tête à tête de son avenir avant de l'emmener au couvent. Ce père absent donne lieu à l'esquisse d'une figure paternelle mythique présente à l'état de traces dans son autobiographie, une présence en creux, réduite à la voix « musicale » et douce avec laquelle il aurait prononcé, avant de la quitter, des paroles « graves » et « tristes[2] » qui l'auraient fait pleurer. Mais ces quelques rares détails ne peuvent masquer la réelle absence de figure paternelle, encore aggravée par la négligence de la mère dont les amants ne peuvent pas être considérés comme des figures paternelles de substitution. La mort de ce père fantôme lui est annoncée par sa mère alors qu'elle est encore au couvent. Sarah prend grand soin de préciser qu'elle a eu la prémonition de cette disparition avant que sa mère ne vienne l'en informer. Il n'est plus ensuite fait mention de ce père anonyme, sinon sous la forme posthume d'un héritage transmis à sa fille par l'intermédiaire d'un notaire du Havre, à la condition qu'elle se marie, afin, sans doute, de lui éviter de suivre la carrière de sa mère. Dans un roman largement autobiographique, *Petite Idole*, paru en 1920, elle brosse le portrait invraisemblable d'un père aimant et vertueux, qui confirme une construction strictement fantasmatique.

En 1840, quelques années avant la naissance de Sarah, Paris n'a pas encore été redessiné par le regard visionnaire du baron Haussmann, l'atmosphère y est largement insalubre, la Seine charrie les eaux usées, les rues sont étroites et tortueuses. Il n'est que de lire la première page des *Mystères de Paris* d'Eugène Sue pour se faire une idée de la ville :

> La lueur blafarde, vacillante des réverbères agités par la bise, se reflétait dans le ruisseau d'eau noirâtre qui coulait au milieu des pavés fangeux. Les maisons couleur de boue, percées de quelques rares fenêtres aux châssis vermoulus, se touchaient presque par le faîte, tant les rues étaient étroites. De noires, d'infectes allées conduisaient à des escaliers plus noirs, plus infects encore, et tellement perpendiculaires que l'on pouvait à peine les gravir à l'aide d'une corde fixée aux murailles humides par des crampons de fer[3].

On comprend par ailleurs que la présence d'un bébé n'ait pas charmé les hommes fréquentant le salon d'une courtisane, aussi la petite fille est-elle très vite éloignée de Paris et mise en nourrice à Quimperlé, en Bretagne, à plusieurs journées de diligence du domicile familial. Cette pratique était fort répandue dans les familles qui en avaient les moyens et il ne faut pas y lire de signe de désamour particulier. Mais Julie ne vient que rarement voir sa fille, toujours en voyage, se contentant d'envoyer des billets à ses sœurs pour leur recommander de veiller sur « la petite ». Un jour, la petite fille âgée de trois ans, laissée un moment par sa nourrice à la garde de son mari paralysé, tombe dans le feu depuis sa chaise haute. C'est la première chute de la future actrice. Elle attire de nombreux spectateurs, dont la mère oublieuse qui accourt aussi vite que possible de Bruxelles, accompagnée de médecins. L'enfant est trempée dans une jatte de lait frais, puis enveloppée de beurre; elle finit par se remettre de ses brûlures. La mère installe ensuite la nourrice et son mari à Neuilly et leur laisse la garde de sa fille, avant de repartir pour la Suisse avec un de ses amants, le baron Larrey, sans laisser d'adresse. Lorsque la nourrice, devenue veuve, épouse un concierge de la rue de Provence, elle ne peut informer qui que ce soit de son déménagement à Paris, avec la petite Sarah.

Le sentiment d'abandon qui perce dans *Ma double vie* est flagrant. La tristesse de ce quartier parisien sombre et peu aéré, qui contraste avec la campagne bretonne, lui donne une fièvre constante et elle est menacée de tuberculose. Mais il faut reconnaître que Sarah se plaît sans doute à dramatiser les épisodes de son enfance : on ne peut s'empêcher à la lecture des premiers chapitres de *Ma double vie* de songer aux romans populaires. Elle se peint volontiers en Cosette, logée dans un cabinet sombre, abandonnée par sa mère qui ne paye plus la pension. Le plus grand des hasards met alors la tante Rosine, perdue dans une rue parisienne, sur la route de l'enfant. Après une émouvante scène de reconnaissance, la petite fille tente de convaincre sa tante de l'emmener hors de ce lieu sombre et triste et, voyant celle-ci repartir, se jette par la fenêtre, se cassant le bras et la rotule. Ce geste héroïque et désespéré lui permet une nouvelle fois de retrouver sa mère et un semblant de famille, puisqu'elle passe presque deux ans en convalescence. Elle fait alors la connaissance de ses cousins et cousines, les enfants d'Henriette, à l'écart desquels elle avait jusque-là été tenue.

Les médecins consultés ne lui donnent que peu de temps à vivre. Depuis sa plus tendre enfance, la médecine l'a déclarée de santé fragile ; ce diagnostic, confirmé d'année en année, fait d'elle une petite miraculée échappant sans cesse à une mort prochaine. Cela explique sans doute largement la fascination morbide de la jeune femme pour la mort et ses symboles, tout en éclairant son goût pour les scènes d'agonie qu'elle s'est plu à interpréter sur scène. Cette chute quasi originaire, volontaire et suicidaire de l'enfant, qu'elle soit réelle ou fictionnelle, témoigne de son caractère téméraire et résolu et préfigure sa ténacité et sa volonté de femme. Elle obtient ce qu'elle désire, à savoir une place dans le foyer familial, mais le prix à payer est très élevé. Si l'on en croit son autobiographie, il faut risquer la mort pour trouver une mère et un semblant de famille.

Sa faiblesse physique se double d'une absence totale d'instruction et de culture : à sept ans, elle ne sait ni lire ni écrire. Sa mère, sans doute conseillée par un de ses amants effaré par son ignorance, décide de lui offrir un semblant d'éducation et la place dans la pension de Mlle Fressard, 18 rue Boileau, à Auteuil où elle restera deux ans. Youle vient surtout d'avoir une deuxième petite fille, Jeanne, née le 22 mars 1851, qui sera toujours sa préférée.

En pension, Sarah apprend à lire, écrire et broder, s'apprivoise quelque peu et gagne un surnom, le premier d'une longue série, la « Négresse blonde », lié à la profusion de sa chevelure. C'est là aussi qu'elle entend pour la première fois une actrice, Stella Colas, alors pensionnaire de la Comédie-Française dans un emploi* d'ingénue, venue dire aux petites du pensionnat d'Auteuil *Le Songe d'Athalie*. Dans la construction rétrospective de sa genèse artistique, Sarah Bernhardt insiste sur l'effet de ces premiers vers entendus, suggérant une vocation précoce, puisqu'elle se serait essayée aux vers de Racine dans le dortoir du pensionnat, aussitôt moquée par ses petites camarades qui la surprennent dans cet exercice.

Un peu plus tard, elle joue pourtant la reine dans une pièce pour enfants intitulée *Clothilde*. Elle doit tomber morte sous le choc de la révélation de l'héroïne, petite fille réaliste, qui lui déclare avec aplomb que les contes de fées n'existent pas. Ce premier rôle apparaît rétroactivement comme un révélateur : il lui offre sa première scène d'agonie, l'une des marques distinctives de son jeu des années plus tard, tout en soulignant l'importance de la fiction dans sa construction personnelle. Sa vie au pensionnat n'est sans doute pas simple : peu visitée par sa famille, de caractère impulsif et

---

* L'emploi est une notion intermédiaire entre le personnage et le comédien qui le joue : « Ensemble des rôles d'une même catégorie requérant, du point de vue de l'apparence physique, de la voix, du tempérament, de la sensibilité, des caractéristiques analogues et donc susceptibles d'être joués par un même acteur » (Michel Corvin, *Dictionnaire encyclopédique du théâtre*, Paris, Bordas, 1991, p. 290).

colérique, sans véritables amies, elle est difficile à dompter tout autant qu'à éduquer. Néanmoins, elle commence à trouver sa place à Auteuil quand sa tante Rosine vient la chercher pour l'en retirer un beau jour de 1853, sans qu'elle en ait été averttie ; elle se sauve aussitôt dans le jardin, grimpe à un arbre et se jette dans un petit bassin. L'impétuosité de la petite fille et ses tentatives désespérées pour être entendue sont vaines, elle frôle à nouveau la mort, prise d'une fièvre qui fait craindre pour ses jours. Les médecins sont convoqués. Ils renouvellent leur diagnostic peu optimiste sur l'espérance de vie de la fillette, réduite, comme on le voit, à des moyens extrêmes pour dialoguer avec les siens. Elle se remet pourtant et reste quelques mois en convalescence chez sa mère.

C'est sur ordre de son père, dit-elle, qu'on l'emmène ensuite au couvent royaliste de Grandchamps à Versailles, tenu par les sœurs de Notre-Dame-de-Sion, où elle restera cette fois six ans. Elle sait alors à peu près lire et écrire, mais n'a pas reçu l'éducation religieuse nécessaire à la conclusion d'un bon mariage. L'enfant, au caractère difficile, y sème d'abord le trouble, elle gifle une religieuse qui essaye vainement de lui démêler les cheveux, en maudit une autre, ayant à sa disposition un florilège de mots particulièrement choisis, entendus chez sa mère. Elle effraye les sœurs chargées de l'éducation des jeunes filles, au point que certaines la croient possédée et tentent même de l'exorciser.

Pourtant, elle rencontre dans ce couvent une figure maternelle de substitution, mère Sainte Sophie, qui parvient à l'apprivoiser à force de douceur et de bonté et pour laquelle elle éprouve bientôt une dévotion totale. Cette sœur, sans doute plus fine que les autres, a deviné derrière la violence et la sauvagerie de l'enfant sa solitude et son abandon. Elle lui confie un petit bout de jardin à cultiver et encourage sa passion pour toutes sortes d'insectes et de bêtes, qu'elle élève et observe, goût qu'elle entretiendra toute sa vie avec des animaux de taille de plus en plus respectable. Sarah noue quelques amitiés avec des camarades séduites par son esprit d'aventure auprès desquelles elle tient le rôle de chef de troupe : elle les entraîne dans une évasion héroïque du couvent au moyen de draps noués ensemble, ou perchée sur un toit, contrefait pour un public conquis la bénédiction de l'évêque de Versailles. Douée pour le dessin et la géographie, elle déteste la musique et reconnaît elle-même qu'elle n'avait rien d'une élève brillante ; assez solitaire, à demi abandonnée, il lui arrive le plus souvent de passer ses vacances seule au couvent alors que ses compagnes partent pour retrouver leur famille. Elle a désormais deux jeunes sœurs, Jeanne et la petite Régina, née en 1855, encore moins aimée de leur mère qu'elle ne l'est.

La vie religieuse développe en elle des ardeurs mystiques, elle rêve de martyre, de sacrifice et d'agonie, entrevoit un destin fait de renoncements et de dévouements. Ses accès de rage et de violence sont suivis de repentances tout aussi excessives. Dans l'interview accordée à Jules Huret en 1898, elle revient sur ces années, mettant l'accent sur la piété mais aussi sur son caractère malicieux :

Je devins très pieuse. Je fus prise d'une dévotion fervente pour la Vierge, j'avais le culte de Marie, un culte extraordinaire, passionné. Longtemps même, je conservai près de moi une mignonne statuette de la Vierge, tout en or, qu'on m'avait donnée. Un jour, on me la vola, et j'en eus une très grande peine.

J'étais à la fois mélancolique et mutine. Ma mère ne m'aimait pas beaucoup, elle préférait mes autres sœurs. On me sortait rarement ; quelquefois des vacances se passaient sans qu'on me fît sortir du couvent. J'étais triste de me voir ainsi délaissée. Mais quand j'avais bien ruminé ma tristesse, ma nature espiègle reprenait le dessus, et je faisais des farces, des farces [4] !

Le théâtre lui fait à nouveau signe quand l'archevêque de Paris, monseigneur Sibour s'annonce pour une visite au couvent. Une des sœurs a écrit pour l'occasion une pièce biblique, *Tobie recouvrant la vue*. Sarah n'est d'abord pas choisie pour y jouer, pour cause de timidité, dit-elle, ce qui semble peu vraisemblable, mais elle assiste, passionnée, à toutes les répétitions et, lorsqu'à la générale, sa camarade Louise Buguet, qui joue l'ange Raphaël, s'effondre en larmes, incapable de dire son texte, elle la remplace au pied levé : elle connaît tout le rôle. Elle sauve la pièce et obtient un petit triomphe. Les quelques mots d'encouragement prononcés par l'archevêque de Paris à la fin du spectacle la galvanisent ; elle demande aussitôt à être baptisée, à prononcer ses vœux et à entrer au couvent. Les trois filles Bernhardt sont d'ailleurs baptisées ensemble quelques mois plus tard, en présence de leur mère et de leur tante, accompagnées, pour la plus grande honte de la petite fille, de quelques-uns de leurs soupirants. Mais son séjour au couvent est brutalement interrompu après un nouvel acte d'insubordination, plus grave que les autres, qui contraint mère Sainte Sophie à la renvoyer chez elle. Un soldat a lancé son shako pardessus le mur du couvent, Sarah s'en empare, court se réfugier en haut d'un arbre et refuse d'en redescendre avant la nuit. La rébellion face à l'autorité, un autre des signes distinctifs de son caractère, s'affirme ainsi clairement dès l'enfance. De santé toujours précaire, elle attrape à la suite de cet épisode mouvementé une pleurésie qui la tient à nouveau plusieurs semaines entre la vie et la mort, puis rentre en convalescence chez sa mère, en juin 1859, au 265 rue Saint-Honoré pour ne plus revenir au couvent.

Elle a alors quatorze ans ; c'est une jeune fille maigre, émaciée, pourvue d'un égocentrisme violent, d'une sensibilité extrême, jointe à une grande nervosité, pleine d'une énergie extraordinaire, incapable de contrôler des accès de fureur proches de l'hystérie et elle est encore, selon son propre aveu, d'une ignorance abyssale. Sa mère a l'idée d'engager une gouvernante afin de parfaire son éducation. Mlle de Brabenter est une vieille fille moustachue qui a été préceptrice d'une grande-duchesse à la cour impériale de Russie. Sarah, séduite par la douce fermeté de cette femme, se décide enfin à travailler dans la perspective de retourner à Grandchamps en tant qu'éducatrice : c'est le seul endroit où elle a été un peu comprise et aimée.

Une autre figure maternelle de substitution apparaît à cette époque dans *Ma double vie*, il s'agit de Mme Guérard, la voisine qui habite au-dessus de chez elle, alors âgée de trente-six ans, qu'elle surnomme très vite « mon petit'dame ». Cette femme mûre s'est prise d'adoration pour sa petite voisine et celle-ci trouve en elle l'amour que sa mère lui refuse pour le réserver tout entier à sa sœur Jeanne. L'amitié qui la lie à Mme Gué-rard durera jusqu'à la mort de cette seconde mère, en 1900. Elle lui permet d'échapper un peu à l'ambiance fort légère du foyer familial. Marie Colombier, une de ses camarades du Conser-vatoire, raconte en 1883, dans un livre qui fait scandale, ses visites chez Sarah Barnum, pseu-donyme transparent pour tout lecteur informé de l'époque : elle parle des regards équivoques et des frôlements des hommes qui viennent visiter la mère, mais ne dédaignent pas d'effleurer ses filles au passage.

À la veille de ses quinze ans, Julie Bernard réunit un « conseil de famille » pour décider du destin de Sarah : il s'agit assez grossièrement de s'en débar-rasser ou, plus élégamment, de lui permettre d'as-surer son indépendance en la mariant ou en lui donnant une carrière. La situation de la petite famille est assez précaire : Youle dispose d'une rente viagère qu'elle ne pourrait pas transmettre à ses filles même si elle le voulait. Cependant, le père de Sarah aurait légué à sa fille une importante somme d'argent à la condition qu'elle se marie. Ce moment décisif dans la vie de la jeune fille est dramatisé à souhait dans son autobiographie : larmes, refus, résistance obstinée et héroïque, réaffirmation de sa vocation religieuse, tout semble réuni pour donner d'elle une image de victime dont le destin va être décidé par les adultes. Ceux-ci ne se privent d'ailleurs pas d'évaluer crûment ses charmes, la décrivant en sa présence comme «maigre à faire pleurer une oie», ce qui, selon eux, lui interdit absolument toute carrière galante. Sarah ne faiblit pourtant pas devant ces figures d'autorité, elle répète son désir d'entrer au couvent, alors que tous semblent trouver l'idée ridicule. Le duc de Morny, présent à ce conseil de famille, conseille de l'envoyer au Conservatoire avant de quitter ce salon où il s'ennuie.

Or devenir actrice, en 1860, c'est perdre sa respectabilité sans retour. L'actrice n'est ni plus ni moins qu'une femme publique qui n'est pas reçue en société. Si elle est accueillie dans un salon, c'est parce qu'elle est rétribuée pour y dire des vers. Sa situation financière est tout à fait précaire et ses cachets souvent insuffisants. Les romans de la première moitié du siècle véhiculaient l'image d'une comédienne au grand cœur, victime de la brutalité du désir des hommes. Dans la seconde moitié du siècle, l'actrice est plutôt présentée comme une femme dangereuse, facteur de désordre, objet de peurs et de fantasmes pour la bourgeoisie. La femme qui vit de son art accède à une forme d'indépendance et de liberté, tant financière que sexuelle, qui menace l'ordre établi et les valeurs familiales *. Étant donné que la mère de Sarah refuse absolument de la voir entrer au couvent et qu'elle-même manifeste une répugnance invincible pour le mariage, il ne lui reste plus que la carrière théâtrale. Comme elle n'a jamais assisté à une représentation, sa mère l'accompagne le soir même à la Comédie-Française voir *Britannicus*, suivi d'*Amphytrion*. Le spectacle la bouleverse, elle éclate même en bruyants sanglots qui irritent sa mère, mais amusent Dumas qui était de la partie et la salue d'un « Bonsoir petite étoile ! » prémonitoire. Elle sera donc comédienne.

La préparation de l'examen d'entrée au Conservatoire, racontée par Sarah dans son autobiographie, est tout à fait rocambolesque, chacun des familiers du salon de sa mère lui dispense ses conseils avisés concernant le choix des textes ou les exercices d'articulation et de prononciation à pratiquer pour assouplir sa diction. M. Meydieu déclare qu'elle serre trop les dents, n'ouvre pas assez les « o », ne vibre pas suffisamment les « r », et lui confectionne un petit cahier d'exercices, à la manière d'une posologie médicale, qu'elle retranscrit dans *Ma double vie* :

Tous les matins pendant une heure, sur les *do, ré, mi*, faire l'exercice : *te, de, de* pour arriver à vibrer.

Avant de déjeuner, dire quarante fois : *Un-très-gros-rat-dans-un-très-gros-trou…* pour ouvrir les *r*.

---

* Pour ce qui est de la condition et des réalités du métier de comédienne au XIXᵉ siècle, on peut se reporter à l'ouvrage d'Anne Martin-Fugier, *Comédienne, de Mlle Mars à Sarah Bernhardt*, Seuil, 2001.

Avant dîner, quarante fois : *Combien ces six saucisses-ci ? — C'est six sous ces six saucisses-ci ! — Six sous ces six saucissons-ci ? — Six sous ceux-ci ! Six sous ceux-là ! Six sous ces six saucissons-ci !...* pour apprendre à ne pas siffler les *s*.

Le soir en se couchant, vingt fois : *Didon dîna, dit-on, du dos d'un dodu dindon...* et vingt fois : *Le plus petit papa, petit pipi, petit popo, petit pupu...* Ouvrir la bouche en carré pour les *d*, et la fermer en cul de poule pour les *p* [5]...

L'influent Morny pousse même l'obligeance jusqu'à lui organiser un rendez-vous avec Auber, qui fait partie de ses amis, alors directeur du Conservatoire impérial de musique et de déclamation avant le concours, sans doute pour garantir son succès. Elle se rend donc au Conservatoire accompagnée de Mme Guérard, et non de sa mère qui, maintenant que l'avenir de sa fille est décidé, semble se désintéresser totalement de la réalisation de ce projet. On imagine volontiers la timidité de la jeune fille face à l'imposant directeur, portraituré par Banville :

Cette tête d'une grâce si séduisante en sa pâleur de marbre, avec ses yeux clairs, le nez aminci, les légers cheveux blancs, la bouche longue et fine dont l'âge a un peu aplati les contours, et tout entière colorée dans les gammes très claires, prouve bien, par la mâle et persistante vigueur qu'elle exprime, que la couleur n'est qu'une harmonie. En effet, sans un seul ton violent, avec ces épais sourcils pâles, ces yeux et cette bouche pâles aussi, il ne lui manque rien pourtant pour affirmer la vie et la force créatrice [6].

Mais il n'y a guère de retenue dans le « Oh non, monsieur ! » par lequel elle répond à la question du directeur lorsqu'il lui demande si elle aime le théâtre. La vocation de Sarah est alors curieusement résumée dans son autobiographie par les mots qu'elle place dans la bouche de « mon petit'dame » tentant de justifier sa réponse lapidaire devant Auber : « Non, elle n'aime pas le théâtre, mais elle ne veut pas se marier et, par ce fait, elle reste sans fortune, car son père ne lui a laissé que cent mille francs qu'elle ne peut toucher que le jour de son mariage[7]. »

Le théâtre ne semble donc qu'un pis-aller, seule échappatoire tolérée par l'autorité maternelle au mariage qui répugne à Sarah. Pourtant, en 1860, le Conservatoire est considéré comme la meilleure formation dramatique au monde et ce sont les prestigieux acteurs du Théâtre-Français, autre nom donné à la Comédie-Française, qui y dispensent leur savoir. L'école a été créée sous le règne de Louis XVI, en 1784, pour former les musiciens et les chanteurs nécessaires à la représentation des divertissements musicaux. En 1806, Napoléon Ier introduit l'art dramatique dans l'enseignement, organise un concours d'entrée et de sortie et adjoint à la formation traditionnelle des acteurs des cours de maintien et de danse. Le Conservatoire est rattaché en 1812 à la Comédie-Française qui recrute ses meilleurs éléments à la fin de leur scolarité.

Le jour de l'examen arrive, Sarah est accompagnée de Mlle de Brabender et de Mme Guérard, aux bons soins desquelles sa mère l'a encore une fois confiée. Elle est extrêmement mal préparée à l'épreuve, au point que lorsqu'on lui demande qui va lui donner la réplique pour la scène de *L'École des femmes* qu'elle a finalement décidé de présenter, elle panique, refuse de demander à un des autres candidats présents de lui rendre ce service, et finit par déclarer à l'appariteur qu'elle dira une fable de La Fontaine, *Les Deux Pigeons*. Le jury commence par pouffer à l'annonce du morceau choisi par la candidate, ce qui lui fait perdre ses moyens dès les premiers vers, mais après avoir été invitée à recommencer, elle se reprend et les séduit. Elle est admise immédiatement et à l'unanimité, première candidate dans l'histoire de l'institution à être reçue grâce à une fable ! La recommandation de Morny a certainement été efficace, même si le charme de sa voix mouillée par l'émotion et rendue vibrante par le trac a sans doute légitimé cet appui, puisque deux professeurs la réclament pour élève. Auber lui annonce son succès dès la fin de l'épreuve, contre toutes les règles du concours.

Ma double vie relate alors le retour chez sa mère et la scène étrange qui s'ensuit. Véridique ou pas, ce récit livre une clef de la personnalité de son héroïne. Ivre de joie, elle rentre chez elle, toujours accompagnée de ses deux anges gardiens. Mais Mme Guérard, débordante de fierté, annonce à Julie la bonne nouvelle depuis la cour. Sarah entre alors dans une rage folle et exige de sa mère qu'elle rejoue la scène, faisant comme si elle ne connaissait pas encore la bonne nouvelle. Youle se prête au jeu de mauvaise grâce, mais la jeune fille obtient ce qu'elle voulait et son moment de gloire, gâché par l'enthousiasme de « mon petit'dame », peut avoir lieu. Si la scène laisse entrevoir le caractère tyrannique de l'adolescente, elle révèle surtout son manque d'amour et de reconnaissance. Pourtant, la joie ne règne pas sans partage après ce succès à l'examen d'entrée au Conservatoire. Lorsqu'elle se confie, bien des années plus tard, à Jules Huret, Sarah semble bien loin de l'enthousiasme qu'elle professe dans son autobiographie : « Je commençais à travailler, sans aucun enthousiasme. J'étais là parce qu'on m'y avait amenée, mais sans goût et sans vocation [8]. »

La pression familiale reste, en effet, très vive en faveur d'un mariage. Sarah ne manque d'ailleurs pas de prétendants qui lui répugnent et dont elle se moque, ce qui l'encourage par réaction à travailler ses textes. Le récit de *Ma double vie* est particulièrement significatif pour ce qui touche à ces années décisives. Il témoigne de l'énergie avec laquelle, malgré son absence initiale de passion pour le métier d'actrice, Sarah s'est jetée dans le travail théâtral, avant tout pour échapper aux contraintes de son milieu familial. Si l'on en croit Marie Colombier, bientôt camarade de Sarah au Conservatoire, sa mère ne répugnait pas à laisser sa fille seule un moment avec un de ses familiers, avec pour tâche de le persuader de donner quelques billets supplémentaires. En outre, si elle avait réussi à la convaincre de se marier, elle aurait sans doute pu récupérer une part de l'argent légué par son père. Quoi qu'il en soit, Sarah résiste à ces pressions et se consacre dès lors tout entière au théâtre. Elle se plonge dans l'étude avec zèle et passion, dévorant les pièces, apprenant même des rôles qu'on ne lui demande pas de travailler, entraînant sa mémoire déjà incroyable, comme si elle avait enfin découvert un moyen de canaliser et d'orienter le cours de sa formidable énergie.

Apprendre à jouer :
de la comédienne à la courtisane
(1860-1866)

Je ne voulais plus ressembler à aucune autre et je disais
Je serai MOI!

SARAH BERNHARDT,
Ma double vie[1]

Une fois Sarah entrée au Conservatoire, l'énergie qu'elle mettait au service de son ardeur mystique lorsqu'elle était au couvent se transforme en travail fanatique. Elle suit durant ses deux années de formation les cours de Provost puis de Samson, tout en assistant parfois à ceux de Régnier. Or, Samson, lui-même élève du grand tragédien Talma, a également été le professeur de Rachel*, la reine de la tragédie, référence absolue du monde théâtral parisien, morte à trente-six ans. En 1860, le Conservatoire propose à ses élèves quatre classes

---

* Élisabeth Rachel Félix, dite Rachel (1821-1858), d'origine juive, est remarquée tout enfant par un professeur de chant alors qu'elle dit des vers dans les cafés. Elle est engagée à la Comédie-Française à 17 ans, une fois que Samson l'a prise sous son aile. Cette « petite bohémienne » fait renaître le goût pour la tragédie, dont elle devient l'égérie. Elle charme Hugo, Stendhal, Chateaubriand et Lamartine. Sociétaire à 20 ans, elle triomphe dans *Phèdre* en 1842 et fait le tour de l'Europe, de Londres à la Russie, adulée par les foules, vivant des amours très libres. Lorsqu'elle meurt de la tuberculose, les journalistes affirment que la tragédie est morte avec elle.

de déclamation dramatique, chacune offrant trois cours de deux heures par semaine. Les professeurs en sont Provost, Beauvallet, Augustine Brohan et Régnier. Ce sont d'ailleurs eux qui, au moment du concours d'entrée, choisissent leurs étudiants. On y enseigne également le maintien aux cours de M. Élie, l'escrime sous la férule de maître Pons et l'histoire de la littérature dramatique. Les élèves ont des répétiteurs à leur disposition, assistants de leurs professeurs, qui ont pour tâche de leur faire réciter leurs rôles avant les classes. Un concours sanctionne alors chaque année d'étude, et les prix obtenus en tragédie et en comédie sont autant de passeports nécessaires pour un engagement dans un théâtre parisien.

Sarah Bernhardt a été demandée par Provost et Beauvallet. Le second lui ayant déplu, elle a choisi le premier par défaut. Dans la deuxième moitié du XIXe siècle, l'enseignement de l'art dramatique se conçoit encore comme un apprentissage par imitation, la transmission d'une génération à la suivante d'un certain nombre de gestes et d'intonations, figées par la tradition théâtrale. Les débutants sont d'ailleurs toujours jugés par rapport à cette tradition de jeu qui se communique d'un acteur à un autre.

Elle est tout de suite mise sur la sellette. Malgré les exercices conseillés par Meydieu, elle ne sait toujours pas « vibrer », attaque trop fortement les consonnes dentales — « t » et « d » — et a du mal à détendre sa mâchoire, ce qui la conduit à parler avec les dents très serrées, comme elle le raconte à Jules Huret :

> Au début de mes études au Conservatoire, j'eus fort à faire. Je tenais de ma mère ce défaut de prononciation dont on se sert pour faire des imitations de moi, et qui consiste à parler les dents serrées. Alors je l'avais dix fois plus prononcé qu'à présent et constamment, tandis qu'aujourd'hui on ne le sent plus que lorsque je suis émue, que j'ai le trac, généralement à tous les premiers actes. Pour me corriger de ce vice, on me donnait au Conservatoire de petites boules de caoutchouc qui m'empêchaient de fermer la bouche hermétiquement [2].

Les deux années au Conservatoire sont à la source de la technique de Sarah Bernhardt, qu'il s'agisse de son travail sur la voix ou sur le corps, comme en témoigne la mise en perspective des quelques éléments théoriques et techniques qui apparaissent à la fois dans *Ma double vie* et dans *L'Art du théâtre*. Ce petit traité a été publié à titre posthume, dicté par bribes à sa secrétaire par l'actrice à la fin de sa vie. Il n'est pas sans intérêt de rapprocher les deux ouvrages, dans la mesure où ils témoignent, à plusieurs années d'intervalle, de ce que Sarah Bernhardt entendait léguer à la postérité dans le domaine du jeu, tout autant que de sa conception de l'acteur et de la pédagogie théâtrale.

Il ressort de ces textes que le travail de la voix est abordé comme celui d'un instrument à part entière, l'acteur devant être capable de mobiliser les trois registres de sa tessiture vocale : l'aigu, le médium et le grave. C'est le registre intermédiaire qui doit être favorisé pour l'essentiel des rôles, puisqu'il est le référent naturel de l'acteur, la base fondatrice de son art de dire. Le recours aux deux autres registres lui donne variété et souplesse. Dans son *Art théâtral*, Samson recommandait à l'acteur de travailler sa voix pour l'assouplir et accroître la diversité de ses couleurs tout autant que de ses notes. Il s'agit d'éviter la monotonie de la diction, source d'ennui pour le spectateur et d'échec pour le comédien. Or le timbre naturel de la voix de Sarah Bernhardt a très tôt fait l'admiration de ses professeurs. C'est aux qualités musicales de sa voix, alors même que Sarah était de son propre aveu une piètre musicienne, qu'elle doit sans doute son entrée dans le monde du théâtre. Plus tard, les critiques de l'époque parleront d'une voix « cristalline », Sarcey la compare plutôt à une « flûte », tout comme Oscar Wilde. En réalité, plutôt que de « voix d'or », surnom que l'on doit à Victor Hugo, il faudrait plutôt parler de « voix d'argent », si l'on se réfère aux enregistrements qui nous en sont parvenus. Son registre vocal, si on le rapportait à la voix chantée, serait celui d'une soprano, alors que les grandes tragédiennes qui l'ont précédée, comme Rachel, possédaient des contraltos puissants et chauds. Sa voix ne lui permet donc pas, selon les critères de l'époque, d'aborder les grands rôles tragiques. Elle manque apparemment du pouvoir physique nécessaire pour rendre la violence des grandes passions.

Si son timbre est étonnant, sa voix n'est malheureusement pas très puissante, mais elle réussit à lui donner davantage de corps grâce aux exercices d'articulation recommandés par Régnier, qui permettent de rendre tout à fait intelligibles les mots prononcés, sans pour autant disposer d'une voix de stentor. Par ailleurs, elle insiste elle-même dans son traité sur l'importance de la nasalité, qui permet de faire vibrer la voix dans le masque et d'augmenter sa puissance en mobilisant au mieux les résonateurs naturels du corps : « Pour que la voix soit réellement complète, il est nécessaire qu'elle soit très légèrement nasale. Un artiste qui aurait la voix sèche ne pourrait jamais attendrir le public [3]. » Grâce à un travail technique assidu, elle a su renforcer l'intelligibilité des textes qu'elle jouait, au point que les spectateurs de l'époque s'accordent à dire qu'on entendait le moindre mot qu'elle prononçait, même lorsqu'elle se mettait à murmurer.

La qualité vocale d'un acteur se mesure également à son souffle, dont la durée est amplifiée par les exercices de respiration et qui peut même pallier le manque de puissance de la voix. Elle affirme ainsi : « La plus belle voix ne résiste pas au manque de souffle ; il faut donc, à tout prix, pour être maître de cet instrument, l'assagir et le dompter, et on n'y arrive que par la méthode respiratoire [4]. » M. Talbot, sociétaire de la Comédie-Française et répétiteur au Conservatoire, enseigne aux élèves l'art de la respiration abdominale qui permet à l'acteur comme au chanteur de contrôler son émission vocale. Sarah raconte comment il procédait pour leur faire travailler le souffle : « Il faisait étendre ses élèves sur le dos, leur mettait sur le ventre la plaque de marbre de sa cheminée et leur disait : Maintenant, respirez... et récitez votre rôle[5] ! »

Elle établit une comparaison qui n'est pas sans intérêt entre le travail vocal et l'entraînement physique : « La voix n'est qu'un instrument dont l'artiste doit apprendre à user avec souplesse et sûreté comme de ses membres[6]. » Cet instrument à part entière nécessite donc une discipline de travail régulière, c'est pourquoi elle engage les jeunes lecteurs de son traité à s'entraîner à maîtriser leur souffle comme leur articulation : « Pour être sûr de son articulation, il est nécessaire d'apprendre ses rôles en les mâchonnant lourdement, et d'être maître absolu de sa mâchoire[7]. » À ces considérations techniques vient naturellement s'ajouter l'intelligence de la diction qui demande au comédien de privilégier certaines syllabes sur d'autres, pour que le sens du texte parvienne avec le plus d'évidence et de fluidité possible aux oreilles du spectateur, c'est-à-dire de « savoir donner aux mots leur valeur ». Pour ce faire, « l'intelligence seule peut guider l'artiste, et il n'est pas de bonne méthode pour transformer un être nul en être intelligent[8] ».

Sarah suit aussi les cours d'escrime au début de sa scolarité, mais les abandonne assez vite. En revanche, elle assiste avec assiduité aux cours de maintien de M. Élie qu'elle affirme avoir détestés. On y apprend la démarche des victimes, des fanatiques et des saintes, à exprimer la terreur ou la tristesse, à s'asseoir, se lever, entrer ou sortir de scène, selon des conventions et des traditions figées et surannées. Cette pratique régulière et quelque peu abstraite de la pose et du mouvement fournit aux jeunes acteurs un alphabet de gestes et d'attitudes à composer entre eux pour donner vie à leurs personnages. Pour M. Élie, « vieux beau, frisé, fardé et jaboté de dentelles », le geste doit ainsi précéder le mot et peut même parfois s'y substituer. C'est ainsi qu'il entraîne ses élèves à exprimer les émotions de leurs personnages par le corps, au moyen de pantomimes, le recours aux mots leur étant interdit. Comment faire entendre « Je vous écoute : parlez, monsieur !... » sans un mot : « Il fallait tout mettre dedans : le désir de savoir, la crainte d'entendre, la résolution d'éloigner, la volonté de retenir[9]. »

Quoiqu'elle affirme s'être acharnée à oublier par la suite tout ce qu'elle avait appris dans cette classe de maintien, celle-ci étant sans doute trop normative, il est très probable qu'elle a puisé dans ces cours la matière première de son expression gestuelle. Les poses qu'elle adopte tout au long de sa carrière et qui ont été immortalisées par la photographie ne doivent pas toutes leur expressivité à l'originalité de l'artiste : pour exprimer la colère, les bras se tendent à la verticale au-dessus de la tête ; pour la supplication, ils s'étendent à l'horizontale en direction de celui auquel la prière s'adresse. Elle souligne d'ailleurs dans son *Art du théâtre* l'importance des bras de l'acteur, dont l'expressivité se mesure presque pour elle à leur longueur, c'est-à-dire à l'amplitude du mouvement rendu visible. Si les gestes sont codés, appartenant à un fond commun d'alphabet théâtral, la manière de les exécuter laisse, cependant, une vraie liberté à l'interprète.

Elle insiste également et de manière appuyée sur les qualités physiques nécessaires à l'acteur : « Il faut que le comédien soit grand, bien pris dans sa taille, de visage expressif et agréable, que rien ne vienne déformer l'harmonie générale de son corps[10]. » Cette recommandation peut surprendre, mais il s'agit moins de considérations esthétiques que de proportions. Elle-même est loin d'être reconnue comme une beauté par ses contemporains, son physique va même plutôt à l'encontre des canons de l'époque, mais son visage est structuré et ses traits suffisamment espacés pour rendre l'émotion lisible pour le public. Lysiane Bernhardt, sa petite-fille, dessine son portrait dans le livre qu'elle lui a consacré :

> Sarah possédait une chevelure blond roux, véritable tignasse frisée, séparée, soi-disant, avec une raie au milieu de la tête, mais ce tourbillonnement de cheveux se confondait dans une masse de mèches enroulées, bouclées dru sur la nuque et frisées, serrées sur le front et les tempes. Les yeux bleus, très écartés d'un nez un peu fort, aux narines bien découpées, la bouche assez grande, la fille de Mme Bernhardt n'était pas jolie et eût passé tout à fait inaperçue sans ce regard étrange, lointain, effronté et loyal qui ne vous lâchait plus[11].

Elle est surtout d'une minceur qui lui vaut à nouveau divers surnoms lapidaires parmi ses camarades du Conservatoire et plus tard sous la plume des critiques ou des caricaturistes inspirés, allant du « squelette » au « cure-dents ». Ses qualités physiques et vocales la prédisposent donc aux emplois de jeunes princesses fragiles et innocentes, comme Zaïre, Iphigénie ou Junie. Ces rôles de princesses victimes de la fureur des hommes font appel aux accents lyriques et pathétiques, lesquels semblent les mieux adaptés à ses caractéristiques vocales.

Les quelques pages consacrées dans *Ma double vie* à ces deux années passées au Conservatoire s'attardent sur les professeurs qui ont marqué Sarah pour définir la spécificité de leur enseignement :

De toutes les classes, je préférais de beaucoup celle de Régnier. Il était doux, bien élevé, et enseignait à dire « vrai ». Cependant, je dois ce que je sais à la variété des enseignements que je suivais dévotieusement [*sic*]. Provost enseignait le jeu large, la diction un peu pompeuse mais soutenue. Et surtout, il préconisait la largeur du geste et de l'inflexion. Beauvallet, à mon avis, n'enseignait rien de bien. [...] Samson était tout le contraire. La voix frêle et perçante, une distinction acquise, mais pleine de correction. Sa méthode était la simplicité. Provost indiquait large. Samson indiquait juste et se préoccupait surtout des finales. Il n'admettait pas qu'on laissât tomber les phrases[12].

Au cours de sa première année d'étude, Sarah met la patience de son premier professeur, Provost, à rude épreuve, arrivant toujours en retard, turbulente, insolente et impertinente, traits de caractère qui ne font que se renforcer avec l'âge. Elle entre souvent en conflit avec lui à propos des choix d'interprétation. Provost a travaillé six ans au théâtre de la Porte-Saint-Martin et encourage ses élèves à l'exagération chère au théâtre de boulevard. Elle cite dans *Ma double vie* l'exemple de la scène du

Zaïre de Voltaire qu'elle présente pour son premier concours et pour laquelle elle obtient un très honorable deuxième prix de tragédie. Elle réussit à imposer ce choix de scène, contre l'avis de Provost qui a d'abord tenté de l'en décourager. Il s'agit de la scène 4 de l'acte III, au cours de laquelle Zaïre, jeune princesse chrétienne qui vient de retrouver son père et son frère, avoue à son frère qu'elle est sur le point d'épouser leur geôlier commun, Orosmane, sultan de Jérusalem. La jeune femme tombe à genoux devant son frère fou de rage et l'implore de la tuer. Alors que Provost veut lui faire prononcer le vers « Frappe ! dis-je, je l'aime… » avec une violence teintée de provocation, Sarah le dit « dans la douceur et la résignation d'une mort presque certaine ». Elle fait mine d'accepter les indications de Provost en classe, mais au moment du concours, choisit sa version, privilégiant le caractère pathétique de la situation à la tonalité tragique de la scène. Elle tombe « avec un sanglot si convaincu, les bras ouverts » et murmure le vers « avec tant de tendresse [13] » que toute la salle éclate en applaudissements.

Cet épisode au dénouement heureux signale d'abord la personnalité de Sarah, sa force de caractère capable de s'opposer à un professeur estimé tout autant que reconnu, et sa disposition à faire fi des conseils. Il renseigne aussi sur des choix profonds d'interprétation qui feront le succès de l'actrice par la suite, comme ils ont pu le faire ce jour-là dans la salle du Conservatoire. Elle sait, avec une intuition très juste, que le pathétique lui convient davantage que le tragique. Elle a compris, avant même de débuter sa carrière, que la violence et la colère sont des registres qui conviennent mal à ses qualités physiques et vocales. Elle force donc consciemment ses rôles vers le lyrisme et la tendresse émouvante. En juillet 1861, pour son premier concours, elle obtient un second prix de tragédie et un accessit de comédie, ce qui est un succès très prometteur.

Il n'en va pas de même l'année suivante. Provost est tombé malade et ses élèves sont pris en charge par ses collègues. Sarah suit le cours de Samson qui lui impose deux scènes de Casimir Delavigne *, auteur en vogue de l'époque, *La Fille du Cid* pour la tragédie et *L'École des vieillards* pour la comédie. Même en faisant abstraction de la médiocre qualité de ces pièces, la jeune femme qui se présente à l'attention du jury est méconnaissable. Sa mère l'a confiée aux mains de son coiffeur qui a tenté de discipliner sa chevelure rebelle et voici le portrait qu'elle fait d'elle-même : « J'étais défigurée, je ne me reconnaissais plus. Les cheveux tirés sur les tempes, les oreilles visibles et détachées, inconvenantes dans leur nudité ; et, au-dessus de ma tête, un paquet de petites saucisses rangées les unes auprès des autres pour imiter le diadème antique. J'étais hideuse [14] ! » Elle verse des larmes de rage sur

---

* Casimir Delavigne (1793-1843), poète et dramaturge français qui s'est fait connaître dans le genre héroïque, chantant les vaincus de Waterloo ou ses concitoyens morts pour la patrie pendant la révolution de Juillet. Dernier des classiques et premier des romantiques, admiré par Balzac, il a été reçu à l'Académie française à 35 ans.

son aspect physique désastreux avant de jouer sa première scène et n'obtient aucune récompense en tragédie. Mais elle a le temps de se reprendre avant la scène de comédie et remporte un petit succès dans le rôle d'Hortense qui ne lui vaudra, cependant, qu'un second prix, le premier étant attribué à Marie Lloyd. C'est donc sur un échec qu'elle quitte le Conservatoire après deux années d'études, et surtout sans engagement au théâtre. Le providentiel duc de Morny fréquente toujours le salon de Youle ; il intervient à nouveau et use de son influence pour obtenir son engagement à la Comédie-Française, où elle va faire ses débuts à la fin de l'été 1862.

Les jeunes comédiens engagés dans des théâtres de renom faisaient alors des débuts officiels, annoncés par voie de presse et au moyen d'affiches placardées sur les murs de Paris, afin de se présenter au public. À la Comédie-Française, les nouvelles recrues doivent jouer dans un laps de temps assez bref trois rôles du répertoire, choisis par l'administrateur pour leur permettre de donner un aperçu de leurs qualités de jeu. Les répétitions se réduisent à ce que l'on pourrait appeler aujourd'hui une reprise de rôle : un acteur qui a déjà joué le personnage montre au débutant ce qu'il doit faire, où entrer, où sortir de scène, et comment dire ses répliques. Francisque Sarcey, dans *Comédiens et Comédiennes* prend la défense des malheureuses lâchées sur la scène sans grande préparation pour affronter pour la première fois le public :

> Il fallait qu'elles se contentent de ce qu'on appelle, en style de théâtre, un raccord [...]. Ceux de ses camarades qui doivent jouer dans les scènes où il paraît [le nouveau comédien ou la nouvelle comédienne], se rendent au foyer, avec cet air d'ennui que donne toujours le sentiment d'une corvée à remplir. Ils bredouillent leurs rôles le plus vite qu'ils peuvent, indiquent au nouveau les entrées et les sorties, les moments où il doit changer de place, les points qu'il doit occuper, les jeux de scène traditionnels ; en un quart d'heure la leçon est bâclée et c'est grand hasard si, le soir venu, le pauvre jeune homme ou la malheureuse jeune fille n'a pas perdu la tête et tout oublié [15].

Une fois appris le rôle d'Iphigénie, Sarah Bernhardt se présente à sa première répétition au mois d'août 1862, mais c'est un régisseur, pas même un acteur, qui est chargé de lui montrer ses places, les entrées et les sorties, et qui lui raconte sommairement la façon dont ses prédécesseurs disaient tel ou tel vers. De plus, la robe blanche de laine sans manches, le voile raide et la petite couronne de roses qu'on lui a trouvées dans la réserve de la Comédie-Française ont si mauvaise mine qu'elle va améliorer sa tenue de ses propres deniers. C'était du reste au comédien d'acheter son costume, tout comme son maquillage et il n'y avait guère qu'au Théâtre-Français qu'était constitué un fonds permettant d'habiller sommairement les pensionnaires qui n'avaient pas encore les moyens de le faire elles-mêmes.

Le 11 août 1862, un public assez clairsemé, composé de quelques Parisiens et de touristes, assiste aux débuts de Sarah Bernhardt dans *Iphigénie* de Racine. Provost et Samson, ses deux professeurs du

Conservatoire, sont venus l'encourager et la poussent vers la scène alors qu'elle est paralysée par le trac. Elle débite son texte comme une somnambule, à toute vitesse, et quand elle lève les bras en signe d'imploration vers Achille, la robe sans manches laisse apercevoir deux bras si maigres qu'on entend une voix dans le public avertir son partenaire : « Tu vas t'empaler avec ces cure-dents ! ». Elle se ressaisit après un premier acte, de son propre aveu, catastrophique, mais ne parvient pas à captiver son public. Malgré cet échec, elle persiste dans sa volonté de devenir « quand même » comédienne, et se donne alors officiellement cette expression pour devise. On la trouvera plus tard gravée sur ses couverts, brodée sur son linge, témoignant de sa pugnacité et de sa persévérance tout autant que de l'adversité à laquelle elle a longtemps cru être vouée.

Les articles ne sont pourtant pas encore accablants et Francisque Sarcey, le futur critique théâtral si influent du *Temps*, est plutôt clément envers la débutante, même s'il ne semble pas avoir perçu en elle le génie qu'il saluera plus tard :

Mlle Bernhardt, qui débutait hier dans *Iphigénie*, est une grande et jolie jeune personne, d'une taille élancée et d'une physionomie fort agréable ; le haut du visage, surtout, est remarquablement beau. Elle se tient bien et prononce avec une netteté parfaite. C'est tout ce qu'on peut en dire pour le moment [16].

Elle fait ses seconds débuts dans le personnage de Valérie, héroïne de la pièce éponyme de Scribe, et passe tout à fait inaperçue. En revanche, lorsqu'à la rentrée théâtrale, elle interprète Henriette dans *Les Femmes savantes*, Sarcey donne libre cours à sa colère :

> Que Mlle Bernhardt soit insuffisante, ce n'est pas une affaire. Elle débute, et il est tout naturel que parmi les débutants qu'on nous présente, il y en ait qui ne réussissent point ; il faut en essayer plusieurs avant d'en trouver un bon ; mais ce qui est triste, c'est que les comédiens qui l'entouraient ne valaient pas beaucoup mieux qu'elle. Et ce sont des sociétaires ! Ils n'avaient par-dessus leur jeune camarade qu'une plus grande habitude des planches ; ils sont aujourd'hui ce que pourra être Mlle Bernhardt dans vingt ans si elle se maintient à la Comédie-Française [17].

Cet article sévère à l'égard de la troupe lui vaut le dédain et la mise à l'écart de ses camarades, déjà largement prévenus contre elle par la recommandation de Morny qui lui a ouvert les portes du Français. Elle s'était fait remarquer en venant signer son contrat d'engagement dans la voiture de sa tante Rosine, ce qui avait conduit tous les acteurs à la croire entretenue par Morny. La jeune femme ne se voit plus confier le moindre rôle pendant des mois. Ces débuts catastrophiques sont bien loin de ceux dont elle avait rêvé en entrant dans la grande maison et ils vont se prolonger en scandale.

Chaque année, le 15 janvier, la maison de Molière organise une procession au cours de laquelle les comédiens de la troupe vont deux par deux couronner de palmes le buste du dramaturge pour commémorer le jour de sa naissance. Ce jour-là, Sarah a emmené avec elle sa petite sœur, Régina, ravie d'échapper à l'atmosphère familiale et aux brimades de sa mère. Une doyenne de la maison, Mlle Nathalie, particulièrement corpulente, porte une robe à traîne de velours immense sur laquelle la petite fille marche par inadvertance. La sociétaire du Français repousse violemment l'enfant contre une colonne et la blesse. Sarah gifle alors l'imposante personne et Régina, dont le jeune âge n'exclut pas la verdeur de langage, la traite de « grosse vache ». Les acteurs de la troupe, déjà largement hostiles à Sarah, sont scandalisés. M. Thierry, l'administrateur du Théâtre-Français qui lui a fait signer son contrat moins d'un an auparavant, la convoque pour exiger qu'elle présente ses excuses à Mlle Nathalie — ce qui entraînerait encore une sanction financière puisque même si ses excuses étaient acceptées, elle serait mise à l'amende. Mais la jeune femme au tempérament orgueilleux refuse de s'excuser et voit alors mettre fin à son contrat à la Comédie-Française, après moins d'une année. Chez elle, tout le monde estime qu'elle est folle d'avoir rejeté la tentative de conciliation; son avenir semble compromis. Pourtant, cet épisode humiliant fait parler d'elle dans la presse et la lance dans l'opinion publique comme une actrice de caractère, ce qui fait bien plus pour sa renommée que ses malheureux débuts. Les caricaturistes s'en donnent à cœur-joie en accentuant la différence de corpulence entre les deux actrices.

On parle enfin d'elle sur les boulevards, elle est devenue quelqu'un.

Le passage éclair de Sarah Bernhardt à la Comédie-Française ne lui a pas permis d'être remarquée pour les qualités ou l'originalité de son jeu, ni même de se faire une petite réputation de comédienne. Sitôt chassée du Français, elle perd sa relative indépendance financière. Toujours domiciliée chez sa mère, elle accepte des petits rôles ou de la figuration au théâtre du Gymnase dont le répertoire est alors plutôt boulevardier, sans se satisfaire de la modestie de ses revenus. Elle décide de suivre les traces de sa mère dans la vie galante, accompagnée dans ses sorties par Marie Colombier, camarade du Conservatoire, tout aussi brune et voluptueuse que Sarah est blonde et maigre. Paris est alors en pleine métamorphose : les grands travaux du baron Haussmann dessinent une nouvelle capitale, ouvrant de larges et grandes artères qui font entrer la lumière dans les appartements et révolutionnent l'urbanisme. L'humeur de la ville est légère et placée sous le signe du divertissement et des plaisirs, l'argent circule, s'échange, se perd ou se gagne à une vitesse folle, comme en témoignent les romans de l'époque.

Le premier amant sérieux de Sarah aurait été le beau vicomte de Kératry, lieutenant de hussards, sans doute un des amants de sa tante. Il n'a pas vraiment les moyens d'entretenir Sarah et il est envoyé quelques mois plus tard en mission au Mexique. Dans *La Faustin*, le roman des frères Goncourt inspiré par la vie de Sarah, dont ils tireront une pièce qu'elle refusera de jouer, elle apparaît en courtisane, décrite dans son activité de séductrice : « Et ondulante et serpentante et attouchante, la folle, en son travail d'allumeuse d'hommes, dans un enlacement souple, aussitôt délié, faisait compter les battements de son cœur, un moment écrasé, sur la poitrine d'un invité qu'elle frôlait; ou bien, renversée et perdue dans l'ombre d'un grand fauteuil, livrait aux baisers le rose de son pied, traversant les jours de soie blanche de son bas [18]. »

Le théâtre reste pourtant au centre de ses préoccupations et elle n'a de cesse de remonter sur les planches. L'occasion lui en est donnée en avril 1864, au théâtre du Gymnase, avec une pièce assez secondaire de Labiche [*], *Un mari qui lance sa femme*, dans laquelle elle interprète une princesse russe, stupide, frivole et évaporée; sa mère assiste à la représentation et, à son habitude, ne lui cache pas son mépris pour sa piètre performance. Dans la version quelque peu romanesque de cet incident raconté dans *Ma double vie*, Sarah, après avoir affronté le mépris de sa mère, va demander du laudanum à Mme Guérard, qui réussit à la convaincre de prendre plutôt la fuite. Elle part alors pour l'Espagne en compagnie de sa femme de chambre. Dans la biographie de sa petite-fille, Lysiane Bernhardt, c'est Alexandre Dumas lui-même qui vient

[*] Eugène Labiche (1815-1888), auteur dramatique français, élu à l'Académie française en 1880, s'illustre dans le vaudeville et la comédie de mœurs. Fin observateur du second Empire puis de la IIIe République, il n'hésite pas à mettre en scène les travers et les ridicules de la bourgeoisie à laquelle il appartient.

la sauver en l'encourageant à quitter Paris pour passer quelque temps à Bruxelles. Le flou qui règne sur cette aventure a été entretenu par l'actrice, puisqu'elle rentre à Paris enceinte, et qu'elle s'est plu à cacher l'identité du père de son fils.

L'hypothèse la plus vraisemblable est celle d'un petit voyage en Belgique au cours duquel elle rencontre le prince de Ligne en se rendant à un bal masqué. Il est travesti en Hamlet, elle porte le costume d'Elizabeth d'Angleterre. Lysiane Bernhardt ne manque pas de présenter l'aventure sous le jour particulièrement romantique d'un amour réciproque contrarié par la famille du prince. L'histoire est sans doute moins passionnée que la petite-fille de Sarah ne voudrait le laisser croire à la postérité. À Paris, son amant refuse de reconnaître l'enfant qu'elle porte, tout comme de lui venir en aide, allant jusqu'à mettre sa paternité en doute, de manière assez inélégante puisqu'on lui prête ce mot peu galant : « Quand on s'assied sur un buisson d'épines on ne se demande pas laquelle vous a piquée. »

Julie ne veut pas d'une fille-mère chez elle et Sarah est mise à la porte. Elle emménage dans un appartement modeste rue Duphot, emmenant avec elle sa petite sœur, Régina. Maurice Bernhardt, déclaré de père inconnu, naît le 22 décembre 1864. Ce fils sans père sera, selon tous les témoignages, l'homme de la vie de Sarah, qui déploie dès lors une énergie incroyable pour s'assurer un revenu lui permettant d'éduquer son fils comme le prince qu'il aurait pu être. Elle conclut un arrangement avec le représentant légal de son père afin de toucher la moitié de la somme qu'il lui aurait attribuée si elle s'était mariée et commence à tenir salon chez elle, mettant en place un véritable réseau de fidèles et d'amis.

Pendant quatre ans, alors qu'elle peine à trouver de vrais engagements au théâtre, elle collectionne les liaisons avec les hommes qui se mettent à fréquenter son appartement et qu'elle appelle familièrement sa « ménagerie ». Elle trône au milieu de son salon comme une moderne Circé, rassemblant des spécimens fort divers. On y trouve des acteurs, mais aussi de richissimes Espagnols, un Égyptien, un banquier, Jacques Stern, des industriels en train de faire fortune, ou encore des journalistes, comme Émile de Girardin [*] ou Arthur Meyer. Sarah leur écrit à chacun des lettres ardentes et passionnées, elle anime son cercle d'intimes et peaufine son image de femme fatale, tandis qu'on commence à lui faire une réputation d'éternelle insatisfaite. Elle dépense sans compter, fait des dettes et vit dans le luxe, n'hésitant pas à solliciter le soutien financier de ses admirateurs.

Elle utilise ses talents d'actrice pour séduire et enrichit en retour son répertoire théâtral de gestes et d'intonations nécessaires à l'exercice de ses charmes en société. Capable de s'évanouir quand elle s'ennuie, elle n'hésite pas à jouer de son appa-

---

[*] Émile de Girardin (1806-1881), patron de la presse moderne, a notamment introduit la publicité dans les journaux afin de faire baisser le prix des abonnements et de conquérir de nouveaux lecteurs. Il a également eu l'idée d'y publier des romans-feuilletons pour fidéliser son lectorat et le tenir en haleine.

rente fragilité pour émouvoir ses admirateurs, créant la sensation. Elle révèle à Marie Colombier qu'il est aisé de cracher du sang en se piquant la gencive au moyen d'une épingle cachée dans un mouchoir pour toucher les hommes les plus sensibles lorsqu'elle a besoin d'argent. Manipulatrice, elle aiguise ses talents auprès de sa petite cour, tout en oubliant régulièrement de payer ses domestiques. Lassés d'attendre leur dû, ces derniers finissent par s'enfuir en vidant l'appartement de tous les objets de valeur qu'il contient. Ses amants s'organisent alors pour la remeubler entièrement à leurs frais. Elle place ainsi sa vie sous le signe de l'aventure et de l'extraordinaire, tout en se forgeant la réputation de quelqu'un chez qui on ne s'ennuie jamais, grâce à un esprit mordant. Elle a, par ailleurs, un vrai succès de courtisane, admirée, fascinante, imprévisible et toujours drôle.

Sarah Bernhardt n'est encore qu'une jeune actrice à peu près ignorée du grand public lorsque Nadar fait d'elle une série de portraits en 1864. Elle apparaît drapée dans des tissus lourds qui font d'elle une Vierge ardente et mélancolique, créature mystérieuse et sensuelle. L'atelier de Nadar, boulevard des Capucines, est alors un lieu fréquenté par les auteurs et les artistes : Dumas, Offenbach, Victorien Sardou qui deviendra plus tard le dramaturge attitré de Sarah, mais aussi Gustave Doré, illustrateur et peintre de grand talent, se retrouvent dans une atmosphère bohème et animée. Un des portraits les plus connus de l'actrice à cette époque donne à voir une belle jeune femme au regard mélancolique. Accoudée à une colonne, ses épaules nues sortent d'un ample tissu blanc drapé autour de son corps qui rappelle le goût de l'époque pour l'Orient. Son visage est doucement caressé par un éclairage latéral sans qu'aucun détail ne vienne en détourner notre attention. Il n'y a pas de décor à proprement parler, contrairement à ce qui pouvait alors se pratiquer dans d'autres ateliers. La seule parure du modèle est le camée qu'elle porte à l'oreille.

Ces années fastes, de fête et d'ivresse, sont partagées avec Marie Colombier qui publie en 1883, pour se venger de l'abandon de la grande Sarah au retour de la première tournée en Amérique, les fameuses *Mémoires de Sarah Barnum*, livre qui fait scandale en dévoilant tout un pan de la vie intime de l'actrice et son double jeu vis-à-vis des hommes qui lui assurent un revenu. Les protagonistes y apparaissent sous des pseudonymes transparents pour les familiers des salons de l'époque. De peu de valeur littéraire, ce petit livre au parfum capiteux provoque une bataille qui fera tout son succès, mais il présente surtout l'intérêt de donner une idée de la vie galante de l'époque. Les demi-mondaines, les courtisanes fascinent alors le monde des lettres. Il n'est qu'à lire *Nana* d'Émile Zola pour se rendre compte de la puissance sulfureuse et romanesque de ces figures de femmes, jouissant d'une grande liberté et revendiquant leur indépendance. Rompues à toutes les séductions, passant des bras d'un amant riche à ceux d'un autre, les ruinant parfois, leurs trajectoires marginales sont essentielles à la vie du second Empire. D'ailleurs, le titre choisi par Sarah Bernhardt pour son autobiographie fonctionne sur un horizon d'attente déçu. On pourrait croire qu'elle va livrer davantage de cette « double vie » de comédienne et de courtisane, mais elle s'en tient à sa carrière théâtrale, dans un souci de narration pudique que sa célébrité d'alors explique peut-être.

Elle n'a toujours pas renoncé au théâtre, auquel elle revient dans un vaudeville féerique au théâtre de la Porte-Saint-Martin, *La Biche aux bois* des frères Coignard, en décembre 1865. Il ne s'agit que de remplacer au pied levé une actrice malade ; elle doit chanter et danser, sans avoir de talent pour l'un ni pour l'autre. Mais cette opportunité la convainc de se remettre en quête de vrais engagements. Au début de l'année 1866, elle se résout à écrire à un familier du salon de sa mère, Camille Doucet, qui dirige l'administration des théâtres au ministère de la Maison de l'empereur, pour lui demander son aide et solliciter sa recommandation. L'effet de cette lettre est immédiat : Doucet lui obtient un rendez-vous avec Félix Duquesnel, directeur associé du théâtre de l'Odéon avec Charles-Marie de Chilly. Il lui propose un engagement qui va bientôt changer sa vie.

Jouer c'est plaire : à la conquête de la rive gauche

(1866-1871)

> *C'est la femme, la vraie femme, avec tous ses soubre-*
> *sauts et ses contrastes !... toutes ses ailes et toutes ses*
> *griffes ! Et caressante et tendre, et câline et féline ! des*
> *souplesses... des ondulations de couleuvre ! Toutes les*
> *perfidies et tous les dévouements !*
>
> VICTORIEN SARDOU [1]

En 1866, le théâtre de l'Odéon est le second théâtre de Paris par ordre d'importance, mais il est bien différent de la Comédie-Française. Véritable institution de la rive gauche, c'est le lieu de ralliement de la jeunesse étudiante, des artistes et des intellectuels qui vouent un culte à Victor Hugo, exilé depuis le coup d'État du 2 décembre 1851. Pour le rendez-vous arrangé par Doucet avec Félix Duquesnel, Sarah ne manque pas de choisir une tenue originale : « Je mis une robe jaune serin dont le dessus était en soie noire dentelée, un chapeau de grosse paille de forme conique, couvert d'épis, retenu sous le menton par un velours noir. Cela devait être délicieusement fou [2]. » Le jeune directeur tombe sous le charme de la charmante actrice, comme il l'avoue plus tard dans un article consacré aux « Débuts de Sarah Bernhardt » : « Elle n'était pas jolie, elle était pire. Je vis que je me trouvais vis-à-vis d'une créature merveilleusement douée, intelligente jusqu'au génie, d'une grande énergie sous son apparence si frêle et si délicate, et d'une volonté sauvage [3]. » Mais l'autre directeur du théâtre, Charles-Marie de Chilly, est loin de partager son enthousiasme, et le contrat qu'il propose à la débutante est particulièrement humiliant : un mois à l'essai, un cachet de 100 francs, renouvelable à condition qu'elle donne satisfaction. Elle n'est pourtant pas paralysée par la froideur avec laquelle Chilly la toise et lorsque celui-ci lui lance, désignant son directeur associé : « Vous savez, c'est lui qui est responsable de vous, car moi, pour rien au monde je ne vous aurais engagée », elle lui répond : « Ma foi, monsieur, s'il n'y avait que vous, je n'aurais pas signé. Nous sommes donc quittes [4]. »

Le 15 août 1866, Sarah monte pour la première fois sur la scène de l'Odéon. C'est une soirée de gala pour la fête de l'empereur et elle joue Silvia dans *Le Jeu de l'amour et du hasard* de Marivaux. Elle reconnaît elle-même que ce répertoire n'est pas le sien, et que l'emploi de coquette ne lui correspond pas : « Je n'étais pas faite pour Marivaux, qui exige des qualités de coquetterie, de préciosité, qui n'étaient pas alors et ne sont pas miennes. Puis j'étais un peu trop mince. Je n'eus aucun succès [5]. » Il faut dire que la costumière de l'Odéon a eu la mauvaise idée de l'habiller d'une robe patriotique, blanche à nœuds bleus et rubans rouges, qui provoque les sarcasmes du poulailler. Chilly refuse de renouveler son contrat le 1ᵉʳ septembre, se plaignant de sa mauvaise diction et de sa voix qui ne sonne pas, mais Duquesnel, entre-temps devenu son amant, la défend et propose de la garder en retranchant son cachet, dans la plus grande discrétion, de ses propres appointements.

Elle joue Armande dans *Les Femmes savantes* de Molière en janvier 1867, mais continue de passer inaperçue, tout comme lorsqu'elle incarne, toujours dans le répertoire classique, Junie dans *Britannicus* de Racine ou Angélique dans *Le Malade imaginaire* de Molière. Lorsque Duquesnel monte au mois de juin *Athalie* de Racine, avec un accompagnement musical de Mendelssohn, il confie les chœurs à Sarah. La jeune femme dit les alexandrins de Racine avec tant de pureté et de simplicité que le public, enthousiaste, l'applaudit à tout rompre et réclame un bis. Ce sont les petits étudiants de l'Odéon qui assurent à Sarah ses premiers succès.

En juillet, la jeune actrice est remarquée par George Sand qui la distribue dans une de ses pièces. Âgée de plus de soixante ans, celle-ci fume toujours la pipe, et certaines de ses pièces sont jouées à l'Odéon, portées par un public que ses idées républicaines enthousiasment. Elle engage Sarah pour la reprise du *Marquis de Villemer* dans le rôle de la baronne d'Arglade, puis pour la reprise de *François le Champi* dans celui de Mariette. Sarah parle avec tendresse de George Sand dans *Ma double vie*, brossant un portrait plein d'admiration et de respect pour celle qui l'appelle en public sa « petite Madone ». Mais les relations de ces deux femmes de caractère étaient sans doute moins simples qu'il n'y paraît, car l'écrivain la désigne dans son *Journal* comme une « grue prostituée », ou une « toquée ».

Lorsqu'elle interprète Hortense Lehuchoir dans *Le Testament de César Girodot* de Belot et Villetard, Sarcey est déconcerté :

> Mademoiselle Bernhardt m'a étonné dans le rôle d'Hortense. Voilà plusieurs fois que je me surprends à admirer chez cette jeune fille, à peu près inconnue, une singulière justesse d'intonation, une élégance sans recherche et un instinct de la scène qui est tout à fait remarquable. Ce qu'il y a de plus étrange, c'est qu'elle n'a pas l'air de s'en apercevoir. Elle joue nonchalamment comme si elle faisait un métier qui l'ennuie [6].

Ces qualités de justesse et d'indolence s'apparentent à une forme de détente et de disponibilité sur la scène et sont soulignées par la plupart des critiques, bien avant que Sarah ne devienne une figure incontournable de la scène théâtrale.

Duquesnel voudrait ensuite monter *Ruy Blas* de Victor Hugo, toujours en exil, mais le gouvernement de Napoléon III ne l'y autorise pas, car la reprise d'*Hernani* à la Comédie-Française a donné lieu à des manifestations politiques vigoureuses de la part des opposants républicains au régime du second Empire. La direction de l'Odéon choisit de programmer *Kean* d'Alexandre Dumas, créé trente ans auparavant. Le 1er février 1868, Sarah doit jouer le rôle de la jeune Anglaise, Anna Damby, qui veut devenir actrice et accepte de suivre Kean dans son exil en Amérique. Pièce à la gloire du théâtre et des acteurs, ce n'est évidemment pas ce que le public de l'Odéon attend ce soir-là ; la salle scande le nom de Hugo en tapant des pieds au point d'empêcher pendant une heure le spectacle de commencer. Le vieil Alexandre Dumas, pâle de colère dans sa loge, montre son poing aux étudiants qui hurlent de plus belle. Le chahut est indescriptible quand les directeurs décident tout de même de lever le rideau. La voix de Francisque Berton, interprète de Kean, est couverte par les sifflets et les hurlements du public, tandis que l'entrée de Sarah, habillée en Anglaise excentrique des années 1820 et d'une maigreur extrême, provoque le rire et quelques applaudissements. Soutenue par ces piètres encouragements, elle s'avance vers la rampe pour parler au public, le silence se fait et elle trouve à peu près ces mots : « Mes amis, vous souhaitez défendre la cause de la justice. Est-ce bien la servir que de rendre, ce soir, M. Dumas responsable des décrets qui ont proscrit M. Hugo ? » La salle, touchée par son bon sens, est domptée et Sarah peut jouer son rôle, avec simplicité et naturel. Duquesnel raconte cette confrontation avec une salle hostile et houleuse : « Sarah fut huée à son entrée en scène, puis, par un phénomène inouï, la voix d'or opéra le même miracle que la lyre d'Orphée ; les bêtes fauves arrêtèrent leurs rugissements, et Dieu sait s'il y en avait des cris d'animaux connus et inconnus ; on avait dévalisé l'Apocalypse ! Le public fut dompté, séduit par cette charmeuse. On se tut, on écouta ; il n'y en eut que pour elle, et c'est ainsi que cette soirée commencée en bataille, se termina en triomphe[7]. »

Quand le rideau tombe, les étudiants lui font une ovation, elle a conquis le « monstre bien-aimé », le public, elle est enfin lancée. Le signe le plus tangible de son succès est l'augmentation conséquente que Chilly lui accorde, puisque son cachet passe de 100 à 250 francs — il va sans dire qu'il n'est plus prélevé sur les appointements de Duquesnel. Sarah déménage alors au 16 rue Auber, dans un appartement un peu plus vaste. La même année, elle interprète trois autres rôles avec un certain succès, dont celui de Cordélia dans *Le Roi Lear*, traduit par Jules Lacroix, aux côtés d'un jeune débutant qui fera parler de lui, Mounet-Sully. Elle s'illustre aussi dans un répertoire plus populaire comme le *Drame de la rue de la Paix*, d'Adolphe Belot, feuilleton mélodramatique à succès. Mais elle attend encore son premier vrai triomphe.

Mme Agar, la grande tragédienne de l'Odéon, longtemps maîtresse de Théophile Gautier, lui présente un soir son nouvel amant, un jeune poète encore inconnu, François Coppée, qui vient de composer pour sa maîtresse une petite pièce en un acte et pour deux personnages, sobrement intitulée *Le Passant*. Agar propose à Sarah de jouer Zanetto, un jeune troubadour florentin, en travesti *. Elle-même veut interpréter Silvia, belle

---

* Le travesti n'était pas une nouveauté à l'époque, mais il était réservé à une certaine catégorie de rôles d'adolescents ou d'hommes très jeunes. Beaumarchais a, par exemple, écrit le rôle de Chérubin dans *Le Mariage de Figaro*, que Sarah jouera par ailleurs, comme un rôle travesti.

courtisane vieillissante, rappelée à l'amour par les mots du jeune homme qu'elle repousse pourtant dans un jardin de la Renaissance baigné par le clair de lune. La pièce est courte, elle peut tenir lieu de lever de rideau et consiste en un dialogue lyrique et amoureux. Saisie par la beauté des vers de Coppée, imaginant tout le succès qu'elle peut tirer de cette pièce poétique, Sarah s'enthousiasme pour le projet et réussit la prouesse de convaincre Chilly et Duquesnel. Jules Massenet compose une sérénade pour l'entrée du troubadour et elle conçoit elle-même son costume en s'inspirant d'un bronze de Dubois, *Le Chanteur florentin*. Elle porte un justaucorps de velours grenat, une chemise de dentelle blanche, un collant de page, une perruque blonde d'adolescent, coiffée d'un calot vénitien, lui-même orné d'une plume de faisan mauve. Agar est sobrement vêtue d'une robe de satin blanc du plus bel effet sous un rayon de lune.

Le 14 janvier 1869, la première représentation du *Passant* est un triomphe. Le public, sensible au romantisme un peu facile de ces vers, à la grâce de ses interprètes, mais surtout à l'intensité poétique avec laquelle Sarah porte ce petit acte, s'enthousiasme. Son costume est applaudi dès son entrée en scène et François Coppée accède à la célébrité en une soirée. Francisque Sarcey, sans doute beaucoup plus enthousiaste depuis qu'il est devenu son amant, devient lui-même lyrique : « Avec quel charme délicat et tendre n'a-t-elle pas dit ces vers délicieux[8] ! » Le salaire de Sarah est à nouveau doublé, *Le Passant* sera joué plus d'une centaine de fois ; le succès est tel que l'empereur, curieux de la pièce, invite les deux actrices à la jouer aux Tuileries devant la Cour. Dans son autobiographie, Sarah raconte une anecdote au sujet de cette rencontre ; l'empereur l'aurait surprise alors qu'elle s'entraînait à faire la révérence, se croyant à l'abri de tout regard indiscret. Elle repart des Tuileries avec une magnifique broche en or incrustée de diamants et, dit-on, les faveurs de Napoléon III. Le petit texte de Coppée a apporté la gloire à Sarah, il a fait d'elle l'idole des étudiants, sa loge est envahie de bouquets, de lettres, tous les apprentis poètes lui soumettent leurs textes, espérant obtenir le même succès si elle accepte de se faire l'interprète de leurs vers.

Le salon de la rue Auber est de mieux en mieux fréquenté. On y croise désormais Charles Haas, ami du prince de Galles et de Degas, membre du très prisé Jockey Club et familier des soirées du faubourg Saint-Germain. Il a la réputation d'un homme à femmes et entame une liaison de quelques mois avec Sarah dont témoigne une correspondance passionnée, pour ce qui concerne en tout cas les lettres de la jeune femme *. Il n'est pas sans intérêt de constater que ces deux figures se retrouvent dans une même œuvre littéraire, puisqu'ils ont tous deux servi de modèles à Proust dans *À la recherche du temps perdu* ; la Berma s'inspire de Sarah, comme Swann de Charles Haas.

---

* Voici un exemple de billet assez direct : « Mais venez donc, voyons ! Vrai, j'ai une folle envie de vous...voir ! J'ai mille amours mais un vrai ! S. », cité par Philippe Jullian, *Sarah Bernhardt,* Balland, 1977.

Le temps du succès permet à Sarah de satisfaire ses caprices et de faire des folies. Elle dépense sans compter et fait parler de ses extravagances dans les salons comme dans la presse. Elle dit ainsi avoir eu deux tortues, prénommées Chrysargère et Zerbinette, dont elle a fait sertir la carapace de pierres précieuses et d'or. Cette fantaisie coûteuse est peut-être véridique. Il reste que c'est aussi le caprice de Des Esseintes, le reclus volontaire du roman d'Huysmans intitulé *À rebours*, qui fait glacer à l'or fin la carapace d'une tortue avant d'y faire incruster des motifs floraux dessinés par des pierres rares et précieuses. Le roman paraît en 1884, quelques années plus tard, et il faudrait donc reconnaître en Sarah un précurseur du décadentisme fin de siècle, aux goûts d'esthète, ou imaginer qu'elle s'est plu à faire sienne la fantaisie de Des Esseintes en écrivant son autobiographie.

Dans l'insouciance de ces années, elle n'a pas pris le temps de souscrire d'assurance pour son appartement qui s'est empli de bibelots de valeur au gré des fantaisies de son occupante. Elle vient, en outre, d'y installer les lourds meubles de la grand-mère hollandaise qu'elle a recueillie chez elle — la belle-mère de sa mère —, lorsqu'un incendie ravage son appartement de fond en comble, manquant même d'asphyxier l'aïeule. Les journaux répandent aussitôt des rumeurs calomnieuses, assurant qu'elle a mis le feu elle-même à son appartement pour toucher une grosse prime d'assurance.

La campagne de calomnies dont elle est alors la cible montre à quel point elle est devenue une figure parisienne de premier plan. La cause de l'incendie est plus que probablement une imprudence de sa femme de chambre qui a laissé une bougie sur la table de nuit de l'actrice près du lit entouré de rideaux en dentelles, fenêtre ouverte. Sarah est ruinée par cet accident : non seulement son appartement est détruit, mais elle doit payer les travaux de restauration de l'immeuble, fort endommagé. Sa « ménagerie », inquiète de ne plus pouvoir tenir salon chez elle, se mobilise alors et organise une représentation à bénéfice, au cours de laquelle se produit la célèbre cantatrice Adelina Patti, dont le mari, le marquis de Caux, a appartenu quelque temps auparavant à son cercle d'intimes, permettant à Sarah d'avoir ce bon mot : « Je les ai fait chanter tous les deux. » Soutenu par la plume des journalistes, le spectacle est un véritable triomphe qui lui rapporte plus de 30 000 francs. Par ailleurs, le notaire du Havre serait venu à son secours en débloquant des fonds de son héritage paternel. Ces différentes initiatives lui permettent de se réinstaller dans ses meubles, d'abord dans un petit appartement rue de l'Arcade, puis au 4 rue de Rome, où elle reste cinq ans.

Ces aventures défrayent la chronique parisienne : « Quand un chroniqueur était à court de sujet, il prenait Sarah Bernhardt et en tirait toujours deux cents lignes amusantes. On ne pouvait ouvrir les gazettes sans y trouver des articles sur le cercueil de Sarah, sur la maigreur de Sarah. Cette maigreur phénoménale, et que l'on s'ingéniait à exagérer, était un thème à plaisanteries faciles. "Lorsque

Sarah Bernhardt entre dans son bain, écrivait Albert Millaud, l'eau baisse" [9]. »

Elle s'illustre cependant à l'Odéon dans un drame réaliste sur le thème des enfants naturels, *Le Bâtard*, d'Alfred Touroude. La critique de Sarcey permet de donner une idée du jeu sans demi-mesure de Sarah Bernhardt dans les scènes mélodramatiques qu'elle commence à affectionner :

> Mademoiselle Sarah Bernhardt ne me paraît point jolie, elle a bien mieux, elle a le charme et il est impossible de la voir sans être ému. Avec quelle gêne rougissante et confuse elle s'est couvert le visage de ses mains quand elle s'est trouvée en face de la mère de son amant. De quel mouvement pudique et passionné elle s'est jetée à ses pieds, étouffant ses sanglots dans les plis de sa robe [10] !

En février 1870, elle crée *L'Autre*, une pièce de George Sand sur le thème de l'adultère féminin, mise en scène par l'auteur. Elle y joue une jeune femme naïve et innocente. Théophile Gautier la décrit ainsi : « Elle est jeune, charmante, d'une ingénuité chaste et hardie en même temps, comme une vraie jeune fille qui ne sait rien, ne craint rien, et n'a rien à se reprocher [11]. » La pièce reçoit un bon accueil du public, mais le climat politique ne cesse de se détériorer ; la guerre menace et il ne sera bientôt plus question de se divertir.

En effet, la tension grandit au printemps entre la France et la Prusse, depuis qu'un Hohenzollern, soutenu par le gouvernement espagnol s'est porté candidat au trône d'Espagne. La France voit cette perspective d'un mauvais œil, mais les attitudes tempérées de Guillaume Ier et de Napoléon III éloignent un temps la perspective d'une guerre, aboutissant même au retrait de la candidature Hohenzollern. Mais l'opinion publique est manipulée par une presse belliciste, tandis que l'Assemblée nationale est abusée par les fanfaronnades des militaires. La publication de la dépêche d'Ems, confirmant la renonciation du prince Hohenzollern au trône d'Espagne, mais en des termes hautains et humiliants pour le gouvernement français, est une provocation qui suscite une réaction d'orgueil de l'opinion publique, orchestrée par la presse et la classe politique. Quand les chefs de l'armée française assurent que l'armée est prête à faire face à une guerre, les politiques sont tout prêts à les croire. Or la France est loin d'être en mesure d'affronter la Prusse qui a fait étalage de sa puissance militaire à l'Exposition universelle de 1867, en présentant le canon de 50 tonnes mis au point par Krupp. Le 19 juillet 1870, la France déclare pourtant la guerre à la Prusse, sans même s'être assurée auparavant du soutien de ses alliés européens. L'armée française est très vite dominée, puis écrasée et la quasi-totalité des batailles ont lieu sur le sol français. L'Alsace et la Lorraine sont envahies, le maréchal Bazaine est assiégé à Metz. Débordée par la supériorité numérique de l'armée prussienne et la puissance de son artillerie, l'armée française est vaincue dans les Ardennes, à Sedan, où Napoléon III capitule le 2 septembre 1870 avant d'être fait prisonnier. Sitôt le désastre connu, la IIIe République est proclamée le 4 septembre depuis le balcon de l'Hôtel de Ville de Paris. L'armée reste mobilisée, sous les ordres d'un gouvernement de la Défense nationale mené par le général Trochu, et refuse d'abandonner le combat. Les troupes prussiennes parviennent aux portes de Paris et assiègent la capitale.

Sarah Bernhardt a éloigné sa famille au Havre dès le début des hostilités. Elle-même reste à Paris en compagnie de Mme Guérard, bien que les théâtres aient été fermés. Animée d'un profond sentiment patriotique, elle cherche à se rendre utile. Apprenant que la Comédie-Française vient d'accueillir une infirmerie dans ses murs, elle demande aussitôt au préfet de police nouvellement nommé — qui n'est autre que le vicomte de Kératry, son ancien amant — l'autorisation d'installer une « ambulance » à l'Odéon. Elle déploie alors une activité admirable, rassemble vivres et couvertures pour l'hiver qui approche, sollicite toutes ses connaissances afin d'obtenir le nécessaire, galvanise les bonnes volontés en attendant les premiers blessés. Les Rothschild lui font parvenir du vin et de l'eau de vie, Meunier cinq cents livres de chocolat, Félix Potin du riz, des sardines, des pains de sucre et des lentilles ; elle va même jusqu'à réquisitionner le paletot fourré du vicomte de Kératry pour le donner à ses soldats.

Quand les combats se rapprochent de la capitale, des lits de fortune envahissent tout le théâtre, dans les loges, sur la scène et dans la salle, permettant d'accueillir des dizaines de blessés.

Sarah joue alors à l'infirmière avec une abnégation mémorable et veille deux nuits sur trois au chevet de ses blessés. Mais l'hiver 1870 est terrible et les soixante lits de l'ambulance de l'Odéon bientôt pleins. Les vivres viennent à manquer, les Parisiens assiégés sont affamés, réduits à manger des chats, des rats, et jusqu'aux animaux du Jardin des Plantes ; on brûle tout le superflu pour ne pas mourir de froid. Le taux de mortalité de la ville double en quelques mois tant la population est affaiblie par les privations. Le froid brutal suscite une recrudescence des maladies pulmonaires. À partir de janvier, les bombardements redoublent sur Paris, donnant lieu à des scènes d'agonie dantesques dont Sarah est témoin et qui lui restent en mémoire. Les hôtes de l'Odéon trouvent alors refuge dans les caves et les dessous du théâtre. Quand les canalisations du sous-sol éclatent, le théâtre est brusquement inondé ; il faut abandonner les lieux et évacuer les hommes. Les blessés les plus graves sont transférés au Val-de-Grâce et Sarah s'installe avec les convalescents dans un grand appartement réquisitionné rue Taitbout en attendant l'armistice.

Elle a montré durant le siège son énergie combative, son courage, sa générosité, son patriotisme et son dévouement, qui marquent la mémoire des Parisiens. Sarah Bernhardt n'est engagée politiquement dans aucun mouvement, elle se désintéresse même totalement des revendications sociales de son époque, mais elle est résolument pacifiste et, à la suite de cette guerre, devient farouchement et durablement antigermanique. Si elle raconte les horreurs de la guerre dont elle a été témoin, c'est pour mieux les dénoncer :

Ah ! l'injustice de la guerre ! l'infamie de la guerre ! Il ne viendra donc pas, le moment rêvé où il n'y aura plus de guerres possibles ! Où un monarque qui voudrait la guerre serait détrôné et emprisonné comme un malfaiteur ? Il ne viendra donc pas le moment où il y aura un cénacle cosmopolite où le sage de chaque pays représentera sa nation et où les droits de l'humanité seront discutés et respectés [12] ?

Paris capitule le 28 janvier 1871. Le gouvernement de la Défense nationale s'installe à Versailles après les élections législatives, signe de méfiance envers la capitale dont la géographie a été radicalisée par les travaux d'Haussmann : quartiers riches à l'ouest et quartiers populaires à l'est. Quelques mesures maladroites du nouveau gouvernement suffisent à mettre le feu aux poudres, comme la suppression du moratoire sur les loyers : pour donner satisfaction aux propriétaires, les trois termes de loyers dont le paiement a été suspendu pendant la guerre sont immédiatement exigibles. De plus, la solde quotidienne des soldats de la garde nationale est supprimée et ils sont sommés de rendre leurs armes. Mais la troupe, envoyée le 18 mars à Belleville et à Montmartre pour reprendre les canons et les fusils qui y sont entreposés, fraternise avec la population. La Commune est aussitôt proclamée dans un climat d'enthousiasme populaire et d'effervescence politique. En soixante-dix jours, soixante-dix journaux sont lancés, la solidarité s'organise, des cantines municipales voient le jour, on choisit le drapeau rouge comme signe de ralliement des communards.

Mais Sarah Bernhardt n'assiste pas à la naissance de la Commune. Elle quitte la ville aussitôt l'armistice signé pour aller chercher sa famille, laquelle, entraînée par Julie, a trouvé refuge à Bad Homburg, une petite ville d'eau allemande où celle-ci avait l'habitude de séjourner avec sa sœur Rosine. Quand Sarah apprend que les siens sont installés chez l'ennemi, elle contient sa honte et sa rage, et ne songe plus qu'à les ramener en France. Elle se met en route le 4 février, avec Mlle Soubise, l'institutrice de son fils, à travers un pays dévasté. Une telle résolution ne manque pas de courage et elle consacre un chapitre de son autobiographie à ses aventures ferroviaires, confiant ses moments de colère et soulignant sa détermination incroyable, ses bravades antiallemandes, entrecoupées d'attaques de fièvre, complétant ainsi le portrait d'une nationaliste acharnée et héroïque. Le voyage devait durer trois jours, il en prendra onze, et la comédienne, après avoir retrouvé tout son monde, rentre en famille à Paris pour se réinstaller dans son appartement de la rue de Rome.

La capitale est encore en proie à la fièvre révolutionnaire. Sarah fréquente des journalistes : elle sympathise avec Léon Gambetta chez Émile de Girardin, qu'elle connaît depuis de nombreuses années, mais aussi avec Henri de Rochefort ou encore Paul de Rémusat, tous deux journalistes et écrivains. Peu sensible à l'élan politique et social de cette période, elle décide de s'installer à Saint-Germain-en-Laye, parce que la vie n'est plus tenable à Paris. Il faut dire que le préfet de police nommé par la Commune n'est autre qu'un certain Raoul Rigault, avec lequel elle n'est pas en très bons termes, depuis qu'elle lui a dit, avant la guerre et probablement sans grand tact, tout le mal qu'elle pensait d'une pièce qu'il lui avait fait parvenir dans l'espoir qu'elle accepte de la jouer. De plus, c'est maintenant l'armée régulière française qui assiège la ville, sous les yeux des Allemands, et l'héroïsme patriotique n'est plus de mise. Depuis Saint-Germain, où une grande partie des habitants de la capitale s'est réfugiée, on voit les flammes dévorer la ville ; Sarah traite les communards de « fous furieux ». Ses préoccupations sont plutôt galantes que politiques : elle reçoit les visites empressées du beau capitaine O'Connor, un aristocrate irlandais qui servait dans l'armée française et qu'elle vient d'enlever à sa sœur cadette, Régina. Privée de tout salaire par la fermeture des théâtres, elle est toujours la maîtresse du banquier Jacques Stern qui l'entretient et l'aide à subvenir aux besoins de sa petite famille.

Après la Semaine sanglante du 22 au 28 mai, une fois les communards anéantis par les versaillais, elle revient à Paris et trouve la ville en cendres. Le palais de justice, tout comme l'Hôtel de Ville où se trouvaient l'essentiel des actes d'état civil, dont celui de sa naissance, ont été incendiés, l'odeur âcre de la fumée s'est infiltrée partout, les appartements sont pleins de suie. Le 10 mai 1871, le traité de Francfort met un terme à la guerre, dans des conditions très lourdes pour la France : la jeune République perd l'Alsace et la Lorraine, désormais intégrées à l'Empire prussien, et doit, en outre, s'acquitter de réparations d'un montant de 5 milliards de francs-or. La comédienne est particulièrement touchée par la situation de la France vaincue et humiliée par son voisin allemand, au point qu'elle refusera jusqu'en 1902 d'aller jouer en Allemagne, alors qu'elle s'est jusque-là produite sur toutes les scènes des capitales européennes.

L'été 1871, le temps est à la reconstruction.

Une étoile est née

(1871-1878)

> *Nous autres, les vibrants, nous avons besoin de croire pour faire croire. Notre vraie vie, c'est là-bas, dans le foyer incandescent de toutes les passions vécues ou rêvées.*
>
> SARAH BERNHARDT,
> Ma double vie[1]

L'été 1871 est difficile pour les Parisiens : la ville est meurtrie, les traces de la guerre fratricide entre communards et versaillais sont encore sur toutes les façades, l'odeur de fumée est persistante. Sarah, enfermée chez elle, poursuivie par ses créanciers, sombre lentement dans une forme de dépression, jusqu'à ce qu'on vienne l'avertir que l'Odéon rouvre ses portes en octobre. Elle rassemble alors son énergie pour remonter sur scène. Elle crée d'abord *Jean-Marie* le 11 octobre, pièce en un acte d'André Theuriet : mariée de force à un vieil époux, une jeune Bretonne vit dans le souvenir de son fiancé, qu'elle croit perdu en mer. L'émotion avec laquelle elle joue ce personnage de femme amoureuse et lyrique conquiert le public et accroît sa réputation déjà bien assise :

> Impossible d'être plus naïvement poétique que cette jeune femme qui deviendra une grande comédienne, et qui est déjà une véritable artiste. Tout en elle est essence, parfum. [...] Elle est maigre de corps et de visage triste. Mais elle a la grâce souveraine et le charme pénétrant. C'est une artiste de nature et une incomparable interprète [2].

Elle se produit dans deux autres pièces de moindre importance, un lever de rideau patriotique de François Coppée, *Fais ce que dois*, et *La Baronne*, une pièce d'Édouard Foussier et Charles Edmond qui met en scène une femme rendue folle après avoir été séquestrée abusivement. Le 6 janvier 1872, elle crée *Mademoiselle Aïssé*, aux côtés de Pierre Berton et de Marie Colombier. La représentation du drame posthume de Louis Bouilhet est prise en charge par son ami Gustave Flaubert qui en assure la mise en scène. Dans la correspondance de Flaubert, on trouve quelques traces de son travail à l'Odéon, rendu particulièrement difficile par l'événement qui s'annonce et mobilise le théâtre, la reprise de *Ruy Blas* de Victor Hugo. La pièce de Bouilhet subit un échec retentissant, peut-être parce que son intrigue est très proche de celle de *La Dame aux camélias*. La critique d'Auguste Vitu ne manque pourtant pas d'intérêt :

> Le talent de Mademoiselle Sarah Bernhardt est assez solide pour qu'on ne s'en tienne pas avec elle à un éloge banal. Elle a

montré beaucoup de dignité et de sensibilité dans les grandes parties du rôle d'Aïssé ; mais la force physique lui manque, ce qui la condamne à demeurer plus longtemps qu'il ne faudrait dans des gammes sourdes, attristées, lugubres, et donne à son débit une monotonie contre laquelle elle devra chercher à réagir [3].

Or les artistes lisent les critiques, et on ne peut manquer de voir que lorsque ceux-ci sont bien inspirés, leurs remarques sont prises en compte par les acteurs, instaurant un véritable dialogue entre artistes et critiques. Sarcey a joué ce rôle auprès de Sarah, comme d'autres critiques moins indulgents ou moins proches qui lui ont aussi été utiles dans le perfectionnement de son jeu.

Cependant, le monde théâtral parisien ne parle que de la présence à Paris de Victor Hugo, après vingt ans d'exil. Dès l'annonce de la chute de l'empire, l'écrivain est rentré dans la capitale. Les directeurs de l'Odéon profitent de la nouvelle situation politique et du retour du grand homme pour reprendre leur projet de 1868 : ils programment *Ruy Blas*. Sarah Bernhardt, après quelques intrigues efficaces, est choisie par l'« Illustre Maître » pour jouer la reine d'Espagne. Mais cet intérêt subit pour le théâtre de Victor Hugo est d'abord un goût de circonstance : Sarah pressent que la pièce va être l'événement théâtral de l'année et qu'il faut en être. Elle a d'ailleurs beaucoup de préjugés contre le dramaturge, entretenus par sa petite cour. Convoquée chez Hugo pour une première lecture avec les autres acteurs, le 6 décembre 1871, elle décide de ne pas s'y rendre : « J'étais tellement gâtée, tellement adulée, encensée, que je me sentis blessée par ce sans-gêne d'un homme qui ne daignait pas se déranger, et invitait les femmes à venir chez lui, alors qu'il avait un terrain neutre : le théâtre, fait pour l'audition des pièces. » Soutenue par son petit cénacle d'admirateurs, elle lui envoie une lettre un peu cavalière, s'identifiant déjà au personnage qu'elle va jouer : « Monsieur, la reine a pris froid. Et sa Camerata Mayor lui interdit de sortir. Vous connaissez mieux que personne l'étiquette de cette cour d'Espagne. Plaignez votre reine, Monsieur[4] ! »

La rencontre avec Hugo a donc lieu le lendemain, au théâtre de l'Odéon. Sarah tombe très vite sous le charme du « grand homme » et le petit carnet dans lequel Hugo consignait la liste de ses conquêtes féminines s'orne d'un nom nouveau. Les répétitions de *Ruy Blas* ont laissé à Sarah un excellent souvenir ; Hugo fait lui-même travailler les acteurs, accompagné d'Auguste Vacquerie et de Paul Meurice. Le célèbre Geoffroy joue Don Salluste, Mélingue, Don César de Bazan, Tallien, Don Guritan. En brossant le portrait de ce dernier sur lequel Hugo s'acharne parce qu'il n'a pas compris son rôle, Sarah donne un aperçu de son esprit et de son talent d'observation : « Il était grand, les bras trop longs, les yeux las. Le nez fatigué d'avoir tant poussé s'affaissait sur la lèvre avec un découragement navrant. Le front était bordé de cheveux drus et le menton s'enfuyait à la hâte de ce visage mal construit[5]. »

La première a lieu le 19 février 1872 et c'est un véritable triomphe que se partagent le poète et son actrice qui, de « petite fée des étudiants », devient, selon ses propres termes « l'élue du Public ». La critique de Sarcey est très élogieuse :

Mademoiselle Sarah Bernhardt a reçu de la nature le don de la dignité affaissée et plaintive. Tous ses mouvements sont à la fois nobles et harmonieux ; qu'elle se lève ou s'assoie, qu'elle marche ou se tourne à demi, les longs plis de sa robe lamée d'argent s'arrangent autour d'elle avec une grâce poétique. La voix est languissante et tendre, la diction d'un rythme si juste et d'une netteté si parfaite qu'on ne perd jamais une syllabe, alors même que les mots ne s'exhalent plus de ses lèvres que comme une caresse. Et comme elle suit les ondulations de la période qui se déroule, sans la briser jamais, lui gardant l'harmonie de ses lignes flexibles. Et de quelles intonations fines et pénétrantes elle marque certains mots, à qui elle donne ainsi une valeur extraordinaire[6] !

Cette critique ne rend pas seulement compte de la diction et de la tonalité choisies par Sarah pour interpréter Doña Maria de Neubourg, mais aussi de la grâce de ses mouvements qui suivent ce que les peintres de la Renaissance italienne appelaient la « ligne serpentine », torsion du corps qui s'enroule autour de son centre de gravité pour donner l'impression du mouvement même lorsque le sujet est immobile. On retrouve cette même ligne sinueuse, ondulante, dans la plupart des poses de Sarah Bernhardt, qu'il s'agisse de portraits peints ou de photographies. Elle donne à son corps une qualité de présence et de vie extrêmes.

Le succès remporté par l'actrice dans *Ruy Blas* est tel qu'elle reçoit bientôt une lettre du nouvel administrateur de la Comédie-Française, M. Perrin, qui lui offre de l'engager au salaire de 12 000 francs par an. Elle fait part de cette proposition à Duquesnel, puis à Chilly, mais celui-ci refuse de l'augmenter et la traite avec un peu de condescendance, sans vraiment croire qu'elle puisse quitter l'Odéon. Sarah, blessée dans son orgueil, réagit immédiatement et se rend à la Comédie-Française où elle signe son contrat avec l'administrateur. Duquesnel est blessé par ce qu'il considère comme une trahison, tandis que Chilly écume de rage et la fait condamner à 6 000 francs de dédit. Cet épisode a une conclusion tragique : pendant le souper de centième offert le 10 juin 1872 par Victor Hugo aux interprètes de *Ruy Blas*, Chilly tombe la tête dans son assiette, terrassé par une attaque. Il mourra quelques jours plus tard sans avoir repris connaissance.

Ce n'est pourtant pas sans un certain pincement au cœur que Sarah Bernhardt quitte le théâtre de l'Odéon, auquel elle doit sa célébrité toute nouvelle. Elle trouve des accents touchants pour évoquer son départ :

Je quittai l'Odéon avec un très profond chagrin. J'adorais et j'adore encore ce théâtre. Il a l'air, à lui tout seul, d'une petite ville de province. Ses arcades hospitalières, sous lesquelles se promènent vieux et pauvres savants venus prendre le frais à l'abri du soleil ; les grandes dalles qui l'entourent, dans l'écartement desquelles surgit une herbe jaune et microscopique ; ces hautes colonnes noircies par le temps, les mains et la crotte de la chaussée ; le bruit régulier qui l'entoure ; le départ des omnibus ressemblant au départ des anciennes diligences ; la confraternité des gens qui s'y rencontrent ; enfin, jusqu'à cette grille du Luxembourg : tout lui donne un aspect à part, dans Paris. Puis on y respire comme une odeur d'école. Les murs gardent encore les juvéniles espoirs. On n'y parle pas toujours d'hier comme dans les autres théâtres. Les jeunes artistes qui viennent là parlent de demain [7].

Elle retrouve la Comédie-Française auréolée d'une gloire toute récente qui lui vaut aussitôt l'hostilité quasi générale de la troupe. Dans son autobiographie, elle n'hésite pas à parler de « cage aux fauves », ses seuls alliés dans la maison sont Coquelin et Mounet-Sully, ainsi que deux de ses camarades du Conservatoire, Sophie Croizette et Marie Lloyd. Mais sa nouvelle popularité ne lui donne pas une once d'indépendance ou de liberté : c'est l'administrateur qui décide des distributions et les comédiens doivent se soumettre à ses choix. Perrin lui impose donc pour ses nouveaux débuts le rôle de Mlle de Belle-Isle, dans la comédie historique éponyme et alors fameuse d'Alexandre Dumas père. Sarah est très attendue, son retour à la Comédie-Française a beaucoup été commenté dans la presse, la salle est donc louée longtemps à l'avance et le soir de la première, elle est en proie à un terrible trac.

Les soirs de première ou de grande pression, elle est saisie d'une frayeur insurmontable qui la prive d'une partie de ses moyens, fait remonter sa voix dans une tessiture trop aiguë et la paralyse même physiquement. Elle l'a d'abord éprouvée quelques années plus tôt lors de ses premiers débuts dans le même théâtre et ne la domine pas plus qu'alors. Elle est ainsi, de son propre aveu, médiocre dans le rôle de Gabrielle de Belle-Isle et les critiques ne cachent pas leur déception. Sarcey s'étonne : « Elle dit ses trois premiers actes avec un tremblement convulsif et nous ne retrouvâmes la Sarah de *Ruy Blas* que dans deux couplets qu'elle fila de sa voix enchanteresse avec une grâce merveilleuse ; mais elle manqua tous les passages de force [8]. » Ce soir-là, la perte de ses moyens a un autre motif que l'angoisse de jouer devant une salle comble : sa mère, venue assister à la représentation, a brutalement quitté le spectacle, peu de temps après le début. Or, Julie n'a jamais caché le mépris dans lequel elle tenait sa fille aînée et n'a pas manqué de le lui faire savoir dans le passé en quittant la salle sans discrétion lorsqu'elle la trouvait mauvaise. Le motif de son départ précipité semble pourtant différent ce soir-là, même s'il a dû en rappeler d'autres à la comédienne : Julie est fatiguée et de santé fragile et elle se sent hors d'état d'assister à la représentation, ce qui conduit Sarah à imaginer sa mère mourante, tandis qu'elle est obligée de continuer à jouer. Cette situation d'angoisse fournit le prétexte à un moment de réflexion sur le métier de comédien :

Oh ! le public ne peut pas se douter des tortures endurées par les pauvres comédiens quand ils sont là devant lui, en chair et en os, faisant des gestes, disant des mots, et que leur cœur angoissé s'envole près de l'être chéri qui souffre. En général on peut jeter à bas les ennuis, les soucis de la vie, et, pour quelques heures, on dépouille sa propre personnalité pour en endosser une autre ; et l'on marche dans le rêve d'une autre vie, oubliant tout. Mais cela est impossible quand des êtres aimés souffrent : l'inquiétude s'agrippe à vous, atténuant les bonnes chances, grossissant les mauvaises, vous affolant le cerveau qui vit deux vies, et bousculant le cœur qui bat à se rompre [9].

Son échec reste tout relatif et elle se reprend vite, d'autant que Perrin, convaincu par les critiques avisées de Sarcey, comprend que le registre de Sarah est davantage tragique que comique. Il lui confie donc des rôles plus en adéquation avec son talent.

Il forme même un couple de théâtre : dans le *Britannicus* de Racine, elle est la fragile Junie, tandis que Jean Mounet-Sully, encore amant de Maria Favart, une des premières actrices de la troupe, joue Néron. Une liaison passionnée et orageuse commence alors entre ces deux acteurs au tempérament de feu. Mounet-Sully est un des plus grands tragédiens de son époque. Né à Bergerac, il était destiné par une famille plutôt bourgeoise et calviniste à devenir pasteur. Il entre au Conservatoire en 1867 et débute dans des petits rôles à l'Odéon où il croise Sarah qui ne le remarque pas. Il est engagé par Perrin en 1872, quelque temps avant elle. Lorsque Sarah le retrouve à la Comédie-Française, elle s'étonne de sa beauté et bientôt de son talent. C'est en effet un bel homme, de haute stature, son visage a les traits d'un masque tragique, il se dégage de lui une force exceptionnelle, sa voix est puissante et ses gestes grandioses. Théodore de Banville le croque dans ses *Camées parisiens* : « Un jeune homme plus beau que Talma et qui, sans rien changer à son visage, peut être Hamlet, ou Roméo, ou Oreste, ou Rodrigue. Mounet-Sully est-il un Argien * des temps héroïques, ou un seigneur italien du XVIᵉ siècle ? C'est comme on veut. Il appartient à toutes les époques où les artistes ont su trouver un idéal dans un visage humain, et il fournirait même à Balzac son Lucien de Rubempré en chair et en os [10]. » Il la séduit aussitôt et ils forment pendant quelque temps le couple le plus célèbre du théâtre français.

Perrin n'hésite pas à jouer de leur relation, les réunissant sur scène aussi souvent que possible. Leur liaison a donné lieu à une correspondance fournie. Sarah y joue le personnage de la jeune amoureuse innocente mais passionnée, dévouée à son fils qui lui sert souvent d'alibi pour annuler les rendez-vous convenus, alors qu'elle entretient plusieurs liaisons en même temps. Mounet-Sully, lui, est bel et bien épris et son caractère possessif n'est pas du goût de la jeune femme qui se joue un temps de sa naïveté. Lorsqu'il lui propose le mariage, elle hésite, remet sans cesse sa réponse, pour finir par prendre de la distance. Les réconciliations succè-

---

* Argien : guerrier originaire d'Argos, cité de la Grèce antique, où Polynice trouve refuge après avoir été chassé de Thèbes par son frère Étéocle.

dent aux brouilles, pour le plus grand plaisir de leurs camarades du Français. Elle lui envoie sans cesse des billets, s'excusant pour un rendez-vous reporté, prétextant les soins qu'elle doit à son fils malade, mais aussi des lettres d'amour passionnées, lyriques et aux accents sincères, qu'elle signe « Ta tienne ». En janvier 1873, elle lui écrit :

> Et maintenant, laisse-moi te parler de ma folle tendresse, laisse-moi te dire que je t'aime de toutes les forces de mon âme, que mon cœur est tien et que je suis presque heureuse ; que je vais peut-être aimer la vie maintenant que j'aime l'amour, ou plutôt que je connais l'amour ! [...] Je t'aime, cela est vrai, je t'aime à pleine âme. Je mets mes bras autour de ta tête et mes lèvres sur les tiennes. Je te murmure toutes les paroles d'amour que tu sais[11].

Un mois plus tard, elle aborde le thème de son indépendance nécessaire, elle lui dit ne plus supporter son « absolutisme » ni ses fureurs jalouses. Il y a quelque chose de très sincère dans l'affirmation de ce besoin de liberté, qui apparaît de plus en plus essentiel dans la vie de Sarah :

> Je me suis donnée à toi toute, mais aie confiance, ne doute pas sans cesse ainsi que tu le fais. Laisse-moi mes allures d'indépendance, je ne puis vivre liée, je ne puis me sentir un maître, il me faut la liberté, et je te jure que c'est le plus sûr moyen que je n'en abuse pas[12].

Au mois de décembre 1873, la rupture est consommée. En janvier 1874 Mounet-Sully est nommé sociétaire. Il lui adresse encore un sonnet acrostiche d'assez jolie facture qui témoigne de l'intensité de son amour pour elle *. Mais le 2 février elle lui confie : « Je ne suis pas faite pour le bonheur et ce n'est pas ma faute. Je vis d'émotions sans cesse renouvelées, et j'en vivrai ainsi jusqu'à l'épuisement de ma vie. Je reste aussi inassouvie le lendemain que la veille, mon corps si frêle trouve que l'accomplissement de l'amour lui donne la fatigue et jamais l'amour rêvé. » Ce billet accréditerait la thèse de sa frigidité et expliquerait sa quête incessante du plaisir entre les bras d'hommes toujours nouveaux dont elle faisait ses amants avant qu'ils ne deviennent ses amis. Mounet-Sully semble accepter son échec dans une lettre du 9 juillet 1875, non sans amertume ni cruauté : « Vous êtes morte pour moi jusqu'au jour où mourra ce corps de prostituée qui vous ressemble. Ce jour-là, peut-être reviendra-t-il pleurer dans ces bras, le spectre blanc de mes amours passées [13]. »

Mais le 14 décembre 1872, leur liaison n'en est encore qu'à ses débuts, et les deux amants obtien-

---

* Si nous pouvions aimer comme s'aiment les anges ;
Aimer d'un amour pur dont les sens soient bannis,
Rien que de nos esprits faire de fiers mélanges
Aux charmes toujours neufs et toujours infinis,

Hors de la gloire humaine et de toutes ses fanges,
Bien loin, bien haut, bien seuls, accoupler nos deux nids ;
Et de nos âmes-sœurs confondant les échanges
Réunis n'être qu'un, séparés être unis,

Nous passerions ainsi tous les jours de la vie
Heureux de ce bonheur qu'au ciel la terre envie
Absorbés l'un dans l'autre, absorbant tout en nous !

Rêve, hélas ! — Et pourtant je commençai ce rêve !
De toi seule il dépend qu'il reprenne et s'achève ;
Tu n'aurais qu'à vouloir ! — Madame, voudrez-vous ?

nent un succès considérable dans *Britannicus*. Au début de l'année suivante, Sarah interprète Chérubin dans *Le Mariage de Figaro* de Beaumarchais. Elle travaille alors sans relâche, se résout même à apprendre le rôle de la princesse Falconieri du *Dalila* d'Octave Feuillet, une femme fatale qui trompe ses amants, alors qu'elle aurait voulu être l'héroïne vertueuse jouée par Sophie Croizette, maîtresse de Perrin. L'erreur de distribution est manifeste et explique sans doute en partie le demi-échec de la pièce :

> Je jouais alors les jeunes filles, les jeunes princesses ou les jeunes garçons, mon corps menu, ma figure pâle, mon aspect maladif me vouant pour le moment aux victimes ; quand tout à coup Perrin, trouvant que les victimes attendrissaient le public, et pensant que c'était grâce à mon « emploi » que j'excitais la sympathie, Perrin fit la plus cocasse des distributions : il me donna le rôle de Dalila, la méchante brune et féroce princesse, et donna à Sophie Croizette la blonde et idéale jeune fille mourante [14].

Les rapports de Sarah avec l'administrateur se tendent ; elle estime que Perrin ne la distribue pas dans des rôles à la mesure de son talent, tandis que ses continuelles revendications et contestations exaspèrent l'administrateur qui la surnomme « Mlle Révolte ». Le 22 août 1873, elle joue pourtant Andromaque, avec un magnifique Mounet-Sully en Oreste, mais c'est seulement parce que les sociétaires plus importants sont en vacances. La Comédie-Française est, en effet, une maison extrêmement hiérarchisée : au bas de l'échelle, on trouve les jeunes pensionnaires qui viennent d'être engagés par l'administrateur et en haut, les sociétaires élus par leurs pairs, titulaires officiels des premiers rôles du répertoire. Sarah n'est encore que pensionnaire et les grands rôles vont tout naturellement aux sociétaires ou aux protégées de Perrin. En septembre, elle incarne Aricie dans *Phèdre*, qu'elle a déjà joué à l'Odéon, et c'est Rosélia Rousseil, une de ses anciennes condisciples du Conservatoire, qui joue Phèdre. Même si elle obtient un certain succès, et que ses talents de tragédienne commencent à être reconnus, Sarah ne travaille pas assez, elle s'ennuie.

Elle se pique alors d'apprendre la sculpture et loue un atelier au 11 place de Clichy, où elle passe tout son temps libre. Elle prend des cours avec le sculpteur Mathieu-Meusnier et fait la conquête du dessinateur Gustave Doré. Il a quarante ans et appartient aux cercles littéraires et sociaux les plus en vue. Riche, il a eu des liaisons avec des divas célèbres et ne cherche pas, contrairement à Mounet-Sully, à faire d'elle une femme vertueuse. Il lui offre la perspective d'une vie de bohème exaltante et ses gravures et dessins à l'imagination morbide ne sont pas pour déplaire à Sarah. Les deux artistes vont même collaborer en réalisant chacun un groupe sculpté pour la façade du théâtre de Monte-Carlo, répondant à l'invitation de Charles Garnier qui vient d'achever l'Opéra de Paris. L'atelier de la place de Clichy devient un refuge lui permettant d'échapper à l'atmosphère hostile du Français. Elle y reçoit ses amis, comme Arthur Meyer, directeur du journal *Le Gaulois*, les peintres Alfred Stevens et Georges Clairin, ou encore Alphonse Daudet, revêtue d'un pantalon et d'une blouse blanche. Elle s'impose comme une figure fantasque et androgyne : « En dehors de son atelier, c'est une femme, et une femme charmante que Sarah Bernhardt. Mais dès qu'elle a franchi le seuil du sanctuaire où elle pétrit la glaise, c'est un homme qui tient l'ébauchoir. Un homme seul en effet peut avoir ce dédain des coquetteries, cette énergie de volonté, cette résistance à la fatigue. Regardez-la... je me trompe, regardez-le faire [15]. » Le caractère volontaire et tenace de Sarah est perçu comme une qualité typiquement masculine. Ses contemporains y lisent de la provocation, une transgression des conventions sexuelles établies, qu'ils renvoient un peu rapidement à son caractère fantasque et capricieux et rattachent au besoin de faire parler d'elle. Il semble pourtant que dans l'affirmation affichée de ses désirs et de ses talents, Sarah proclame et annonce une liberté nouvelle pour une femme affranchie des contraintes domestiques.

Sarah a recueilli chez elle sa sœur Régina, atteinte de tuberculose. Elle l'installe dans son lit tandis qu'elle-même dort dans son fameux cercueil en bois de rose, installé dans la même chambre, sans avoir conscience de la cruauté pour la jeune femme d'avoir tous les jours sous les yeux une image de sa mort prochaine : « Cet appartement de la rue de Rome était petit. Ma chambre était minuscule. Le grand lit de bambou prenait toute la place. Devant la fenêtre était mon cercueil, dans lequel je m'installais souvent pour apprendre mes rôles. Aussi, quand je pris ma sœur chez moi, trouvai-je tout naturel de dormir chaque nuit dans ce petit lit de satin blanc qui devait être ma dernière couchette, et d'installer ma sœur sous les amas de dentelle, dans mon grand lit de bambou [16]. » L'agonie de Régina est longue et pénible, elle meurt le 16 décembre 1873, âgée de dix-huit ans.

L'histoire du cercueil n'est pas seulement anecdotique. Sarah ne s'est jamais défaite de cet objet macabre, cadeau d'anniversaire réclamé à sa mère ou à un amant. Condamnée par les médecins, elle s'est habituée dès son plus jeune âge à apprivoiser l'idée de la mort par des visites régulières à la morgue et elle assistera en 1894 à l'exécution de l'anarchiste Vaillant. Sarah a demandé à Mélandri de la photographier allongée dans son cercueil, revêtue de blanc, les yeux clos, sous une gerbe de fleurs. Cette image a fait le tour du monde, vendue sous forme de carte postale à des milliers d'exemplaires, parachevant l'image d'une originale au goût parfois douteux. Peut-être était-ce un moyen pour elle de conjurer le destin qui lui avait été promis. Toujours est-il que sa fascination pour la mort n'est pas jouée, elle est profondément attirée par le romantisme noir et de nombreux objets témoignent de ce goût : dans sa chambre à coucher, le squelette Lazare, la chauve-souris et le crâne, cadeau de Victor Hugo sur lequel est gravé un sizain*, font également office de *Memento mori*, lui rappelant

---

* Squelette, qu'as-tu fait de l'âme ?
Lampe, qu'as-tu fait de la flamme ?
Cage déserte, qu'as-tu fait ?
De ton bel oiseau qui chantait ?
Volcan, qu'as-tu fait de la lave ?
Qu'as-tu fait de ton maître, esclave ?

la vanité des choses humaines et la brièveté de la vie.

Un nouvel épisode mouvementé vient mettre au jour le malaise persistant qui oppose Sarah à l'administration du Français. Perrin décide de monter *Le Sphinx* que vient d'écrire Octave Feuillet. Le personnage principal et éponyme de la pièce est naturellement attribué à Sophie Croizette, tandis que Sarah doit jouer Berthe, figure secondaire, qu'elle décide de transformer en deuxième rôle principal. La guerre est très vite déclarée entre les deux actrices qui n'entretiennent pas de véritable inimitié, mais rassemblent leurs partisans autour d'elles, au point qu'on parle de croizettistes et de bernhardtistes, d'abord à l'intérieur de la Comédie-Française et bientôt à l'extérieur : « Croizette avait pour elle tous les banquiers et tous les congestionnés ; j'avais pour moi tous les artistes, les étudiants, les mourants et les ratés [17]. »

L'épreuve de force a lieu à la fin des répétitions, lorsqu'il s'agit de faire les éclairages du spectacle. Blanche — le Sphinx — et Berthe de Savigny doivent se succéder dans un rayon de lune, mais Perrin, en charge de la mise en scène, estime que Sarah vole la vedette à Croizette et refuse de lui laisser le projecteur qui avantage sa composition de femme désespérée. Sarah rapporte le dialogue animé qui l'oppose alors avec l'administrateur : « "Elle joue le Sphinx, c'est le personnage principal, il faut lui laisser les principaux effets !" rugit Perrin, et Sarah lui répond : "Eh bien, monsieur, donnez une lune brillante à Croizette et une petite lune à moi ; ça m'est égal, mais je veux ma lune !" » La discussion s'envenime, on sollicite l'arbitrage de Feuillet qui cherche à pacifier la répétition : « Je conviens que Mlle Croizette est fort belle sous son effet de lune ! et Mlle Sarah Bernhardt idéale dans son rayon lunaire ! Je désire donc la lune pour toutes deux [18] ! » Perrin refuse de céder, la répétition est arrêtée, et Sarah déclare qu'elle ne jouera pas sans lune. Perrin finit par s'incliner et les deux actrices font un triomphe le 23 mars 1874, dans deux registres très différents, un réalisme ardent pour Sophie Croizette, et une tonalité plus discrète et gracieuse pour Sarah qui cherche d'instinct à créer le maximum de contraste avec sa rivale.

Pendant l'été, à la suite de ce litige, l'administrateur use de son autorité pour tenter de faire plier sa pensionnaire rebelle en l'épuisant : il refuse de lui donner quelque congé que ce soit et lui fait répéter *Zaïre*, de Voltaire, en juin et juillet, pour une première prévue le 6 août. Sarah supporte mal la chaleur, elle est épuisée et, dans un élan morbide, décide d'aller au bout de ses forces, pour jouer à en mourir :

Voulant tomber évanouie, voulant cracher le sang, voulant mourir pour faire enrager Perrin, je m'étais donnée tout entière : j'avais sangloté, j'avais aimé, j'avais souffert, et j'avais été frappée par le poignard d'Orosmane en poussant le cri vrai de la vraie douleur, car j'avais senti le fer pénétrer dans mon sein, puis, tombant haletante, mourante, sur le divan oriental, j'avais pensé mourir sérieusement ; et, pendant tout le temps de la fin de l'acte, j'osais à peine remuer un bras, convaincue que j'étais de ma languissante agonie, et un peu effrayée, je l'avoue, de voir réaliser ma méchante farce à Perrin. Mais grande fut ma surprise quand, le rideau tombé à la fin de la pièce, je me relevais prestement pour le rappel, et saluai le public sans langueur, sans affaiblissement, prête à recommencer la pièce.

Et je marquai cette représentation d'un petit caillou blanc, car de ce jour je compris que mes forces vitales étaient au service de mes forces intellectuelles. J'avais voulu suivre l'impulsion de mon cerveau dont les conceptions me semblaient trop fortes pour que mes forces physiques les puissent réaliser. Et je me trouvais, ayant tout donné, même au-delà, en parfait équilibre [19] !

Cette prise de conscience marque un tournant dans la carrière de Sarah qui a toujours cru que sa santé fragile était un obstacle à l'accomplissement de sa volonté de fer. Elle sait désormais qu'elle peut aussi compter sur ses forces physiques et Sarcey fait son éloge : « Grâce au charme pénétrant de sa diction harmonieuse, elle donna à la déplorable versification de Voltaire l'apparence et le goût de la poésie. On l'écoutait comme on fait d'un morceau de musique dont on n'entend point les paroles, mais qui charme par sa mélodie [20]. »

Perrin la prend décidément en grippe, il décide de ne plus lui confier de nouveaux rôles et elle passe son temps entourée de ses amis dans l'atelier de la place de Clichy. Au mois de décembre, à la suite d'une défection, Perrin lui propose brusquement le rôle de Phèdre, de manière tout à fait inattendue. Le délai est très court, elle a quatre jours pour apprendre le rôle. Relevant le défi, elle se met alors à travailler nuit et jour, sollicitant l'aide de

Régnier, son ancien professeur au Conservatoire, pour composer sa Phèdre.

La pression est écrasante. Il s'agit de rivaliser avec le souvenir de Rachel, sans jamais l'avoir vue jouer, alors que la plupart des critiques gardent un souvenir insurpassable de sa composition de Phèdre. Or Sarah ne dispose, pour son entrée dans le grand monde de la tragédie, que d'une petite voix de soprano, sans comparaison avec les timbres chauds de contralto de celles qui l'ont précédée et à qui on va la mesurer. L'expression de la passion brûlante et de la jalousie risquent de faire grimper sa voix dans des notes stridentes et peu gracieuses. Elle le sait et cherche donc sa propre interprétation du rôle, choisissant d'exprimer la mélancolie plutôt que la fureur, la douleur et la mort prochaine plutôt qu'un déchaînement de haine. Dans *L'Art du théâtre*, elle écrit à propos de son travail sur Phèdre : « Attachée au lyrisme de ce verbe harmonieux, à la vie profonde de ces sentiments, je me suis souvenue que la Champmeslé, qui créa *Phèdre*, était, au dire des historiens, une créature de beauté et de grâce, et non une forcenée, et j'ai tenté de pénétrer le charme du mystère de l'art racinien pur et touchant pour le rendre plus sensible au public[21]. »

Au soir du 21 décembre 1874, Sarah est morte de peur, même si la présence de Mounet-Sully en Hippolyte la rassure un peu. À nouveau sujette à ce trac paralysant, au comble de la nervosité, elle fond en larmes avant d'entrer en scène. Par bonheur, le comédien qui joue Théramène vient la réconforter, alors qu'il n'a pas terminé de façonner son faux nez de cire rose, et la vue de ce masque grotesque la fait rire. La tension n'a pourtant pas encore tout à fait disparu au premier acte : elle joue mâchoires serrées et attaque ses tirades un peu trop dans les aigus. Mais elle se reprend vite et sera ovationnée, s'évanouissant d'épuisement dans les bras de Mounet-Sully après le quinzième rappel. La plupart des critiques sont élogieux, ils soulignent la grâce et le naturel de ses attitudes, sans maniérisme aucun, et surtout la musicalité avec laquelle elle prononce les alexandrins de Racine. Certains, en revanche, n'hésitent pas à relever ses limites vocales dans les grandes scènes tragiques : « Le spectacle a été tout à fait douloureux. Plus elle voulait forcer le ton, plus l'accent s'étranglait, rauque et impuissant à la fois [22]. »

Reynaldo Hahn, dans *La Grande Sarah*, évoque ses souvenirs de spectacles. Il n'a pas vu *Phèdre* à sa création, mais presque vingt ans plus tard : Sarah incarne « la Beauté ennoblie par la Douleur », « l'idée de la femme blessée à mort par l'amour », « tout ce que la statuaire la plus épurée a pu concevoir de plus élégant ». Dans la fameuse invocation à Vénus, elle a une « allure presque sacerdotale », « le bras droit étendu et à peine plié tenant et laissant pendre le manteau blanc brodé d'or, la main gauche appuyée sur le cœur, les yeux levés au ciel ». Au cinquième et dernier acte, il note une étonnante métamorphose physique de l'actrice : « c'est une morte qui marche », « la peau du visage colle aux pommettes, livide, fanée; il semble que sous la draperie du manteau royal les membres soient amaigris. Ce ne sont plus les beaux plis orgueilleux de tout à l'heure, ce sont des plis de suaire, secs et froids. C'est d'une voix d'outre-tombe qu'elle s'accuse, à ce moment suprême, de son double crime, de son amour et de son mensonge[23] ». Le succès se transforme en triomphe, tout le monde veut la voir dans ce rôle où elle donne l'illusion du langage des dieux. Elle a trouvé cette alchimie qui unit le personnage à son interprète et la musicalité si particulière de sa diction fascine et enchante le public lorsque sa voix n'est pas bridée par la nervosité.

Sarah est nommée sociétaire en janvier 1875, mais cette promotion, résultant d'une nouvelle épreuve de force avec Perrin, vient presque trop tard, tant elle vit sa situation à la Comédie-Française comme une privation de liberté. Peu distribuée, elle joue rarement, le principe du théâtre de répertoire privilégiant l'alternance. En outre, la rivalité avec Sophie Croizette, protégée de l'administrateur, ne favorise pas sa carrière.

Elle décide alors de déménager et quitte la rue de Rome pour emménager dans un petit hôtel particulier de la plaine Monceau, à l'angle de l'avenue de Villiers et de la rue Fortuny. Elle investit dans ce projet une énergie considérable et des sommes d'argent démesurées. Elle entreprend de refaire toute la décoration et fait travailler ses amis peintres, passant son temps sur les échafaudages. L'hôtel de l'avenue de Villiers lui coûte 500 000 francs, somme dont elle ne possède pas le quart. Peu lui importe, elle emprunte à la banque ou auprès de ses amis, engage une dizaine de domestiques et fait servir chaque soir des soupers pour vingt ou trente personnes. Le peintre Georges Clairin, qui a fait de nombreux portraits d'elle, dont l'un est aujourd'hui exposé au musée du Petit Palais, entre à cette période dans le cercle de ses intimes. Il réalise de nombreuses peintures murales dans la nouvelle demeure de Sarah, figures allégoriques multiples qui ont toutes le visage de la maîtresse de maison. Les journaux s'indignent de ses dépenses somptuaires et narcissiques.

Sarah rencontre à cette époque Louise Abbéma, une portraitiste toujours habillée en homme, spécialisée dans les portraits de femmes. Elle réalise un beau portrait de l'actrice de trois-quarts en 1875, d'une facture assez classique, alors qu'elle n'a que vingt-deux ans. On leur a prêté une liaison saphique : Louise ne cachait pas sa préférence pour les femmes et il semble bien qu'elle soit tombée amoureuse de Sarah qui aurait été séduite de son côté par cette personnalité artistique exigeante et volontaire. Si Sarah Bernhardt a défrayé la chronique par ses tumultueuses amours masculines, elle a aussi volontiers, mais plus discrètement conquis des femmes, dont elle aimait à s'entourer. Abbéma et Clairin, tous deux peintres de talent, resteront jusqu'à la mort des fidèles parmi les intimes de la petite cour.

Cependant, Perrin lui a confié le rôle de Berthe dans *La Fille de Roland*, d'Henri de Bornier, un drame patriotique dans lequel la fille du héros tombe amoureuse du traître Ganelon. Elle y obtient un grand succès en février, avant l'échec de *Gabrielle* d'Émile Augier, en avril de la même année.

Au début de l'année suivante, Dumas fils a fini *L'Étrangère*. Alors que Sarah pensait jouer la duchesse de Septmonts, le rôle échoit à Sophie Croizette tandis qu'elle est distribuée dans celui de Miss Clarkson. La querelle du *Sphinx* se répète donc, mais la colère de Sarah se focalise sur Perrin, tandis qu'elle cherche à composer au mieux le personnage qui lui a été attribué. Elle fait merveille en aventurière fantasque et le succès de la première, le 14 février 1876, apaise un temps rancœurs et rivalités. Elle a sans doute pris un malin plaisir à dire certaines des tirades de Miss Clarkson, comme celle-ci qui fait écho à tout ce que les journaux ont pu répandre de rumeurs sur ses origines douteuses et ses aventures galantes : « On ne m'appelait plus par mon nom, on m'appelait l'Étrangère, et l'on avait raison. Oui, étrangère, sans famille, sans amis, sans patrie ; étrangère à toutes vos traditions, à toutes vos joies, mais aussi à toutes vos servitudes, n'ayant pour règle que ma fantaisie et de la haine plein le cœur, plein l'esprit et plein l'âme contre cet être qu'on appelle l'homme, et que je ne voyais s'approcher de moi que comme il s'était approché de ma mère, pour la dégrader et avilir la femme au profit de son orgueil et de son plaisir [24]. » Pendant qu'elle répète la pièce, son nom est à nouveau sur toutes les lèvres : un diplomate, Edmond de Lagrené, défend son honneur en se battant en duel contre un journaliste auteur d'un article malveillant, ajoutant à sa réputation de femme fatale.

Sarah continue de consacrer son temps libre à la sculpture, elle projette de présenter une œuvre au Salon de 1876 et entreprend un « groupe », sorte de *Pietà* macabre, inspiré par une vieille femme rencontrée sur la baie des Trépassés, dans le Finistère, qui, ayant perdu tous ses fils en mer, a vu son petit-fils se perdre à son tour dans les flots. Sarah s'est véritablement prise de passion pour la sculpture : « Il me semblait maintenant que j'étais née pour être sculpteur, et je commençais à prendre mon théâtre en mauvaise part. Je n'y allais que par devoir, et je me sauvais le plus vite possible[25]. » Le groupe qu'elle envoie au Salon obtient une mention honorable du jury, après qu'on l'a copieusement accusée de l'avoir fait réaliser par un autre. Or, il semble bien qu'elle se soit plongée avec délices dans les planches anatomiques, familiarisée avec le squelette, les muscles, les postures du corps et l'expressivité des gestes. Tout le temps consacré à la sculpture, à l'apprentissage des réseaux musculaires et osseux, à l'observation et à la reproduction des mouvements arrêtés du corps lui apporte une connaissance profonde de l'art de l'attitude et de sa composition qui est comme un nouvel apprentissage d'actrice.

Elle perd sa mère au début du mois de mai 1876, sans que celle-ci lui ait jamais réellement témoigné d'affection, ni même reconnu son talent, tout occupée qu'elle était à lui préférer Jeanne, la puînée qui se lance elle aussi dans la carrière d'actrice et que

Sarah accueillera plus tard au sein de sa troupe. En septembre, elle surprend tout le monde lorsqu'elle préfère au premier rôle de la jeune vestale Opimia qu'on a daigné lui attribuer, celui de la septuagénaire Posthumia, vieille romaine aveugle dans une tragédie d'Alexandre Parodi, *Rome vaincue*. Mounet-Sully est Vestaepor, un esclave gaulois d'une cinquantaine d'années. Les deux jeunes premiers de la Comédie-Française se retrouvent ainsi dans des personnages de vieillards.

Sarah compose un personnage saisissant : une vieille grand-mère aveugle qui se résout à poignarder sa petite-fille déchue plutôt que de la voir enterrée vivante par les soldats romains garants de l'honneur de la vestale. La première a lieu le 27 septembre, la critique salue son choix audacieux et elle exulte d'avoir fait fi des conventions désuètes des emplois. Le critique Francisque Sarcey s'enflamme :

Elle a déployé des qualités d'énergie et de pathétique que ne lui soupçonnaient pas même ses plus chauds admirateurs. Elle était admirablement costumée et grimée. Un visage amaigri, ridé et d'une majesté extraordinaire : des yeux vagues et ternes, un manteau qui, tombant des deux côtés quand ses bras se relevaient, semblait figurer les ailes immenses de quelque gigantesque et sinistre chauve-souris. Rien de plus terrible et de plus poétique ensemble [...]. Ce n'était plus là une comédienne ; c'était la nature même, servie par une intelligence merveilleuse, par une âme de feu, par la voix la plus juste, la plus mélodieuse qui ait jamais enchanté les oreilles humaines. Cette femme joue avec son cœur et ses entrailles. Elle hasarde des gestes qui seraient ridicules chez toute autre et qui emportent une salle [26].

En novembre de l'année suivante, la Comédie-Française reprend *Hernani*, avec son couple vedette, Sarah Bernhardt en Doña Sol et Jean Mounet-Sully en Hernani. Les deux acteurs réclament et obtiennent à cette occasion la suppression de la claque qui les privait des réactions spontanées du public. La pièce sera jouée cent seize fois cette saison-là avec un succès triomphal. Elle reçoit un cadeau de Victor Hugo, un diamant en forme de larme accompagné d'un billet : « Vous avez été grande et charmante. Vous m'avez ému, moi, le vieux combattant et, à un certain moment, pendant que le public attendri et enchanté vous applaudissait, j'ai pleuré. Cette larme que vous avez fait couler, est à vous. Permettez-moi de vous l'offrir [27]. » En février 1878, à l'occasion d'un gala, elle joue Desdémone dans *Othello* avec Mounet-Sully, une seule fois, dans la nouvelle traduction d'un jeune poète, Jean Aicard, et ils n'en donnent que le cinquième acte. Mounet-Sully roule des yeux terribles quand il s'approche de Desdémone pour l'étrangler et déclenche un fou rire dans la salle ; pourtant la critique garde en mémoire la composition touchante de Sarah en Desdémone.

Devenue l'enfant chérie du public, elle n'est pourtant toujours pas soutenue par son administrateur qui vient la réprimander lorsqu'il apprend qu'elle s'est mise à la peinture. Entourée de peintres, elle s'est, en effet, imaginé découvrir un nouveau mode d'expression artistique et alterne peinture et sculpture dans son atelier de la place de Clichy. Georges

Clairin et Alfred Stevens l'encouragent, mais elle se fait sermonner comme une enfant qui a désobéi. Son désir de liberté et d'aventure ne va pas s'accommoder longtemps des contraintes hiérarchiques de l'institution.

Un vent de liberté

(1878-1880)

> *Voilà : j'ai une folle envie de voyager, de voir autre chose, de respirer un autre air, de voir des ciels moins bas que les nôtres, des arbres plus grands, autre chose enfin ! Et je me crée des tâches pour me retenir à la chaîne. Sans quoi, je sens que mon désir de savoir et de voir l'emportera, et je ferai des bêtises !*
>
> SARAH BERNHARDT,
> Ma double vie [1]

À l'Exposition universelle de 1878, un certain Giffard présente un ballon captif qui peut embarquer une quarantaine de personnes. Sarah fascinée, demande à faire une excursion en ballon libre. Giffard ne se fait pas prier et baptise aussitôt un joli ballon orange du nom de *Doña Sol*. La promenade est charmante, la presse n'a pas été prévenue, mais Perrin croise Montesquiou qui lui montre le ballon dans lequel s'envole sa comédienne. Rendu furieux par cet acte d'insubordination, il veut la mettre à l'amende et menace de la priver de la tournée londonienne prévue pendant les travaux du théâtre. Elle lui envoie alors sa démission, pour la reprendre une fois que Perrin s'est excusé, sur ordre de son ministère.

Sarah tire un petit texte de ce voyage en ballon, *Dans les nuages. Impression d'une chaise. Récit recueilli par Sarah Bernhardt* illustré par Clairin, qui était de la partie. L'éditeur Charpentier repousse la publication prévue de *La Légende de saint Julien l'Hospitalier* de Flaubert pour faire paraître ce livre, ce qui plonge l'écrivain dans une colère noire. Les journalistes ajoutent cet épisode au catalogue déjà bien fourni des bizarreries de l'actrice et se déchaînent contre elle. Un article du chroniqueur Albert Millaud témoigne de l'exaspération de la presse : « Il n'est bruit, dans Paris et dans tous les cercles à la mode, que des faits et gestes de Mlle Sarah Bernhardt. La question de la Bosnie, elle-même, se trouve reléguée au second plan. » Il poursuit en attaquant l'image de la comédienne, non sans ironie : « Mme Sarah Bernhardt n'est pas une femme ordinaire. Elle tient de la déesse, elle a quelque chose d'aérien, d'idéal dans la forme. Sa maigreur n'est que le résultat du dégagement de la matière, elle est aussi peu corporelle que possible ; elle est tout rêve, toute vapeur, tout esprit. À ce titre elle aspire au nuage, au bleu, à l'azur. N'ayant pas d'ailes pour se transformer dans son élément naturel, elle se précipite vers le ballon Giffard, et ce n'est qu'au-dessus des tours de Notre-Dame qu'elle commence à respirer[2]. » Pour se défendre, elle envoie une lettre ouverte au *Figaro* :

Je suis tout à fait énervée de ne pouvoir rien faire sans être accusée de « bizarrerie ». Je prenais un grand plaisir à monter en ballon. Je n'ose plus y mettre les pieds... Je n'ai jamais écorché de chiens, brûlé de chats. Je ne suis pas teinte, et la fraîcheur de mes joues ressemble assez à la pâleur des mortes. Ma maigreur est excentrique, dit-on, mais qu'y puis-je ? Je préférerais de beaucoup être un délicieux « juste à point ». Mes maladies sont tapageuses. Le mal vient sans crier gare et me jette inanimée là où je me trouve, tant pis s'il y a du monde. On me reproche de vouloir tout faire : théâtre, sculpture et peinture ; mais cela m'amuse et j'y gagne de l'argent que je dépense ainsi qu'il me plaît[3].

Le 2 avril 1878, elle est Alcmène dans *Amphitryon* de Molière. Comédienne à la mode de la vie culturelle parisienne, ses succès ne se comptent plus, pourtant certains de ses personnages, comme celui-ci, marquent davantage les spectateurs. Gustave Kahn se souvient des années plus tard de son interprétation d'Alcmène :

Elle ajoutait au texte une fraîcheur, un hiératisme, un hellénisme qui n'y sont pas, et ouvrait un horizon de tragédie grecque, celle où se promènent des princesses infortunées, vêtues de longues robes blanches. Elle faisait penser à Euripide plus qu'à Racine et à Molière ; c'était mieux qu'Aricie, c'était un peu l'Alceste, et le vers de Molière, par sa bouche, prenait des nuances et des souplesses et un reflet de vraie poésie[4].

Pierre Loti a vingt-cinq ans lorsqu'il la voit pour la première fois sur la scène de la Comédie-Française ; il tombe aussitôt sous son charme. L'écrivain en devenir ne correspond pas vraiment au type physique des amants de Sarah : petit, les yeux volontiers maquillés, il porte des talons hauts et préfère d'ordinaire les hommes aux femmes. Après avoir été éconduit plusieurs fois, il s'enroule dans un grand tapis que deux hommes viennent dérouler aux pieds de Sarah pour s'introduire chez elle. Ils deviennent intimes et c'est à Loti qu'on doit la description de la fabuleuse chambre de Sarah, grotte aux curiosités macabres, antre à l'érotisme morbide :

Une grande pièce somptueuse et funèbre : les murs, le plafond, les portes, les fenêtres, tendus d'épais satin noir — d'un satin chinois d'un noir glacé, sur lequel, en noir mat, sont brodées des chauve-souris et des chimères. Un grand dais des mêmes draperies noires, sous lequel se cache un cercueil capitonné de satin blanc, fait d'un bois odorant et précieux. Un grand lit d'ébène, à colonnes, à longs rideaux noirs ; sur sa large houssine, un dragon chinois, brodé en rouge, avec des griffes d'or et des ailes d'or.

Dans un angle, un grand miroir en pied, dans un cadre de velours noir ; perché sur ce cadre, un vampire, un vrai vampire, déployant ses ailes velues.

Au milieu de toute cette richesse funèbre, trois personnages tranchent sur le noir puissant du satin, trois personnages qui sont debout devant le miroir, et se regardent en se tenant par la main.

L'un, un squelette — le squelette d'un *beau jeune homme mort d'amour* — un squelette qui s'appelle Lazare dont les os sont blancs et polis comme l'ivoire, chef-d'œuvre de préparation anatomique, qui sait se tenir debout et « *prend des poses* ».

Au milieu, une jeune femme, en longue traîne de satin blanc, une jeune femme délicieusement jolie, avec de grands yeux sombres, une grâce, une distinction, un charme suprêmes, une étrange créature : Sarah Bernhardt.

Troisième personnage, formant le groupe, un jeune homme, en costume oriental, brodé d'or comme pour une fête de Stamboul : Pierre, ou Loti, ou bien encore Ali-Nyssim, comme l'on voudra.

À nous trois, nous avons dit bien des insanités, dans cette chambre de courtisane, unique dans le monde entier[5].

Lorsqu'elle interprète Monime dans *Mithridate*, le 7 février 1879, les critiques sont unanimes à célébrer son talent. Il faut dire que le rôle, plein de dignité pathétique, convient à ses qualités vocales et physiques. Même Vitu, le critique du *Figaro*, est conquis : « Le rôle, qui n'exige ni force, ni emportements, ni cris, mais seulement de la grâce, de la tendresse, et un charme touchant, convient admirablement à Mme Sarah Bernhardt : on le dirait écrit pour elle[6]. » Quelques mois plus tard, *Ruy Blas* entre au répertoire de la Comédie-Française et Sarah reprend le rôle dans lequel elle a triomphé à l'Odéon. Elle partage la gloire avec Coquelin qui interprète Don César, tandis que l'interprétation de Mounet-Sully en Ruy Blas est jugée quelque peu inégale.

En juin 1879, la Comédie-Française profite des travaux qui doivent être réalisés dans ses murs pour organiser une tournée à Londres. Sarah menace de ne pas être du voyage si elle n'est pas nommée sociétaire à part entière, statut le plus élevé dans la hiérarchie de la maison. Perrin tente de résister au chantage, et il est même prêt à rompre son engagement, mais les Anglais menacent de résilier le contrat si elle n'est pas du voyage. Elle finit donc par obtenir gain de cause. Sa renommée a déjà traversé la Manche, la moitié des places se sont vendues à Londres sur son seul nom. Sa réputation de femme fantasque la précède et renforce l'intérêt et la curiosité de la presse comme du public. Elle a loué une petite maison au numéro 77 de Chester Square, dans un quartier paisible et bourgeois de la ville.

Le répertoire de la troupe n'a pas été facile à établir : les pièces de Dumas fils sont alors interdites sur les scènes anglaises, bridées par le puritanisme victorien. Il faudra l'intervention du prince de Galles, passionné de théâtre et séduit par l'actrice vedette du Français, pour que la troupe soit autorisée à jouer *L'Étrangère*. Le premier soir, Sarah donne le second acte de *Phèdre*, intercalé entre deux comédies de Molière, *Le Misanthrope* et *Les Précieuses ridicules*. Sarcey a fait le voyage pour rendre compte des réactions du public anglais : « Rien ne peut donner une idée de l'engouement qu'elle suscite. C'est de la folie. Lorsqu'elle va paraître, c'est un frémissement dans tout l'auditoire ; elle arrive, et un *Ah !* d'admiration et de joie s'échappe de toutes les poitrines ; on écoute avec une extraordinaire attention, le corps penché en avant, la lorgnette vissée aux yeux ; on n'en veut pas perdre une note ; on éclate en applaudissements furieux quand elle a fini ». Pourtant, avant de faire son entrée pour *Phèdre*, elle tombe à demi évanouie, paralysée par le trac. Il faut la porter en scène et « elle attaque, comme il est naturel dans les moments d'émotion trop forte, la première note trop haut ; une fois cette tonique admise, c'est une sensation que les artistes connaissent bien, il fallut la garder comme base du morceau tout entier. La voix dut partir de là et s'élever, à mesure que les sentiments qu'elle avait à exprimer croissaient en force et en pathétique ; l'artiste fut réduite à crier, elle précipita son débit, elle était perdue[7] ». Pourtant, la critique anglaise est absolument conquise, comme en témoigne un article enflammé du *Morning Post* :

> À mesure que la passion dominait ce qu'il restait encore de modestie et de réserve dans sa nature, la femme s'élançait et reculait de nouveau avec le mouvement d'une panthère ; on eût dit qu'elle s'efforçait d'arracher de sa poitrine le cœur dont le désir impie l'étouffait, jusqu'à ce qu'enfin, terrifiée par l'horreur que ses paroles murmurées provoquaient chez Hippolyte, et voulant arracher du fourreau l'épée du jeune homme pour la plonger dans son propre sein, elle s'affaissât dans un anéantissement absolu et complet. Cette interprétation, merveilleuse par la beauté des poses, la force fébrile, l'intensité, la pureté de la diction, est d'autant plus remarquable qu'il fallait en quelque sorte atteindre d'un seul bond le niveau de la passion, le premier acte qui aurait porté l'actrice jusqu'à la fièvre nécessaire n'ayant pas été joué[8].

Le lendemain, malgré une crise d'hémoptysie qui lui fait cracher le sang, elle joue Miss Clarkson dans *L'Étrangère*, pour un public londonien qui ne s'aperçoit pas qu'elle a un énorme trou de mémoire passant directement du début d'une scène à sa fin. Sarah elle-même, dans un état second, ne se rend pas compte qu'elle a coupé la scène quasi intégralement, à la grande stupeur de sa partenaire. Mais même si on vient l'applaudir, ce répertoire n'est pas vraiment du goût du public anglais qui préfère Molière et Racine à Dumas fils. Oscar Wilde, venu répandre des lys sous ses pas à son arrivée à Folkestone, écrit un poème à sa gloire, tandis que l'admiration du prince de Galles lui ouvre les portes de la bonne société masculine.

Sarah vit pendant son séjour à Londres comme elle avait l'habitude de le faire à Paris, au gré de ses envies et de ses caprices, pour le plus grand plaisir de la nouvelle petite cour d'admirateurs qui l'entoure. Les Anglais s'arrachent les sculptures et les peintures qu'elle a apportées avec elle pour les exposer dans une galerie de Piccadilly. L'imprésario Edward Jarrett lui organise des représentations privées chez des particuliers prêts à payer très cher pour avoir le plaisir de faire entendre quelques tirades dites par la voix d'or à leurs invités triés sur le volet. Avec l'argent gagné, elle se rend à Liverpool, chez un certain « monsieur Cross », dans l'idée d'acheter des lions. Elle voudrait des lionceaux et un éléphant nain, mais se résout à repartir avec « un chien-loup tout blanc, le poil dru, les yeux en feu, les dents en fer de lance », ainsi qu'un jeune guépard « tout drôle », qui « ressemblait à une gargouille d'un château du Moyen Âge [9] ». La fascination de Sarah pour les fauves, avec lesquels elle s'identifie peut-être, a fait naître en elle une curieuse fantaisie : Reynaldo Hahn rapporte qu'elle a consulté un médecin pour savoir s'il était possible de lui greffer une queue de tigre sur les reins. Le vendeur de Liverpool lui a fait cadeau de plusieurs caméléons et elle revient installer tout son petit monde dans le jardin de sa maison où se trouvent déjà trois chiens, Bizibouzou son perroquet, et Darwin, son singe. Sitôt libéré, le guépard grimpe aux arbres puis attaque les chiens qui se mettent à hurler, tandis que le perroquet et le singe poussent des cris effrayants. Le paisible voisinage s'affole, tandis que Sarah et ses hôtes sont pris de fou rire. La rumeur d'un sabbat effrayant auquel se serait livrée l'actrice se répand dans tout Londres dès le lendemain par voie de presse et les acteurs du Français délèguent leur doyen, M. Got, pour tenter de faire revenir la scandaleuse dans le rang. Mais Sarah ne supporte pas qu'on trouve à redire à sa manière de gagner de l'argent ou de le dépenser et elle entend bien user comme elle le souhaite de son temps libre. Aussi, quand Got vient, au nom de la troupe, lui demander d'amender sa conduite et de ne plus causer davantage de scandale, décide-t-elle de se faire brutalement porter pâle, obligeant la Comédie-Française à annuler une de ses représentations londoniennes.

Ce caprice révèle la mesure de sa notoriété : le public apprenant qu'elle ne jouera pas, demande à être remboursé. Ce n'est donc pas la Comédie-Française que les Londoniens viennent applaudir à tout rompre, mais bien Sarah Bernhardt, quand bien même ils n'entendent pas la langue dans laquelle elle joue. Confrontés à une véritable crise, les représentants du Français font machine arrière pour sauver la recette et Sarah guérit subitement de son indisposition passagère. Mais ce genre de chantage est très mal perçu par le public français ; les journaux parisiens s'en font l'écho : ils durcissent le ton et condamnent la conduite de la comédienne. Les rapports houleux de Sarah avec la

Comédie-Française, relayés par la presse et attisés par la curiosité du public, prennent volontiers un caractère d'événement national. Même Sarcey, pourtant fidèle parmi les fidèles, n'hésite pas à réprouver son comportement irresponsable :

> Il ne faudrait pas deux incidents comme celui-là pour enlever à la Comédie-Française la sympathie du public anglais. Les personnes qui, par caprice ou par pose, ou, si l'on veut, par un calcul erroné de l'énergie dont elles disposent, jettent les théâtres et leurs camarades dans de tels embarras, ces personnes-là sont très coupables, et elles peuvent être sûres qu'un jour viendra où elles expieront ces procédés. Les enfants gâtés amusent jusqu'au moment où un ami de la maison demande l'heure où on les couche [10].

Si la démonstration de force de Sarah à Londres était peu diplomatique et plutôt enfantine, elle lui a permis de conquérir une petite marge de liberté au sein de la troupe tout en évaluant la portée de sa célébrité grandissante. Mais ses camarades du Français, jaloux et parfois mal intentionnés, soulignent qu'avec sa santé fragile, elle doit se préserver et s'économiser pour être certaine de faire honneur à son contrat. La polémique est à nouveau reprise par la presse française et les journaux l'attaquent assez violemment, répandant les rumeurs les plus farfelues sur son compte, au point qu'Émile Zola finit par prendre la plume pour la défendre :

> On lui reproche surtout de ne pas s'en être tenue à l'art dramatique, d'avoir abordé la sculpture, la peinture, que sais-je encore ! Cela est plaisant ! Voilà que, non content de la trouver

maigre et de la déclarer folle, on voudrait réglementer l'emploi de ses journées. Mais dans les prisons on est beaucoup plus libre ! À la vérité on ne lui nie pas le droit de peindre ni de sculpter, on déclare simplement qu'elle ne devrait pas exposer ses œuvres. Ici le réquisitoire atteint le comble du burlesque. Qu'on fasse une loi tout de suite pour empêcher le cumul des talents. Remarquez qu'on a trouvé la sculpture de Mme Sarah Bernhardt si personnelle qu'on l'a accusée de signer des œuvres dont elle n'était pas l'auteur [11].

Avertie par des amis plus ou moins bienveillants des débats virulents que sa conduite suscite en France, Sarah envoie une lettre restée fameuse au *Figaro*, en guise de droit de réponse à un article insultant d'Albert Wolff paru dans le même journal. Sa prose ne manque pas de fermeté et donne un aperçu de son caractère ainsi que de ses rapports assez francs avec la presse :

Je vous donne ma parole d'honneur que je ne me suis jamais vêtue en homme ici, à Londres ! Je n'ai même pas emporté mon costume de sculpteur. Je donne le démenti le plus formel à cette imposture. Je n'ai jamais été qu'une seule fois à la petite Exposition que j'ai faite, une seule fois, et c'était le jour où je n'avais fait que quelques invitations privées, pour l'ouverture. Personne n'a donc payé un shilling pour me voir. Je joue dans le monde, c'est vrai. Mais vous n'ignorez pas que je suis une des sociétaires les moins payées de la Comédie-Française. J'ai donc bien le droit de combler un peu la différence. J'expose dix tableaux et huit sculptures, c'est encore vrai. Mais, puisque je les ai apportés pour les vendre, il faut bien que je les montre [...]. Maintenant, si les sottises qu'on débite sur moi lassent les Parisiens et qu'ils soient décidés à me faire un mauvais accueil à mon retour, je ne veux exposer personne à commettre une lâcheté. Et je donne ma démission à la Comédie-Française [12].

Elle pense même sérieusement à démissionner pour reprendre sa liberté, encouragée par l'imprésario Jarrett qui propose de lui organiser une tournée en Amérique dont elle reviendrait couverte d'or. Mais Perrin, pressentant la rupture, lui écrit une lettre affectueuse, tandis que les acteurs qui l'entourent tentent de la dissuader, usant d'arguments économiques ou moraux.

Ce séjour londonien, émaillé de rapports de force avec une hiérarchie pesante, lui a fait sentir la pression, les jalousies et les rivalités de la troupe. Mais elle n'est pas encore résolue à rompre avec la Comédie-Française. Reprendre sa liberté équivaudrait, dans le contexte de l'époque, à un quasi-suicide professionnel et financier, et Sarah n'est pas encore suffisamment certaine de sa notoriété pour prendre ce risque. D'ailleurs, ses proches lui déconseillent de le faire.

De retour à Paris, elle trouve en arrivant chez elle bon nombre de lettres anonymes attaquant son comportement pendant le séjour à Londres et insultant sa personne. Elle en cite une dans *Ma double vie*, signée d'« un abonné » veule et anonyme, qu'elle fait lire à Perrin, venu la sermonner et lui déconseiller de paraître à la cérémonie d'accueil de la troupe qui vient retrouver son public dans la salle Richelieu refaite à neuf :

Mon pauvre squelette, tu feras bien de ne pas faire voir ton horrible nez juif à la Cérémonie après-demain. Je crains pour lui qu'il ne serve de cible à toutes les pommes qu'on fait cuire en ce moment dans ta bonne ville de Paris à ton intention. Fais dire dans les échos que tu as craché le sang, et reste dans ton lit à réfléchir sur les conséquences de la réclame à outrance [13].

Élevée dans la religion catholique, elle est juive de naissance et a souvent été la cible d'attaques antisémites. Les caricaturistes de l'époque insistent volontiers sur ses origines sémites en la dessinant le plus souvent de profil, accentuant la taille et la forme de son nez. Mais la prudence n'est pas son trait de caractère le plus marquant. Elle décide donc d'affronter courageusement les foudres de la vindicte populaire, de se montrer à la fameuse cérémonie et même de s'exposer volontairement et seule aux éventuels quolibets de la foule. Après quelques secondes d'hésitation, le public l'acclame. Il y a dans cette image de Sarah venue faire face à ceux qui la salissent, voulant dompter les abonnés mécontents et reconquérir son public, droite et seule dans la tempête, quelque chose d'héroïque et de téméraire qu'on peut rapprocher sans doute de sa fascination pour les fauves, mais aussi de la devise qu'elle s'est choisie : « Quand même ! »

Les articles agressifs semblent oubliés : la presse cesse un moment de stigmatiser sa conduite et le public retrouve son idole. Sa popularité est grande, comme en témoignent les multiples caricatures qui fleurissent, dans des modes mineurs, comme : « Sarah enlevée en ballon », « Sarah dans son cercueil », et même : « Sarah prenant un bain de pied ». Tous les dimanches, le journal *Tintamarre* publie des bons mots qui prennent pour cible sa maigreur : « Mlle Sarah Bernhardt est une excellente camarade, elle ne porte ombrage à personne », « Mlle Sarah Bernhardt, en se promenant sur le trottoir de la rue Vivienne, a tout a coup disparu sous terre par le trou de la plaque d'un égout », ou : « Un fiacre vide s'arrête à la porte du Français, Sarah Bernhardt en sort. » Un journal lance un concours sur « l'art et la manière de faire la caricature de Mlle Sarah Bernhardt avec un balai ». Sarah fait d'ailleurs partie de la bohème littéraire de l'époque, elle a rejoint quelque temps le club des « Hydropathes », créé en 1878, qui réunit humoristes et chansonniers, caricaturistes et écrivains. Elle sera, quelques années plus tard, l'une des inspiratrices du Salon des incohérents, lancé par Jules Lévy, dont le but est de faire rire en exposant caricatures, satires, parodies et calembours.

Grâce à l'argent gagné à Londres, elle achète un terrain à Sainte-Adresse, près du Havre, non loin de la mer qui l'a toujours fascinée, pour y faire construire une villa qu'elle baptise le « Château de la Solitude ». L'ambition de Sarah n'est cependant pas encore satisfaite ; elle trouve le temps long. Travailleuse infatigable avant tout, Perrin ne lui propose encore que des reprises de ses rôles à succès. Durant l'hiver 1879-1880, elle joue la Reine dans *Ruy Blas* et Doña Sol dans *Hernani*, dont on fête le cinquantenaire le 25 février. Les plus célèbres personnalités politiques et littéraires sont présentes à ce banquet d'anniversaire, qui est pour elle un moment de triomphe, puisqu'elle trône à la droite de Victor Hugo et qu'elle va y déclamer un poème de François Coppée à la gloire du poète, intitulé *La Bataille d'Hernani*. Si elle est flattée par les marques d'honneur, elle s'ennuie dans son travail d'actrice. Pourtant elle dévore les textes que lui apportent de jeunes auteurs tremblants, sans pour autant découvrir de nouveau génie poétique. Elle attend impatiemment d'incarner d'autres personnages pour sortir enfin de l'imagerie romantique dans laquelle elle a été enfermée par les rôles qui lui ont valu le succès.

Perrin a la mauvaise idée de lui confier la reprise d'un rôle dont elle ne veut pas, celui de Doña Clorinde dans *L'Aventurière* d'Émile Augier, écrivain d'assez médiocre talent, pourtant auteur attitré de la Comédie-Française avec Dumas fils. Cette pièce romanesque et morale brosse le portrait satirique d'une courtisane sans cœur et manipulatrice, rachetée par l'amour. Elle fait l'apologie des bonnes mœurs et des bons sentiments dans une prosodie néo-classique. Sarah commence à répéter au début du mois de mars, non sans signifier à Perrin qu'il se fourvoie en lui confiant ce rôle. Elle arrive en retard, travaille de mauvaise grâce, marquant de toutes les manières possibles son mépris pour l'œuvre. S'engage alors un nouveau bras de fer avec Perrin qui refuse de céder à ce qu'il considère comme un caprice de plus. À l'approche de la première, pressentant l'échec à venir, elle exige d'être remplacée ou d'en déplacer la date, en vain. Le soir du 17 avril, la critique est là, et les plumes se déchaînent contre elle sans pitié. Auguste Vitu se

laisse aller à une comparaison qui vexe terriblement l'actrice en l'atteignant dans son amour-
propre : « La nouvelle Clorinde a eu, pendant les
deux derniers actes, des emportements excessifs de
toute manière, d'abord parce qu'ils forçaient sa
voix qui n'a de charme que dans le médium, ensuite
parce qu'ils l'amenaient à des mouvements de
corps et de bras qu'il serait fâcheux d'emprunter à
la grande Virginie de *L'Assommoir* pour les introduire à la Comédie-Française [14] ».

Cette comparaison avec le personnage de Zola
est particulièrement odieuse à Sarah qui se flatte de
n'être jamais vulgaire. Elle se décide à rompre son
contrat avec le Français, justifiant sa résolution par
un désir de provoquer les mauvaises langues : « Les
petites haines dressaient leurs petites têtes de ser-
pents à sonnettes. Tout le bas petit monde vipérin
grouillait sous mes fleurs et mes lauriers, je le savais
depuis longtemps, j'entendais à la cantonade le cli-
quetis de leurs petits anneaux. Je voulus me donner la joie de les faire sonner tous à la fois [15]. » Elle
envoie une nouvelle lettre de démission à Perrin et,
pour être sûre de ne pas revenir sur sa décision, elle
en fait parvenir une copie par le même courrier à
L'Événement et au *Gaulois*. Cette lettre manifeste
la puissance de son orgueil, même si son départ
était certainement prémédité. Elle n'attendait vraisemblablement qu'une occasion favorable de partir, avec le maximum d'écho et donc de réclame, ce
qui justifierait l'envoi du double de sa lettre aux
journaux :

> Vous m'avez forcée à jouer alors que je n'étais pas prête [...]. Ce que je prévoyais est arrivé. Le résultat de la représentation a dépassé mes prévisions [...]. C'est mon premier échec à la Comédie, ce sera le dernier. Je vous avais prévenu le jour de la répétition générale. Vous avez passé outre. Je tiens parole. Quand vous recevrez cette lettre, j'aurais quitté Paris. Veuillez, Monsieur l'Administrateur, recevoir ma démission immédiate[16].

Certaine de la déflagration que cette démission va produire, elle s'empresse de quitter Paris pour se réfugier dans sa villa de Sainte-Adresse où quelques journalistes bien informés viennent la traquer. Cet épisode hautement théâtral frôle le drame quand l'actrice est prise de violentes fièvres, après avoir passé une journée sous la pluie glaciale pour échapper aux reporters qui la poursuivent. Jarrett, l'imprésario qui l'a suivie à Londres, vient lui proposer un contrat pour l'Amérique trois jours après sa démission, tandis que la presse et les mauvaises langues se déchaînent dans la capitale.

Tout Paris ne parle que de sa dernière excentricité et de l'énorme scandale qui en résulte : *Le Gaulois* titre « La question Sarah Bernhardt », cherchant à démêler comment sont répartis les torts entre Sarah et Perrin, lequel se défend dans un courrier au *Figaro* du 20 avril. La Comédie-Française décide de la poursuivre en justice pour « refus de service » : aucune doublure n'était prévue et les représentations programmées ont dû être annulées. Les journalistes ne manquent pas de prédire le déclin inévitable et solitaire de cette actrice douée, mais capricieuse, qui n'a pas su se plier aux règles ni accepter la hiérarchie de la maison de Molière. Adolphe Brisson, des années plus tard, expose le caractère inévitable de cette rupture : « Les allures de Mme Sarah Bernhardt révélaient une indépendance de caractère, un bouillonnement de caprice qui cadraient mal avec une institution d'État. [Elle] est de la race de Napoléon : elle est, comme lui, autoritaire, créée pour exercer le commandement [17]. » Le procès, auquel elle n'assiste pas, déjà partie en tournée outre-Manche, la condamne à verser 100 000 francs de dommages et intérêts à la Comédie-Française, dette dont elle ne s'acquittera jamais et qui lui sera remise en 1900, après qu'elle aura prêté son théâtre pour héberger la troupe qu'elle a quittée, dont les murs ont été endommagés par un incendie.

Son départ n'est pas seulement la manifestation d'un désir d'indépendance et de liberté, il est également motivé par des raisons financières. Son salaire a toujours été insuffisant à satisfaire son train de vie et la construction de son hôtel particulier l'a lourdement endettée. Elle est régulièrement assaillie par les créanciers et seule une tournée internationale pourrait lui permettre d'échapper à la faillite. Or Jarrett lui parle chiffres : 5 000 francs par représentation, et la moitié de la recette au-delà de 15 000 francs, 1 000 francs par semaine pour les frais d'hôtel, un wagon Pullman spécial avec chambre, salon, piano, deux cuisiniers... Il y aurait de quoi décider l'actrice la moins téméraire, à plus forte raison celle qui a toujours avoué un goût certain pour l'aventure. À la signature du contrat, on lui remet 100 000 francs pour couvrir les frais de départ.

Avant d'embarquer pour l'Amérique, il n'est pas question de rester à Paris pour continuer à être la cible des rumeurs malveillantes. Sarah réunit donc très vite une petite troupe, composée de quelques acteurs non négligeables — Talbot, Train, Mme Devoyod, ex-pensionnaire de la Comédie-Française, Mary Kalb et sa propre sœur Jeanne — et signe avec les imprésarios Holingshead et Mayer pour un mois de représentations à Londres au Gaiety Theatre, du 24 mai au 27 juin. Elle y présente un répertoire varié, reprend des succès — la vieille Posthumia dans *Rome vaincue* d'Alexandre Parodi, ou *Phèdre* —, mais surtout crée les personnages d'*Adrienne Lecouvreur*, de Scribe et Legouvé, et de Gilberte dans *Froufrou* de Meilhac et Halévy. Elle n'a pas le droit de jouer ces pièces à Paris parce qu'elles appartiennent au répertoire de la Comédie-Française qui en a encore l'exclusivité. En créant ces deux rôles, elle se mesure à deux références historiques dans la mémoire des spectateurs anglais, la grande tragédienne Rachel pour Adrienne, et Aimée Desclée * pour Froufrou.

Adrienne Lecouvreur a été écrite pour Rachel, la pièce s'inspire d'une histoire vraie : une jeune

---

* Aimée Olympe Desclée (1838-1874), actrice française, d'origine bourgeoise et de nature passionnée qui entre au Conservatoire une fois sa famille ruinée. Elle est la Muse d'Alexandre Dumas fils, dont elle interprète *La Dame aux camélias* avant de créer *La Princesse Georges* et *La Femme de Claude*. Inoubliable dans *Froufrou* selon les critiques, elle meurt prématurément à Paris.

actrice de talent tombe amoureuse d'un comte, auquel elle récite, au second acte, la fameuse fable des *Deux Pigeons* de La Fontaine, celle-là même qui a permis à Sarah d'entrer au Conservatoire. Elle finit par mourir empoisonnée par une rivale jalouse. L'intrigue de *Froufrou* est tout aussi mélodramatique : après un mariage avantageux mais mal assorti avec le trop sérieux comte de Sartoris, Froufrou renoue avec l'un de ses anciens soupirants et s'enfuit avec lui à Venise. Le comte les retrouve, tue l'amant et Froufrou, repentante, revient mourir chez elle, dans les bras de son mari, en embrassant son fils. Ces deux pièces offrent à Sarah l'occasion d'émouvantes scènes d'agonie.

La représentation d'*Adrienne Lecouvreur* à Londres le 24 mai 1880 est un événement de taille, puisque Sarcey, Vitu et Lapommeraye ont fait le voyage, sans doute dans l'espoir d'assister à un échec. Mais Sarah ne déçoit pas son public, bien au contraire. Même les critiques ennemis s'accordent à reconnaître son talent. Sarcey se lamente : « Elle aurait fait pleurer les pierres et l'on sentait je ne sais quel plaisir à verser des larmes [...]. Point de cris, point de contorsions, point de grimaces. Tout était poignant et chaste, noble et harmonieux. Je ne m'imagine pas qu'il nous ait été donné d'entendre jamais au théâtre rien de plus parfait, rien où la vérité s'envolât plus haut sur les ailes de la poésie. [...] Qu'elle eût bien mieux fait de rester à la Comédie ! Oui, je reviens à mon antienne, c'est plus fort que moi. Que voulez-vous, nous y perdons autant qu'elle... Je ne puis en prendre mon parti. Quel dommage! Quel dommage[18]! »

Le monde théâtral parisien se divise alors entre ceux qui se réjouissent d'être enfin débarrassés de l'indomptable aux caprices incessants et ceux qui regrettent de ne plus pouvoir l'admirer sur la scène de la Comédie-Française. Sarcey est au nombre des seconds, lui qui ne l'a pourtant pas épargnée pendant sa première tournée anglaise. Vitu a, lui aussi, fait le voyage et il ne peut être suspecté de complaisance à l'égard de Sarah; pourtant, il écrit : « On ne pourra douter de la sincérité de mon admiration lorsque je déclarerai que Sarah Bernhardt s'est élevée dans le cinquième acte à une puissance dramatique, à une vérité d'accents qui ne sauraient être surpassés [...]. Si le public parisien entendait, s'il entend jamais Mlle Sarah Bernhardt s'écrier avec l'accent déchirant qu'elle a mis hier soir : *Je ne veux pas mourir, je ne veux pas mourir!* il éclaterait en sanglots et en acclamations[19]. »

Dans son autobiographie, Sarah parle de cette courte expérience londonienne comme d'une renaissance qui lui permet de mesurer le bonheur de cette liberté nouvellement conquise. Elle dort mieux, mange davantage et revient pleine de santé passer quelques jours à Paris avant de repartir pour Bruxelles et Copenhague, en juillet et août, où elle présente *Adrienne Lecouvreur* et *Froufrou*. Elle y est accueillie par une foule en délire qui inaugure bien des arrivées triomphales. Elle joue à la Monnaie à Bruxelles et au Théâtre Royal à Copenhague, où elle est décorée de l'ordre du Mérite. À la veille de son départ, à l'occasion d'un dîner de gala, elle fait un nouveau scandale, cette fois diplomatique. Le baron Magnus, ministre de Prusse, lève son verre à la France et à ses artistes, mais Sarah, qui n'a pas oublié la guerre de 1870, réplique, d'une voix vibrante et théâtrale : « Soit. Buvons à la France, mais à la France tout entière, monsieur le Ministre de Prusse ! », faisant allusion à l'annexion par la Prusse de l'Alsace-Lorraine concédée par le traité de Francfort. L'incident diplomatique fait grand bruit et Sarah en sort grandie pour les Français, se découvrant une nouvelle fonction, non officielle, de représentation de la France à l'étranger.

C'est le 15 octobre qu'elle doit embarquer pour l'Amérique : les préparatifs de départ s'intensifient, elle remplit des dizaines de malles de costumes de théâtre, de vêtements de ville, de chaussures, tout en recevant les amis dépités qui se pressent aux portes de son hôtel particulier. Girardin essaye de la dissuader de s'embarquer pour une pareille aventure, tandis que Félix Duquesnel organise, sur un coup de tête, au mois de septembre 1880, une petite tournée en France, les *Vingt-huit jours de Sarah Bernhardt*. Elle donne vingt-cinq représentations en moins d'un mois, ce qui représente un véritable tour de force, si l'on tient compte de la fatigue des déplacements.

Dans les derniers jours précédant son départ, Eugène Bertrand, directeur des Variétés, lui propose de signer un contrat pour créer, à son retour, au théâtre du Vaudeville dirigé par son frère, une nouvelle pièce de Victorien Sardou. Il lui offre un cachet mirobolant de 1 500 francs par représentation et la fait signer pour cinquante dates. Rassurée sur son avenir, Sarah confie alors son jeune fils à son oncle et s'embarque sur l'*Amérique* au Havre, le 15 octobre 1880.

La muse ferroviaire
première tournée en Amérique
(octobre 1880 - mai 1881)

> *Je n'avais que fort peu voyagé*
> *et j'étais folle de joie.*
>
> SARAH BERNHARDT,
> Ma Double Vie.[1]

La troupe rassemblée pour l'accompagner en Amérique est assez médiocre, elle est assurée d'y être la seule vedette. Marie Colombier, l'ancienne camarade du Conservatoire et la compagne des folles soirées en galante compagnie, est priée au dernier moment de se joindre à la tournée, pour remplacer Jeanne Bernhardt, malade. Si Maurice ne l'accompagne pas, trop jeune encore, la fidèle Mme Guérard est du voyage. La traversée doit durer douze jours. Les premiers temps sont quelque peu difficiles : malgré une cabine luxueusement aménagée, marquée à son chiffre, pleine d'armoires spécialement aménagées pour accueillir ses robes, Sarah est sujette au mal de mer et reste des journées entières allongée sur sa couchette. Mais les anecdotes concernant la traversée ne se font pas attendre : au cours d'une de ses promenades sur le pont, elle fait la rencontre d'une dame en noir qu'elle retient alors qu'elle est près de tomber au bas d'un escalier quand le navire se met à tanguer : il s'agit de la veuve Lincoln, dont le mari, seizième président des États-Unis, a été assassiné par un acteur, John Wilkes Booth. Et Sarah, prompte à donner le sens le plus dramatique aux événements de sa vie, ne manque pas de souligner l'ironie du sort qui lui a fait sauver une femme dont le mari a été tué par un homme qui exerçait la même profession qu'elle. Elle n'est pas non plus insensible aux conditions de voyage misérables des émigrants des troisièmes classes, qui contrastent douloureusement avec le luxe dont elle est entourée. Elle rapporte ainsi dans son autobiographie l'accouchement d'une de ses protégées qui fait partie du troupeau des émigrants. Certaines de ses descriptions ont été illustrées par Gustave Doré :

Tout était mêlé dans ce fouillis humain : hommes, femmes, enfants, loques et conserves, oranges et cuvettes, têtes chevelues et crânes chauves, bouches entrouvertes de vierges et lèvres serrées de mégères, bonnets blancs et foulards rouges, mains tendues vers l'espérance, poings serrés contre l'adversité. Je vis des revolvers mal dissimulés sous les haillons, des couteaux dans les ceintures. Un coup de roulis éventra un paquet tombé des mains d'un pauvre drôle à l'air décidé : une hachette et un casse-tête s'échappèrent des nippes[2].

Une fois le mal de mer disparu, elle endosse le rôle de chef de troupe et organise les répétitions, étudiant les rôles et les pièces avec ardeur. Jarrett n'a pas perdu de temps, secondé sur le terrain par un autre imprésario du nom d'Abbey, et l'arrivée de sa protégée a été largement préparée : une campagne de presse sans précédent, qui porte d'ailleurs davantage sur les excentricités de l'étoile française que sur son talent d'actrice, a été organisée. À Paris, deux reporters américains, recrutés par ses bons soins, accompagnaient Sarah pendant ses visites chez ses couturiers, notant les moindres détails de ses parures et de ses costumes, pour en rendre compte à leurs lectrices curieuses. Les journalistes français brocardent avec plaisir ces envoyés spéciaux, experts en toilettes féminines ; le 14 octobre, *Le Temps* publie un article intitulé « Sarah Bernhardt et ses reporters ».

L'arrivée à New York est déjà une aventure en soi : il faut casser à coups de pioche la glace de l'Hudson gelé pour frayer un passage au navire jusqu'à bon port. Sarah ne manque pas d'y voir une image romanesque et un heureux présage de succès : « Le soleil, pâle, mais rose, se levait, dissipant la brume et éclairant la glace qui, sous l'effort des pionniers, jaillissait en mille morceaux lumineux. J'entrais dans le Nouveau Monde au milieu d'un feu d'artifice de glace [3]. » Mais une fois la poésie des premiers instants savourée, il faut faire face à la foule. Les Américains sont venus en masse admirer la « femme fatale », la « collectionneuse d'hommes » aux toilettes fabuleusement chères. Ils voient d'abord une jeune femme pâle et à l'air distingué, manifestement épuisée par le voyage, qui prend une attitude digne et recueillie dès que se font entendre les premiers accents de *La Mar-*

seillaise. Les représentants officiels de la France se pressent pour les présentations de rigueur, les journalistes la bombardent de questions si bien que Sarah finit par prendre le parti de s'évanouir, ou plutôt de faire semblant de perdre connaissance pour échapper un moment au fastidieux défilé.

À peine arrivée à l'Albemarle Hotel où elle est logée, elle doit recevoir les journalistes américains qui se pressent en nombre à sa porte, convoqués par Jarrett qui leur a ménagé des rendez-vous individuels, pour les disposer au mieux envers la vedette française. Sarah, horrifiée par l'ampleur et l'ennui de la tâche qui l'attend, cherche d'abord à se dérober, mais l'imprésario a sans doute été un des rares hommes capables de lui imposer sa volonté. Après s'être enfermée dans sa chambre pour dormir un moment — elle avait cette faculté rare de pouvoir s'endormir dans n'importe quelle circonstance dès qu'elle en éprouvait le besoin —, elle cède aux exigences de son imprésario et accepte de répondre aux questions, souvent incongrues, des dizaines de journalistes dont les lecteurs sont curieux de savoir quelle est sa religion ou ce qu'elle prend pour son petit déjeuner. Pendant ce temps, le service des douanes américaines commence à inventorier le contenu de ses quarante-deux malles. Il faudra aux employés trois jours entiers pour réaliser une estimation des costumes et lui réclamer, selon les dires de Sarah, la coquette somme de 28 000 francs de droits de douane.

Sarah n'est pas insensible au charme de New York et rapporte quelques images romanesques et industrielles, comme celles du pont suspendu de Brooklyn, qu'elle a eu le privilège de visiter alors qu'il n'était pas encore achevé — il ne sera ouvert à la circulation que le 24 mai 1883 :

> C'est fou ! c'est admirable ! grandiose ! enorgueillissant ! Oui, on est fier d'être un être humain quand on pense qu'un cerveau a créé, suspendu dans l'air, à cinquante mètres du sol, cette effroyable machine qui supporte une dizaine de trains bondés de voyageurs, dix ou douze tramways, une centaine de voitures, cabs, chariots, des milliers de piétons ; tout cela évoluant ensemble dans le vacarme de la musique des métaux qui grincent, gémissent, grondent, sous l'énorme poids des gens et des choses.
>
> Le déplacement de l'air occasionné par la tempête de cet effroyable va-et-vient des machines, tramways, et des chariots qu'on essayait, tout cela me donnait le vertige, me coupait la respiration.
>
> Je fis signe d'arrêter la voiture et je fermai mes paupières. J'eus alors l'étrange et indéfinissable sensation du chaos universel.
>
> Je rouvris les yeux, le cerveau un peu apaisé, et je vis New York étendue le long du fleuve, mettant sa parure de nuit aussi étincelante sous sa robe de mille feux que le firmament sous sa tunique d'étoiles [4].

Le répertoire de cette première tournée américaine est composé de huit pièces : six qui font déjà partie de son répertoire : *Froufrou* — qu'elle joue quarante et une fois, *Adrienne Lecouvreur* — dix-sept fois, *Hernani* — quatorze, *Le Sphinx* — sept, *Phèdre* — six, et *L'Étrangère* — trois, et deux nouveaux rôles, *La Dame aux camélias* de Dumas fils, qu'elle crée à New York, représentée soixante-cinq fois en Amérique, et *La Princesse Georges,* du même auteur, créée à Boston à la fin de la tournée. Il va sans dire que la fréquence avec laquelle les pièces sont jouées est fonction du succès escompté et obtenu.

La première rencontre avec le public américain a lieu le 8 novembre, dans le personnage d'Adrienne Lecouvreur. D'abord davantage curieux que conquis, les New-Yorkais ne tardent pas à tomber sous le charme de la comédienne et lui font un véritable triomphe. Il est vrai que la pièce commence sur une note plutôt légère et frivole pour s'achever dans un registre profondément tragique par une magnifique scène d'agonie dans laquelle Sarah déploie toutes les ressources de son talent. Le décor est soigné : la profusion de mobilier et d'accessoires raffinés imitant le style Louis XV n'est sans doute pas étrangère à l'enthousiasme de l'assistance. Sarah joue, naturellement, en français et les spectateurs doivent suivre la traduction imprimée dans le programme vendu à l'entrée pour comprendre l'intrigue de la pièce. Le soir de la première, la « divine Sarah » a droit à vingt-sept rappels, des corbeilles de fleurs gigantesques sont apportées sur la scène, la foule de ses admirateurs l'attend dans la nuit glacée pour lui souhaiter une bonne nuit et les plus enthousiastes viennent jouer *La Marseillaise* sous les fenêtres de son hôtel à une heure tardive. Pour que le succès soit complet, il faut que son étoile brille au-dessus de celle des autres. Les journalistes se chargent donc très vite d'établir des comparaisons. Rachel est venue à New York vingt-cinq ans plus tôt et elle y a joué *Adrienne* avec succès, elle est donc une référence pour la critique américaine. Le *New York Times* rappelle qu'elle avait fait de la pièce une tragédie : « le jeu de Rachel dans les scènes les plus légères était empreint de solennité, presque de lourdeur ; son amour était fiévreux et intense, sa passion était celle d'une tigresse, sa jalousie diabolique », « la scène d'agonie finale ne parvenait pas à atteindre au pathétique ». En comparaison, l'interprétation de Sarah est « hautement authentique », « la féminité d'Adrienne est rendue immédiatement sensible », « elle cherche à être aimable, caressante, pathétique », et malgré certains effets excessifs ou trop théâtraux dans les premières scènes, sa mort est « pleine de vérité et magnifique » ; « elle est, sans aucun doute, une actrice d'un extraordinaire talent[5] ». Le succès est donc là, plein et entier.

Sarah reste un mois à New York, elle y donne vingt-sept représentations dans sept rôles différents, dont deux sont entièrement nouveaux, ce qui revient à dire qu'elle joue tous les jours, en alternant les rôles. C'est là un nouvel exploit physique digne d'être salué. Les Américains ne s'y sont pas trompés, toute la bonne société veut voir jouer la Française et le prix des places et des abonnements passe du simple au double ou au triple dès les premiers jours, faisant le bonheur de quelques spéculateurs prévoyants. Encouragée par Jarrett, Sarah touche aussi des droits pour que son nom soit associé à des articles pour dames ou des confiseries sur différents supports — affiches, tracts ou encarts de journaux. On vend des savons et de la poudre de riz Sarah Bernhardt, mais aussi des gants, des épingles de cravate, et même des cigares ! Mais la réclame faite en son nom la déborde, elle ne peut pas encore contrôler son image, même si l'expérience lui permet de mesurer l'efficacité de ce nouveau type de publicité, associant un nom à un produit de consommation. Le raffinement de ses toilettes, sur la scène comme à la ville, est remarqué par les élégantes de la métropole et les journaux s'empressent de reproduire et d'analyser son style vestimentaire, lançant une mode nouvelle, sous le signe du chic parisien.

Simultanément, nombre de journaux puritains se répandent en attaques venimeuses : les prêches du fameux Dr Crosby stigmatisent la « courtisane européenne venue pour ruiner les mœurs du peuple yankee », tandis que le journal religieux *Le Méthodiste* tirant à plus de deux cent mille exemplaires, critique avec virulence la société londonienne corrompue qui a ouvert ses portes à « une actrice courtisane, mère sans époux, apôtre éhonté de l'amour libre[6] ». Son image fleurit dans tous les journaux, les caricatures se multiplient, la représentant filiforme et avide d'argent. Marie Colombier, qui envoie des chroniques sous forme de feuilleton au magazine *L'Événement*, les rassemble à son retour en France dans ses *Voyages de Sarah Bernhardt en Amérique*. Elle y parle du rôle de la presse : « J'ai déjà dit un mot des journaux. Ils sont en train de devenir autant d'indicateurs Sarah Bernhardt. On y commente les toilettes, les menus, on revient sur les détails biographiques consacrés par la légende. Toutes les vieilles plaisanteries qui ont traîné dans la petite presse parisienne sont rajeunies et adaptées à l'esprit américain[7]. » Le journal satirique *Puck* s'en donne à cœur-joie : Sarah est caricaturée en poteau télégraphique ; les employés de la douane, en vidant les malles de l'actrice, découvrent le fameux cercueil qui abrite une collection de crânes. Le journal organise même une campagne dénonçant une scandaleuse imposture, sous le titre : « On se moque du peuple américain. » L'actrice tant applaudie ne serait qu'une « Sarah-postiche ». Une enquête est alors ouverte dans les colonnes de *Puck*, qui permet de découvrir que des étudiants en médecine auraient ensorcelé un squelette dérobé dans les catacombes parisiennes pour envoyer cette femme factice jouer outre-Atlantique ! Les caricatures sont innombrables : « La voix d'or » la représente avec des pièces qui sortent de sa bouche, « La vérité sur Sarah » montre un squelette chauve entouré de quatre femmes de chambre qui lui ajustent perruque, pantalons et corsets rembourrés, préparant le maquillage destiné à lui donner figure humaine. On la voit avant/après sur la réclame d'un marchand de sodas, entourée par ses hommes sandwiches qui vantent en son nom bière, cigares, champagne... toujours mince comme un fil, sauf quand, après avoir ingurgité les fameux « haricots de Boston », elle est devenue une énorme boule au bord de l'explosion, faisant fuir tous les convives. Des affichettes intitulées « Trop mince ! » représentent son corps étroit dont le bas est noué comme un ruban, des brochures au titre alléchant — *Les amours de Sarah Bernhardt* — sont vendues dans la rue. On la dit mère de quatre enfants, dont l'un serait le fils de Pie IX, et un autre de Napoléon III, et quand Sarah, indignée, veut intenter un procès aux auteurs de ces lignes hautement fantaisistes, Jarrett l'arrête d'un impérial : « Ne décourageons pas la réclame ! » En imprésario prévoyant, il a négocié l'exclusivité des droits photographiques avec un reporter américain, et des photos autorisées de l'actrice sont vendues officiellement devant les portes des théâtres où elle se produit.

Malgré sa célébrité, elle n'est pas reçue par ceux qui viennent l'acclamer : tel très riche admirateur qui a tout fait pour la rencontrer à Paris, refuse de la voir à New York ; le propriétaire du *New York Herald* organise un dîner très chic au Delmonico en l'honneur de l'actrice, mais tous les hommes conviés viennent en célibataires. Il est presque impossible pour une actrice d'être introduite dans la bonne société new-yorkaise. Jarrett a alors l'idée d'organiser une exposition des œuvres de Sarah dans les salons d'un club privé, comme il l'avait fait à Londres, mais les femmes de la bonne société s'abstiennent encore. Pourtant, elles se pressent dans les salles pour la voir jouer *La Dame aux camélias*, créée le 16 novembre au Booth Theatre. Le théâtre choisi par Jarrett accueille plutôt des programmes à sensation, dans lesquels se produisent des chanteurs à la voix étonnante et même des sœurs siamoises. *La Dame aux camélias* est déjà connue aux États-Unis où elle a été adaptée, quelque peu édulcorée, sous le titre de *Camille*. La pièce de Dumas fils est le grand succès de cette tournée, dont elle constitue plus de la moitié des représentations. Le rôle convient si bien à Sarah qu'elle le jouera pendant trente ans.

C'est encore avec *La Dame* que Sarah fait ses adieux provisoires à New York le samedi 4 décembre en matinée, avant de partir pour Boston. Elle met une demi-heure à franchir les quelques mètres qui séparent sa voiture de la porte d'entrée du théâtre, tant les gens se pressent pour lui parler, lui donner de petits cadeaux, lui offrir des fleurs. L'une de ses admiratrices a l'idée de lui demander un autographe. La mode est aussitôt lancée : l'adoration de la foule est proche de virer à l'hystérie collective, les hommes lui tendent leurs manchettes de chemise pour qu'elle y signe son nom, puis une femme tente de lui couper une mèche de cheveux et la police doit intervenir pour permettre à Sarah d'entrer dans le théâtre.

Le soir même, elle se rend à Menlo Park, non loin de New York, pour rendre visite à Edison qui vient d'inventer un phonographe permettant d'enregistrer et de réécouter la voix humaine, au moyen d'un cylindre d'acier recouvert d'une pellicule d'étain sur laquelle une aiguille vient graver les vibrations du son. Sarah, accueillie par un feu d'artifice de lumières électriques, entreprend de le conquérir en se faisant expliquer le fonctionnement de l'appareil. Edison lui fait visiter son laboratoire et lui présente sa dernière invention. Marie

Colombier le décrit ainsi : « Maigre, de taille moyenne, visage blanc, rasé de près, œil bleu, chevelure blonde, contenance pleine de timidité [8]. » Pour faire la démonstration de son phonographe, il chante *John's Brown's Body*, une ballade mélancolique, et Sarah lui répond en déclamant quelques vers de *Phèdre* : « ... et ne suis point de ces femmes hardies/ Qui goûtant dans le crime une tranquille paix,/ Ont su se faire un front qui ne rougit jamais [9] ». Ce sont là les premiers enregistrements de la voix d'or et ils seront suivis de quelques autres qui nous permettent aujourd'hui d'avoir une idée de son phrasé et de la manière dont elle déclamait les alexandrins. Le lendemain, grâce à l'efficacité de Jarrett, les manchettes des journaux titrent : « L'homme le plus célèbre des États-Unis rencontre la femme la plus célèbre de France. »

À Boston, ville de la connaissance et du savoir, le débat moral fait rage à nouveau. Faut-il ou ne faut-il pas aller voir Sarah Bernhardt ? Seul le révérend Bland invite ses brebis à l'indulgence : « Le fait est que les natures artistes, les peintres, acteurs, poètes, musiciens, ont une grande propension à hésiter toujours entre le bien et le mal. [...] Mais quelle est la prétention de ces artistes ? Se donnent-ils comme des moralistes ? Parce qu'ils ne sont pas des types de vertu dans leur vie privée, devons-nous refuser de jouir de l'art qu'ils cultivent ? Je ne le crois pas [10]. »

Sarah reste deux semaines au Globe Theatre de Boston où elle joue *Froufrou*, *Hernani*, et *La Dame aux camélias*. Les journalistes ne tarissent pas d'éloges, on loue la sobriété de son jeu, la délicatesse, la vérité, la grande simplicité du débit qui contrastent fortement avec l'excès de l'interprétation des comédiennes américaines et séduisent les Bostoniens. Les femmes de Boston semblent à Sarah différentes de celles de New York, plus larges d'esprit et plus tolérantes; elles lui font bon accueil, ce qui lui fait dire : « Elles sont puritaines avec intelligence, et indépendantes avec grâce [11]. » Sarah insiste pour rencontrer le poète Henry Longfellow, âgé de soixante-treize ans, dont elle désire sculpter le buste et qui refuse poliment tout en la complimentant pour son interprétation de *Phèdre*.

Il n'est bientôt plus besoin d'inventer de scandales, car Sarah, répondant à l'invitation pressante d'un certain Henry Smith, a malencontreusement consenti à aller voir une baleine en piteux état et à se promener sur le dos de l'animal mourant ou déjà mort. Quelques reporters assistent bien sûr à la scène, des photos sont prises et Mr Smith lance bientôt une campagne de publicité dans toute la ville : « Venez voir l'énorme cétacé que Sarah Bernhardt a tué en lui arrachant des baleines pour ses corsets qui sont faits par Mme Lily Noë qui demeure... » Furieuse, Sarah gifle Smith et refuse le pourcentage qu'il lui propose. La baleine accompagne néanmoins la tournée sur une plate-forme ferroviaire, saturée de sel et entourée de glace pour conserver l'animal en état le plus longtemps possible. Entre-temps, Jeanne, enfin guérie, a rejoint la troupe et Marie Colombier se trouve reléguée au rang d'utilité, n'ayant jamais signé le contrat mirobolant pourtant promis par Sarah pour la décider à partir. Son récit de voyage se ressent de la déception causée par le manque de parole de son ancienne camarade.

La troupe est maintenant en route pour Montréal, passant par New Haven et Hartford, où Sarah joue *Froufrou*, alors que c'est la traduction de *Phèdre* qui a été distribuée au public. Personne ne semble s'en plaindre. À la frontière canadienne, un groupe de notables vient accueillir l'actrice et des milliers de personnes se pressent à la gare de Montréal pour l'applaudir et lui chanter *La Marseillaise*. Mais l'évêque de la ville a menacé d'excommunier tous ceux qui iraient assister aux représentations d'*Adrienne Lecouvreur*, pièce « immorale et dangereuse », et il n'hésite pas à lancer l'anathème contre Scribe, pourtant mort depuis près de vingt ans. La présence de la vedette française est aussi l'occasion pour les Canadiens francophones de montrer leur attachement à la France. Le soir de la première, le public entonne *La Marseillaise*, les acclamations se succèdent, on applaudit à tout rompre et indifféremment acteurs, décors et costumes. Les étudiants lâchent des colombes dans la salle, font descendre des corbeilles de fleurs depuis le paradis et attendent Sarah à la sortie des artistes pour dételer les chevaux et tirer son traîneau jusqu'à son hôtel. Elle profite de son séjour pour se rendre dans une réserve d'Iroquois, mais elle est déçue par ces Indiens qui n'en sont déjà plus et qui jouent des airs à la mode au piano en buvant de l'eau-de-vie. Ce voyage plein d'aventures et de découvertes a pris l'allure d'un véritable roman comique.

À Springfield, où le public lui réserve un accueil glacial, elle est invitée à la manufacture d'armes Colt pour essayer le nouveau canon-mitrailleuse. Puis elle passe quatre jours à Baltimore, ville qui la frappe par « le froid mortel des hôtels et du théâtre, et la beauté des femmes[12] ». Ensuite, c'est Philadelphie, où elle apprend la mort de Flaubert, « l'écrivain le plus soucieux de la beauté de notre langue[13] ». À Chicago, Sarah retrouve stupéfaite, l'horrible Henry Smith, l'homme à la baleine, ce qui la met dans une rage folle pour la plus grande joie des reporters. Mais elle apprécie la ville, son énergie : « Ces quinze jours me parurent les plus agréables depuis mon arrivée en Amérique. D'abord la vitalité de la ville dans laquelle se croisent, sans jamais s'arrêter, des hommes au front barré par une pensée : le but. Ils vont, ils vont, ne se retournant ni à un cri, ni à un appel de prudence. Ce qui se passe derrière eux, peu leur importe. Ils ne veulent pas connaître le pourquoi du cri poussé ; et ils n'ont pas le temps d'être prudents ; le but les attend[14]. » Marie Colombier est plus sensible à l'atmosphère industrielle de Chicago : « Une ville en fer, avec des locomotives qui fument dans les rues, un brouillard à couper au couteau, des fils télégraphiques si nombreux qu'ils cachent le ciel, des banques grandes comme la Bourse, des maisons d'assurances comme le palais de Versailles. Tout cela envahi par des gens qui vont, viennent, pressés, affairés, courant après le dieu dollar[15]. »

Les articles de presse élogieux se succèdent, alors que l'évêque de Chicago attaque dans ses sermons, tout comme l'avait fait celui de Montréal, le caractère démoniaque de ces représentations. Abbey, l'autre imprésario de Sarah en charge de la publicité, lui fait même parvenir la moitié de la somme qu'il consacre à la réclame dans chaque ville en le remerciant pour son travail. Invitée à visiter les abattoirs, Sarah est saisie à la gorge par l'odeur abominable et les cris d'agonie des porcs égorgés. Le soir même, elle perd connaissance en jouant *Phèdre*; sa description de la boucherie a, en effet, quelque chose d'apocalyptique :

Un charivari infernal vous tympanise le cerveau : les plaintes presque humaines des porcs égorgés, les coups violents des couperets tranchant les membres, les han ! successifs de l'éventreur qui, dans un geste d'ampleur superbe, lève la lourde hache et d'un seul coup ouvre de haut en bas la malheureuse bête pendue à un croc et qui se débat ; dans l'épouvante de la minute entrevue, le grincement continu du rasoir tournant qui, en une seconde, dépoile le tronçon que lui a jeté la machine qui avait coupé les quatre pattes ; le sifflet laissant échapper la vapeur des eaux chaudes dans lesquelles est ébouillantée la tête de l'animal ; le clapotis des eaux changées ; la cascade des eaux jetées ; le grondement des petits trains emportant sous de larges voûtes les voitures chargées de jambons, boudins, etc. Tout cela soutenu par la cloche des locomotives avertissant du danger de sa venue et qui, dans cet endroit d'effroyable massacre, semble le glas perpétuel de misérables agonies [16]...

Puis les villes se succèdent à un rythme épuisant : Saint Louis où un bijoutier organise une exposition des bijoux de Sarah Bernhardt, qui attire les voleurs, Cincinnati, puis La Nouvelle-Orléans. Ces villes de taille moyenne ne permettant pas d'offrir à la vedette des conditions d'hébergement dignes d'elle, Sarah et sa troupe voyagent désormais dans un train spécial qui comprend un wagon empli de fourrures, un piano, un poêle à bois, un wagon-restaurant avec table mise pour dix convives. Sarah échappe de peu aux voleurs de grand chemin qui se sont mis en tête de décrocher son wagon pour la dépouiller plus à leur aise. L'arrivée à La Nouvelle-Orléans a lieu sous des trombes d'eau, la ville est inondée et le train, conduit par un mécanicien héroïque, payé par Sarah pour prendre le risque de franchir le dernier pont qui risque de s'effondrer sous son poids, manque de sombrer dans les eaux du fleuve. Le Mississippi est en crue et toute la partie basse de la ville, c'est-à-dire essentiellement les quartiers noirs, est noyée. On déplore des centaines de morts : « Le spectacle était navrant ; toutes les bicoques des noirs étaient effondrées dans les eaux bourbeuses. Ils étaient là par centaines, accroupis sur les épaves mouvantes, la fièvre aux yeux, leurs dents blanches claquant la faim. À droite, à gauche, partout, des cadavres aux ventres ballonnés flottaient, heurtés par des pilotis de bois[17]. » Les alligators envahissent la ville, Sarah en adopte un et le baptise Ali-Gaga : « À table, au théâtre, au lit, il la suivait partout. Sarah l'avait pris en amitié sans doute à cause de ses dents pointues et de son mauvais caractère[18]. » Mais l'alligator finit par succomber au menu exclusif de lait et de champagne dispensé par sa maîtresse, sans doute au grand soulagement d'Angelo, le jeune premier qui partageait alors son lit.

À Mobile, le théâtre retenu est occupé par une autre troupe et il faut jouer dans une véritable cage à poules : Sarah, amusée par l'exiguïté de la salle, est prise de fou rire au début de *La Dame*. Elle annule le spectacle et fait rembourser les billets. Puis les villes se succèdent : Atlanta, Nashville, Memphis, Louisville, Colombus, Dayton, Indianapolis, St Joseph du Missouri, Leavenworth, Quincy, Milwaukee, Detroit, Cleveland, Pittsburgh, Bradford, Toledo, Erie, Toronto, Buffalo, Rochester, Utica, Syracuse, Albany, Troy, Worcester, Providence, Newark, Washington. Le rythme est épuisant pour les compagnons de voyage de Sarah qui ne jouissent pas, loin s'en faut, du même confort qu'elle :

> Partir le matin ou dans la nuit, voyager cahotés, six, dix, douze heures durant ; arriver au théâtre, déballer, jouer en mettant les répliques doubles, puis emballer à nouveau et reprendre le train après le spectacle pour recommencer le lendemain. Voilà notre existence quotidienne dans sa fatigante monotonie. [...] Nous sommes les forçats du dollar. Il faut courir après la recette, de ville en ville, de théâtre en théâtre. Le *car* est notre maison, notre chambre à coucher, notre salle à manger, notre boudoir [19]...

En arrivant à Buffalo, Sarah emmène toute la troupe aux chutes du Niagara : elle escalade les glaçons, saute au-dessus d'une crevasse pour grimper sur le dos d'un rhinocéros de glace, bien incapable ensuite de faire le chemin dans l'autre sens. Intrépide, elle donne des sueurs froides à Jarrett et stupéfait son public.

En quête d'une nouvelle pièce pour son répertoire, elle arrête finalement son choix sur *La Princesse Georges* d'Alexandre Dumas fils qu'elle répète dans le train pour la présenter à Boston, le 5 avril 1881. Il s'agit d'un drame en trois actes, autour de la passion adultère qui lie le mari de la belle Séverine à Mme de Terremonde et se résout de manière absurde lorsque le mari trompé assassine un petit jeune homme amoureux de sa femme, laissant le couple défait. Malgré la pauvreté de l'intrigue, les scènes de *La Princesse Georges*, créée par Aimée Desclée, sont d'une grande intensité dramatique. Sarah joue la mariée vertueuse et aimante découvrant la trahison et obtient un grand succès dans ce rôle qu'elle reprend à New York avant de s'embarquer pour la France. Sa première tournée américaine se conclut par une représentation de *Froufrou* et une autre de *La Dame*, devant des salles quelque peu clairsemées. Malgré une déclaration d'amour aux Américains publiée dans le *Herald* à la veille de son départ, les journaux ne sont pas tous dupes, à preuve cet article du *World*, cité sans complaisance et sans doute avec beaucoup de plaisir par Marie Colombier :

Nous ne sommes pas assez simples pour regarder comme sincères les coups d'encensoir que Mlle Sarah Bernhardt adresse aux Américains. Nous serions plutôt tentés de croire que tous ces compliments sont comme la flèche que les anciens Parthes excellaient, dit-on, à lancer sur l'ennemi, en battant en retraite. [...] Nous nous consolons, du reste, en nous disant que, si l'on avait pu avoir un doute sur le plaisir que Mlle Bernhardt a trouvé à sa récolte de dollars, et si l'on avait pu craindre qu'elle ne conservât pas l'espoir de revenir un jour ou l'autre parmi nous, pour faire une nouvelle cueillette, le soin qu'elle a pris de publier ses impressions sympathiques pour notre pays et les mœurs de notre peuple devraient nous rassurer complètement. Et dans ce cas, nous devons à Mlle Bernhardt une déclaration charitable : elle nous a causé tant de plaisir à sa première visite, qu'il est à craindre qu'elle n'ait plus que de l'ennui à nous apporter dans la seconde [20].

Or, cette première tournée en Amérique n'est que le début d'une longue série de voyages qui vont amener Sarah à l'autre bout du monde. Pressée par des besoins d'argent toujours nouveaux et la nécessité d'entretenir son fils Maurice, la tournée est un moyen simple et efficace de tirer partie de sa renommée internationale pour renflouer ses caisses. À partir de 1881, sa vie d'actrice indépendante est rythmée par l'alternance de ses créations parisiennes avec des tournées plus ou moins longues à l'étranger. Elle a pris goût à sa nouvelle fonction de directrice d'une troupe, à la mise en scène, à l'élaboration des spectacles, et envisage désormais de trouver un théâtre pour y présenter ses créations. Elle débarque au Havre le 15 mai 1881, avec près d'un million de francs-or, gagné en sept mois, et une foule innombrable venue l'accueillir sur le quai — vingt mille personnes, selon elle.

Il reste à reconquérir le public français, alors que

la presse nationale s'est fait l'écho désillusionné de ses excentricités américaines et que la critique théâtrale la boude depuis sa désaffection. L'occasion rêvée lui est fournie par les Sauveteurs du Havre qui lui demandent la faveur d'une représentation de bienfaisance. Elle leur promet la primeur de *La Dame aux camélias* sur le sol français. La réclame est gratuite et terriblement efficace. Encore faut-il se montrer à la hauteur de ce public nombreux et attentif : le triomphe est colossal. Même Marie Colombier, qu'on ne peut pas soupçonner de bienveillance excessive, confesse qu'elle a pleuré « comme une enfant » à la mort de Marguerite. Les Sauveteurs du Havre décorent Sarah d'une médaille et lui remettent un diplôme de sauvetage, tout à fait honorifique, qui la font s'écrier : « Oh ! je sauverai quelqu'un, je vous le promets ! Par exemple, je ne sais pas nager, mais c'est égal : j'apprendrai[21] ! » L'autobiographie de Sarah s'arrête au moment de son retour en France, si elle a eu le projet d'en rédiger la suite, ses nouvelles activités ne lui permettent pas de le réaliser.

Femme-Protée et femme mariée

(1882-1890)

> *Toutes, Lady Macbeth, Froufrou, Fédora, Phèdre,*
> *La Reine sous son dais, L'Indienne sous son cèdre,*
> *Toujours celle qui fut, et demeure, et sera.*
>
> *Tous ces mythes : Tosca, Marguerite, Ophélie,*
> *Andromaque, Adrienne, Alcmène, Cordélie,*
> *C'est Elle, L'Innombrable et l'unique Sara !*
>
> MONTESQUIOU,
> Melpomène [1]

Sarah retrouve son hôtel avenue de Villiers où elle reçoit bientôt la visite de Victorien Sardou venu lui donner lecture de sa nouvelle pièce, *Fédora*, qu'elle accepte aussitôt de jouer. Mais elle ne fait son vrai retour sur les planches parisiennes qu'une année plus tard, car elle repart aussitôt pour Londres montrer sa *Dame aux camélias*. Ses incessantes tournées lui valent bientôt le nouveau surnom de « Juive errante ». Auparavant, elle use d'une ruse peu élégante pour retrouver sa place dans le cœur des Parisiens et apparaître devant un public choisi le 14 juillet 1881. Agar, son ancienne partenaire du *Passant*, a été choisie pour déclamer *La Marseillaise* à l'Opéra, devant le président de la

République, afin de commémorer le dixième anniversaire du départ des armées prussiennes. Sarah l'éloigne avec la complicité de son habilleuse, sous un prétexte galant, et, revêtue d'une ample robe blanche, prend sa place, déploie un immense drapeau tricolore en déclamant avec intensité le chant national. Vivante incarnation de la France patriotique, elle déclenche une réaction quasi hystérique dans l'assistance, les femmes éclatent en tempêtes de sanglots, les hommes hurlent et applaudissent à tout rompre, essuyant une larme avec discrétion.

Avant son départ pour une grande tournée européenne, elle rencontre un jeune Grec, attaché d'ambassade, sans doute présenté par sa sœur Jeanne, morphinomane comme lui. Aristide Damala est un très bel homme et il voudrait se lancer dans une carrière d'acteur. Voilà le portrait qu'en fait Marie Colombier :

> Il offre un spécimen très pur du beau type oriental, mais il n'a pas de sa race que l'œil large et velouté, humide de caresse, tendrement rêveur, ou passionné follement. Il n'en a pas que les traits classiques, que la chaude pâleur, que les lèvres sanglantes : il en possède le caractère indolent et fataliste, il en a surtout l'étonnant mépris de la femme en dehors du gynécée. [...] Il possédait naturellement, et à un haut degré, ce que tant d'autres acteurs cherchent vainement à acquérir. Certes, il lui manquait cette assurance, ces connaissances, que donnent seuls l'expérience et le Conservatoire, mais il y suppléait à force de tempérament, car il était artiste d'instinct, et sur la scène, il apportait l'intelligence, la flamme, la vie intense qui étaient en lui. Son talent s'affirmait chaque jour et grandissait à chacun de ses débuts. Il était « quelqu'un »[2].

C'est en conquérante que Sarah fait tourner sa *Dame aux camélias* en Europe : le succès est immense, le public s'arrache les places en Belgique, aux Pays-Bas, en Scandinavie et en Autriche. Les petites gens, qui n'ont pas les moyens de payer une place, attendent pendant des heures sur son passage pour seulement l'apercevoir, les princes et les rois se disputent ses faveurs et la couvrent de présents somptueux, tandis qu'elle ne songe qu'à faire un crochet par la Russie pour y retrouver Damala et l'engager comme acteur. Cette tournée n'est cependant pas seulement placée sous le signe de l'enthousiasme populaire et du triomphe sans partage. Tchekhov émet des réserves sur « l'universelle, la légendaire diva », sur la publicité dont elle est entourée et les légendes qui l'accompagnent. Même le violent accueil qui lui est réservé à Kiev et à Odessa, où l'actrice est la cible d'attaques antisémites, devient manifestation d'originalité : « on a reçu Sarah d'une manière quelque peu excentrique : on s'est réjoui, on a crié hourra et on a jeté une pierre sur sa voiture... cela ne se fait pas, mais au moins, c'est original[3]... ». Tchekhov n'hésite donc pas à dire sa déception, voyant dans son jeu du travail plutôt que du talent, de l'affectation plutôt que du naturel :

Chaque soupir de Sarah Bernard [sic], ses larmes, ses convulsions d'agonie, son jeu tout entier, ne sont rien d'autre qu'une leçon parfaitement et intelligemment apprise. Une leçon, lecteur, et rien de plus ! Comme c'est une dame très intelligente, qui sait ce qui fait de l'effet et ce qui n'en fait pas, une dame d'un goût parfait, qui connaît bien le cœur humain, qui est tout ce que vous voudrez, elle rend très justement toutes les métamorphoses qui se produisent parfois, au gré du sort, dans l'âme humaine. Chacun de ses pas est un tour d'adresse profondément réfléchi, cent fois souligné... Elle fait de ses héroïnes des femmes aussi extraordinaires qu'elle-même... Quand elle joue, ce n'est pas le naturel qu'elle cherche, mais l'extraordinaire. Son but est d'impressionner, d'étonner, d'éblouir [4]...

Sarah part ensuite jouer en Italie, accompagnée de Damala : à Turin, une jeune actrice italienne, Eleonora Duse *, vient voir *La Dame aux camélias* et tombe sous son charme. Quelques années plus tard, elle viendra défier Sarah dans son répertoire, à Paris mais aussi à New York. Mais la Divine est amoureuse : elle enlève Damala, qui la trompe pourtant sans vergogne avec les jeunes femmes de la troupe, et s'enfuit avec lui pour l'épouser à Londres où les formalités sont plus simples qu'en France, lui étant orthodoxe et elle catholique. Elle doit s'acquitter de 25 000 francs de dédit à son agent pour les représentations annulées. Cette escapade romantique devient une vraie épreuve physique : soixante heures de train à l'aller et trente-six au retour. Elle devient Mme Damala le 4 avril 1882, défrayant à nouveau la chronique parisienne, qui entend parler pour la première fois

---

* Eleonora Duse (1858-1924), actrice italienne dont la réputation rivalise avec celle de Sarah Bernhardt. Fille de comédiens, elle s'illustre dans le théâtre réaliste de Zola, avant de s'essayer avec succès au répertoire de Dumas fils et de Sardou. Elle joue *La Dame aux camélias* en 1893 à New York avec un succès immense. Elle découvre Ibsen et joue *Maison de poupée* en 1891 et *Hedda Gabler* en 1898. Gabriele D'Annunzio, grand poète italien, maître du décadentisme, devient son amant en 1894 et écrit pour elle. La Duse revendiquait un réalisme sobre et ne se maquillait pratiquement pas.

1 Sarah Bernhardt, photographiée par Nadar en 1877.

2 Sarah Bernhardt avec son fils Maurice.

3 À son domicile, boulevard Pereire, à Paris.

4 Sarah Bernhardt peignant dans son atelier.

5 Une de ses œuvres, un encrier sur lequel elle s'est représentée en chauve-souris. Musée Carnavalet, Paris.

6 À Belle-Île, dans l'atelier de Georges Clairin (au premier plan à droite). À gauche, M. et Mme Grau ; au fond, accoudé à la table, Reynaldo Hahn ; à la gauche de Sarah Bernhardt, Mlle Seylor et Georges Clairin.
Bibliothèque nationale de France, Paris.

7 Sur les rochers, à Belle-Île, en 1904.
Bibliothèque nationale de France, Paris.

« Si l'homme avait sa place dans l'univers cela se saurait. »

6

7

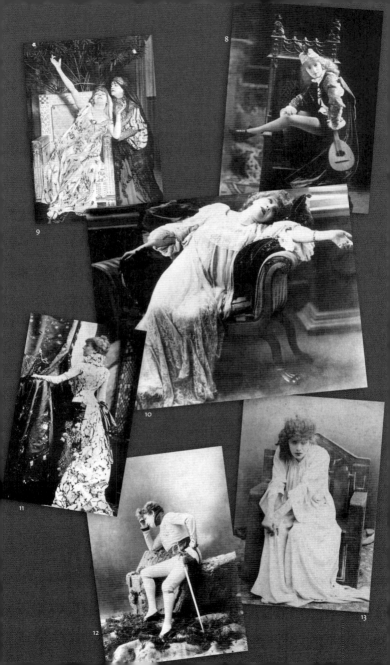

8 Sarah Bernhardt en Zanetto dans *Le Passant* de François Coppée, 1869.

9 Dans le rôle de Phèdre dans la pièce éponyme, 1893.

10 Sarah Bernhardt jouant l'agonie d'Adrienne Lecouvreur dans la pièce éponyme, 1895.

11 L'actrice en Gilberte dans *Froufrou* de Meilhac et Halévy, 1900.

12 Sarah Bernhardt dans le rôle-titre de *L'Aiglon* d'Edmond Rostand, 1900.

13 Sarah Bernhardt dans le rôle de Lady Macbeth, photographiée en 1884 par Nadar.
Bibliothèque nationale de France, Paris.

14 Affiche de Mucha pour *Lorenzaccio* de Musset avec Sarah Bernhardt dans le rôle-titre, au théâtre de la Renaissance, 1896.

« Le trac, cela vient avec le talent. »

15 Sarah Bernhardt devant le chapiteau de sa tournée américaine de 1905. Bibliothèque nationale de France, Paris.

16 Avec sa troupe, aux chutes du Niagara, en 1906 (elle est au premier rang, la troisième en partant de la droite).

17 Dans le wagon-salon de son train spécial aux États-Unis en 1910.

18 Affiche publicitaire de Jules Chéret de 1890 pour la poudre de riz La Diaphane représentant Sarah Bernhardt en train de se maquiller.

19 Caricature de Sarah Bernhardt par André Gill dans la revue *La Lune rousse*, 1878.

20 Sarah Bernhardt posant dans son cercueil.

« L'amour, c'est un coup d'œil, un coup de reins et un coup d'éponge. »

18

19

20

21 Sarah Bernhardt en Doña Maria de Neubourg dans *Ruy Blas* de Victor Hugo, peinture de Georges Clairin, 1879. Comédie-Française, Paris.

de ce jeune homme qu'elle a eu la fantaisie d'épouser. Ses amis la croient soudain devenue folle, son fils, comme le rapporte Lysiane, répond à sa mère, passant par Paris pour lui annoncer la nouvelle : « Je sais, maman, tu as épousé M. Sarah Bernhardt[5]... » La tournée se poursuit pourtant sans encombre en Espagne, puis dans les départements français.

Le mariage de Sarah Bernhardt a fait couler beaucoup d'encre. Les journalistes imaginent mal la grande séductrice condamnée à cet « abominable jeûne » et rester fidèle à un seul homme. Albert le Petit la caricature en femme au foyer s'affairant devant ses fourneaux, sous le titre « Sarah Pot-au-feu ». Damala est représenté sous tous les aspects du mari malheureux, mené par le bout du nez par une femme puissante, transformé en marionnette qu'elle manipule, ou plus violemment, transpercé par une Sarah-aiguille qui tient son cœur entre ses mains. La violence et l'abondance de ces caricatures révèlent la puissance fantasmatique de l'image de la comédienne dont la liberté de vie menace le pouvoir sexuel établi des mâles. Le plus étonnant est que ces images fleurissent précisément au moment où elle rejoint en se mariant les conventions du mode de vie bourgeois. Mais la réaction du public conduit à voir dans ce nouveau rôle une excentricité supplémentaire.

L'occasion de présenter son mari au public parisien s'offre bientôt : le décorateur Jules Chéret est mort en laissant sa veuve sans ressources, Sarah propose de donner une représentation à bénéfice de *La Dame aux camélias*, le 26 mai, au Théâtre de la Gaîté. En proie à un trac abominable, elle ne donne sa pleine mesure qu'à partir du troisième acte et emporte l'enthousiasme du public. Il n'en va pas de même pour Damala, scrupuleusement examiné par les critiques qui, s'ils ne peuvent le trouver aussi mauvais qu'ils l'espèrent, ne manquent pas de brocarder son accent étranger et son manque d'expérience de la scène. Paris est à nouveau conquis et Sarah y gagne même un nouveau surnom, la « Damala aux camélias ».

Elle entame alors les répétitions de la nouvelle pièce écrite pour elle par Victorien Sardou, *Fédora*. La mode est à l'exotisme slave et aux nihilistes. Sardou a écrit un mélodrame rocambolesque pour permettre à la comédienne de jouer de toute l'étendue de sa palette : la princesse Fédora croit que son fiancé a été tué par un nihiliste, Ivannof, joué avec grand talent par Pierre Berton. Elle séduit l'assassin pour venger son fiancé, mais apprend après avoir convoqué la police russe, qu'il a agi en état de légitime défense, le fiancé étant un infidèle qui courtisait sa femme. Bouleversée par cette révélation, elle comprend qu'elle est amoureuse d'Ivannof et s'empoisonne par désespoir, ce qui offre à l'actrice l'occasion d'une splendide scène d'agonie. Pendant qu'elle répète, Damala s'ennuie : Sardou n'a rien voulu entendre lorsque Sarah a tenté de le persuader de lui donner le rôle d'Ivannof.

Elle décide donc de louer un petit théâtre, l'Ambigu, pour permettre à son mari de créer une pièce de Catulle Mendès, *Les Mères ennemies*, qui pourrait le lancer comme acteur. Il s'agit d'un drame symbolique et historique à la fois, dans lequel un homme est déchiré entre deux patries, entre deux femmes, l'une russe, à qui il a donné un fils et qu'il quitte, l'autre polonaise qu'il épouse et dont il a également un fils. Les deux fils s'entre-tuent au combat dans la guerre entre Russie et Pologne. La direction du théâtre est confiée à son fils, Maurice — alors âgé de dix-sept ans — en guise de cadeau de réconciliation. Le théâtre est remis à neuf à ses frais tandis qu'elle travaille avec son époux qui, dès qu'elle s'absente pour répéter *Fédora*, s'abrutit d'alcool et de femmes dans les tripots. La première des *Mères ennemies* a lieu le 17 novembre 1882, bien avant *Fédora*. Sarah tente, en effet, de persuader le public et les critiques que si Damala ne joue pas dans la pièce de Sardou, c'est parce qu'il était déjà engagé dans cette autre aventure théâtrale. *Les Mères ennemies* est loin d'être un échec, mais les critiques restent réservés. Auguste Vitu écrit que Damala « dit et joue juste, malgré l'obstacle que lui suscitent une voix peu timbrée et une prononciation qui a besoin d'être rectifiée par le travail [6] ».

La presse est bien autrement dithyrambique après la première de *Fédora*, le 12 décembre : Sarah obtient un véritable triomphe. Elle qui a été la Doña Sol de Paris, dont on a loué la diction parfaite dans les vers de Racine ou de Hugo, s'essaye maintenant, pour son plus grand succès, au mélodrame populaire. Le public, pourtant curieux, s'est d'abord montré assez froid : « Une des causes de la première froideur ne doit pas être cherchée ailleurs que dans un débit saccadé, précipité, et souvent trop bas, qui ne laisse arriver aux oreilles qu'une faible partie des phrases. On attribue ce défaut à une anxiété nerveuse dont la tragédienne, revenue de si loin, ne pouvait se défendre », explique Auguste Vitu. Puis il s'enthousiasme pour Sarah « douée de cette spontanéité de l'inspiration qui plonge l'émotion comme un poignard dans les fibres et dans les nerfs. Elle a le mouvement, le geste, l'art suprême d'écouter, de donner une expression au silence et de s'absorber dans l'action comme si c'était sa vie réelle qu'elle jouât naturellement devant un invisible public, qui n'existe pas pour elle. [...] cette étonnante artiste, qui brouille si singulièrement certaines phrases, sait faire passer un monde d'idées et de passions dans un mot[7] ». Jules Lemaître * décrit de manière plus précise dans *Les Contemporains* les qualités de son jeu et son originalité vibrante :

Pour traduire l'angoisse, la douleur, le désespoir, l'amour, la fureur, elle a trouvé des cris qui nous ont remués jusqu'à l'âme parce qu'ils partaient du fond et du tréfonds de la sienne. Vraiment elle se livre, s'abandonne, se déchaîne toute, et je ne pense pas qu'il soit possible d'exprimer les passions féminines avec plus d'intensité. Mais en même temps qu'il est d'une vérité terrible, son jeu reste délicieusement poétique, et c'est ce qui le distingue de celui des vulgaires panthères de mélo-

---

* Jules Lemaître (1853-1914), écrivain et critique dramatique au *Journal des débats*. Sarah monte une de ses pièces, *Les Rois*, en 1893, au moment de leur liaison. Il sera par la suite activement antidreyfusard.

drame. Ces grandes explosions demeurent harmonieuses, obéissent à un rythme secret auquel correspond le rythme des belles attitudes. Personne ne se pose, ne se meut, ne se plie, ne s'allonge, ne se glisse, ne tombe comme Mme Sarah Bernhardt. Cela est à la fois élégant, souverainement expressif et imprévu. [...]

Tantôt elle déroule des phrases et des tirades entières sur une seule note, sans une inflexion, reprenant certaines phrases à l'octave supérieure. Le charme est alors presque uniquement dans l'extraordinaire pureté de la voix : c'est une coulée d'or, sans une scorie ni une aspérité... D'autres fois, tout en gardant le même ton, la magicienne martèle son débit, passe certaines syllabes au laminoir de ses dents, et les mots tombent les uns sur les autres comme des pièces d'or[8].

On peut imaginer à quel point le concert de louanges recueilli par sa femme a dû ravir Damala. Il ne cesse en retour de la tromper et de l'humilier, offrant des bijoux à ses maîtresses dont il envoie les factures à sa femme. Son addiction à la morphine est de plus en plus grande et son état de santé se dégrade. Un beau jour, il part en Algérie, s'engage dans les spahis sans prévenir personne, abandonnant *Les Mères ennemies*. Outre la crise sentimentale dans laquelle cette fuite la plonge, Sarah est confrontée à de sévères problèmes d'argent : l'Ambigu est un gouffre financier et elle va d'échec en échec. Seul le drame vériste de Jean Richepin*, *La Glu*, aura quelque succès d'estime, en février 1883, mais Sarcey souligne qu'il s'agit

---

* Jean Richepin (1849-1926), poète, dramaturge, mais aussi marin, acrobate, boxeur et haltérophile. Rendu célèbre par sa *Chanson des gueux* à la gloire des vagabonds — qui lui vaut de passer un mois en prison pour outrage aux bonnes mœurs —, il devient l'amant attitré de Sarah après le départ de Damala, et se met à écrire pour le théâtre. Il est élu à l'Académie française à la fin de sa vie.

avant tout d'un tableau pittoresque : « Il n'y a dans sa pièce rien qui constitue un drame, ni action, ni caractères, et avec cela, il n'est ni ennuyeux ni commun. Il occupe la curiosité de l'esprit, il saisit parfois l'imagination. C'est une tentative hardie et singulière[9]. » Réjane * y fait pourtant ses débuts, aux côtés d'Agar, et elle y est très remarquée.

Sarah, qui a entendu les louanges des critiques sur son jeu muet, crée en avril au Trocadéro une pantomime macabre de Richepin intitulée *Pierrot assassin*, dans laquelle Réjane est sa Colombine. Mais elle a déjà dépensé près de 500 000 francs dans son théâtre, les créanciers s'impatientent, elle est sur le point de perdre son hôtel particulier et décide de vendre ses bijoux aux enchères sans grands états d'âme. Elle part aussitôt après pour une tournée en Scandinavie et en Angleterre, accompagnée de Richepin. Il y a quelque chose de la joueuse chez Sarah Bernhardt, l'argent n'est pour elle qu'un moyen, elle n'a jamais épargné, mais toujours dépensé sans compter pour les siens. Son fils Maurice, joueur invétéré qui n'a jamais gagné sa vie, est criblé de dettes de jeu. Sarah a beaucoup dépensé pour elle-même, prodigue et insouciante, mais surtout pour accomplir ses rêves de théâtre. La légende veut qu'elle ait toujours conservé tout son avoir dans une sacoche que la fidèle Mme Guérard emportait partout avec elle.

---

* Gabrielle-Charlotte Réju, dite Réjane (1856-1920), grande actrice française de la Belle Époque. Sarah reconnaît son talent et la fait débuter à l'Ambigu. Elle devient mondialement célèbre pour sa composition du personnage de Mme Sans-Gêne de Victorien Sardou, qu'elle joue jusqu'en Amérique.

Quand le sac était vide, elle partait en tournée pour le remplir à nouveau. Après s'être fait voler la fameuse sacoche, quelques années plus tôt, elle a écrit à Duquesnel : « J'adore porter tout mon argent sur moi quand j'en ai. Il me semble que je suis indépendante et puis ainsi aller au bout du monde[10]. » L'argent est donc bien pour elle avant tout synonyme de liberté.

À son retour à Paris, en septembre, elle résilie son bail à l'Ambigu, trop petit pour être rentable et loue le théâtre de la Porte-Saint-Martin, une salle de mille huit cents places, dont elle prend cette fois officiellement la direction, pour y donner une centaine de représentations de *Froufrou* qui font salle comble, tandis qu'elle commence les répétitions d'une pièce que Richepin vient d'écrire, *Nana Sahib*. Mais Marie Colombier, sans doute aigrie par ses succès, vient de faire paraître un petit livre infâmant intitulé *Les Mémoires de Sarah Barnum*. N'écoutant que sa colère, Sarah, accompagnée de Maurice et de Richepin, se rend chez son ancienne camarade et saccage son appartement. La presse fait ses choux gras de l'événement, Sarah est décrite comme une actrice hystérique, névrosée et narcissique. La presse relaye le surnom de Sarah Barnum et les caricatures fleurissent : « Sarah-dam-à-la-cravache » la montre filiforme et géante en forme de cravache, dominant d'un côté son fils et de l'autre Richepin. Le scandale est même relayé à New York, assorti de caricatures, ce qui lance la vente de l'opuscule — plus de dix mille exemplaires vendus alors qu'il serait sans doute passé inaperçu sans cela. Les mauvaises langues vont jusqu'à dire que la colère de Sarah est jouée et qu'elle s'est livrée à la vengeance pour s'offrir une publicité gratuite. Elle a d'ailleurs la faiblesse de répondre au pamphlet de Marie Colombier par un autre, écrit avec son amant, tout aussi mauvais, intitulé *La Vie de Marie Pigeonnier*, et signé du pseudonyme transparent de Michepin.

Les représentations de *Nana Sahib* commencent le 20 décembre 1883 à la Porte-Saint-Martin sans aucun succès. Il faut dire que ce drame historique de Richepin qui prend pour thème les soulèvements de 1857 des Indiens contre l'occupant britannique, est peu propre à enthousiasmer les foules. De plus, Richepin a eu la fâcheuse idée de vouloir remplacer lui-même un acteur et il est assez mauvais, au point que Damala, finalement rentré au foyer conjugal, vient s'asseoir au premier rang pour ricaner pendant les représentations. Les crises conjugales se succèdent alors avenue de Villiers, pour la plus grande joie des feuilles à scandales. Richepin supporte mal les infidélités de Sarah et disparaît souvent, rappelé par des lettres enflammées.

Pour sortir son théâtre de cette nouvelle ornière financière, Sarah a recours à sa pièce « terre-neuve », selon ses propres termes, *La Dame aux camélias*. C'est la première fois qu'elle donne à Paris une série de représentations de l'œuvre de Dumas fils et le succès sera toujours au rendez-vous, au point qu'elle la reprend régulièrement jusqu'en 1914. Mourante, sa sœur Jeanne, toujours dépendante de la morphine, ne peut plus tenir son rôle. À sa mort, quelques semaines plus tard, Sarah recueille sa fille, Saryta, qui devient assez bonne actrice sous le nom de Bernhardt et dont les amours saphiques défrayent la chronique.

Au printemps 1884, Sarah interprète lady Macbeth, toujours à la Porte-Saint-Martin, dans une traduction en prose de Richepin assez crue, sans doute trop pour le public français. La pièce ne tient pas un mois à l'affiche ; elle part alors la jouer en Écosse et à Londres. Les critiques sont mitigés, en particulier pour ce qui se rapporte à la version du texte, mais Oscar Wilde, en voyage de noces à Paris, déclare à un journaliste du *Morning News* qui l'interviewe le 9 juin : « Il n'est absolument personne de comparable à Sarah Bernhardt. Elle apporte toute sa belle intelligence au rôle, toute sa science instinctive et acquise de la scène. Son influence sur l'esprit de Macbeth est tout autant l'influence du charme féminin que de la volonté — chez nous on n'accentue que cette dernière[11]. » L'échec de *Macbeth* se double de la rupture avec Richepin, las des infidélités de Sarah, qui, réfugiée dans sa villa de Sainte-Adresse, sombre dans une dépression aggravée de symptômes de phtisie.

À la fois actrice, productrice, metteur en scène, se mêlant aussi des décors et des costumes, Sarah comprend sans doute qu'elle n'a pas le temps matériel de tout faire sérieusement et décide d'engager un homme de confiance, Félix Duquesnel, l'ancien directeur du théâtre de l'Odéon pour diriger la Porte-Saint-Martin. Contre toute prudence, elle impose une reprise de *Macbeth* que le public parisien avait pourtant rejeté. La pièce tient deux semaines d'exploitation.

La création de *Théodora*, nouveau drame exotique de Sardou, monté par Duquesnel le 26 décembre 1884, est un spectacle total : la majesté des décors byzantins, la splendeur des costumes, les toiles de fond, la musique et les meubles incrustés de pierres semi-précieuses éblouissent et hypnotisent le public. Sarah s'est rendue à Ravenne pour étudier les mosaïques représentant l'impératrice et a elle-même dessiné les costumes. La musique composée par Massenet pour accompagner les moments clés de la pièce, comme la première entrée de l'impératrice, suivie d'une foule de serviteurs et de courtisans, concourt à l'impression de spectacle total. Théodora est une courtisane qui devient impératrice de Byzance, mais qui aime toujours à se promener incognito dans les ruelles de sa ville. Elle y rencontre son amant, le bel Andréas, un républicain qui veut assassiner l'empereur Justinien, joué par Philippe Garnier. Elle finit par empoisonner par erreur son amant et le rideau tombe sur l'image du bourreau lui passant un cordon de soie autour du cou pour l'exécuter. Le succès est phénoménal, historique, et ce contre l'avis des critiques qui, s'ils sont prêts à reconnaître le talent des acteurs, jugent la pièce totalement invraisemblable et la psychologie des personnages tout à fait sommaire. Sigmund Freud, qui étudie alors l'hypnose à Paris avec Charcot, va voir la pièce l'année suivante et, durablement impressionné, accroche un portrait de l'actrice dans son cabinet.

Il écrit dans une lettre datée du 8 novembre 1885 à Martha Bernay :

> Je ne peux rien dire de bon sur la pièce elle-même... Mais comme cette Sarah joue ! Après les premiers mots de sa voix vibrante et belle, j'ai eu le sentiment que je la connaissais depuis des années. Rien de ce qu'elle aurait pu dire ne m'aurait surpris ; je croyais immédiatement la moindre de ses paroles... Je n'ai jamais vu un personnage plus comique que Sarah dans le deuxième acte lorsqu'elle apparaît dans une robe simple et cependant les rires s'arrêtent bientôt car le moindre centimètre de ce personnage vit et vous ensorcelle. Et puis il y a ses flatteries, ses implorations et ses étreintes ; il est incroyable de voir quelles attitudes elle est capable de prendre et comment chaque membre et chaque articulation joue avec elle. Un être étrange : il m'est facile d'imaginer qu'elle n'a nullement besoin d'être autre à la ville qu'à la scène [12].

Freud semble avoir pressenti l'ampleur des névroses de la comédienne, pour laquelle vivre et jouer commencent à devenir synonymes. *Théodora* est un grand spectacle populaire, qui enchante par les nombreux effets de décors, de costumes et de foule présente sur le plateau. Il est joué plus de trois cents fois à Paris tout au long de l'année 1885, puis cent fois à Londres, avant d'être présenté à Bruxelles et à Genève.

La mort de Victor Hugo, le 22 mai 1885, donne lieu à des funérailles nationales. Deux millions de personnes suivent à pied le corbillard des pauvres qu'il souhaitait pour son dernier voyage, de l'Arc de triomphe au Panthéon. La foule s'écarte spontanément autour de Sarah, le visage pourtant dissimulé sous de longs voiles noirs, pour la laisser suivre la première le cercueil du père de Doña Sol. C'est une époque de la vie de l'actrice qui se clôt, mais aussi de la vie théâtrale parisienne : lorsqu'elle monte et joue *Marion Delorme*, histoire d'une courtisane purifiée par l'amour, pour rendre hommage à Hugo, les Parisiens boudent le spectacle. Le drame romantique n'est plus à la mode et les représentations dépassent tout juste la soixantaine. Sarah, cédant à l'amicale pression de Philippe Garnier, accepte alors de monter *Hamlet* pour lui en confier le rôle-titre. Mais la version de Louis Cressonnois et Charles Samson en alexandrins laborieux et plats n'est pas de nature à enthousiasmer son public et c'est un désastre pour la Porte-Saint-Martin, Garnier est sifflé. Même si les apparitions, trop rares, de Sarah en Ophélie sont saluées, le spectacle ne peut rester un mois à l'affiche.

À court d'argent et d'idées, Sarah, après une reprise de *Fédora*, vend son hôtel particulier de l'avenue de Villiers et loue un petit pied-à-terre rue Saint-Georges, puis repart pour une tournée de quatorze mois dans les deux Amériques, organisée une fois encore par Jarrett, qui mourra subitement entre Rio de Janeiro et Buenos Aires. Elle est accompagnée de son fils et de sa nièce, Saryta, qui joue dans la troupe. Il faut signaler que le prince de Ligne a entre-temps offert à Maurice de le reconnaître comme son fils et de le faire son héritier pour réparer le passé. L'enfant gâté de Sarah rejette sa proposition avec dédain, préférant conserver le nom de Bernhardt qui lui ouvre désormais davantage de portes que ne le ferait le titre de son père. S'il a vécu toute sa vie aux crochets de sa mère, élevé comme le prince qu'il aurait dû être, il est devenu fin cavalier et bon bretteur, ce qui lui permet de se battre en duel pour elle chaque fois que son honneur l'exige.

Fin avril 1886, Sarah emmène donc une troupe conséquente — Philippe Garnier est cette fois du voyage, mais aussi Angelo — à Bordeaux, où ils s'embarquent pour Rio de Janeiro. Cette tournée les conduit du Brésil en Argentine, puis en Uruguay, au Chili, au Pérou, à Cuba et au Mexique avant de parcourir les États-Unis du Texas à New York. Partout ce sont les mêmes démonstrations d'admiration délirantes, les hommes se jettent sous ses pieds pour qu'elle leur marche sur le corps, se battent pour elle, lui offrent des cadeaux somptueux ou absurdes : trois mille acres de pampa, un train de guano pour fertiliser la terre, un collier fait d'yeux pétrifiés… Elle se révèle aventurière et intrépide, partant à la chasse au crocodile, échappant à la fièvre jaune, qui tue sa femme de chambre. À Montevideo, elle demande si on peut lui organiser une petite révolution en Uruguay. En avril 1887, elle est à New York, en mai, à Londres, puis c'est l'Irlande et l'Écosse. À son retour à Paris, à l'été 1887, le nouvel administrateur de la Comédie-Française, Jules Claretie, propose à Sarah de réintégrer la maison de Molière. Elle prend quelque temps pour réfléchir et décline l'offre, goûtant trop à sa liberté et sachant que son salaire ne pourra suffire à son train de vie dispendieux. Apprenant son refus, les journaux français se déchaînent contre elle. On peut lire dans *Le Gaulois* : « Assoiffée d'argent, voilà déjà sept ans qu'elle a quitté le Théâtre-Français pour courir les aventures. [...] Elle a 43 ans et à 43 ans et avec sa voix altérée, son talent amoindri, elle ne peut plus être utile à la Comédie. D'ailleurs quel emploi pourrait-elle y tenir ? Je n'en vois qu'un, celui des mères et elle ne s'y résoudra jamais[13]. » Son goût pour la liberté est attribué à ses origines juives dans un climat d'antisémitisme latent.

Revenue millionnaire, elle fait l'acquisition d'un nouvel hôtel particulier, au 56 boulevard Pereire et le décore d'objets évoquant les pays lointains et les voyages. Un grand buffle empaillé accueille les visiteurs, une volière occupe un des angles de son salon qui se déploie sur deux niveaux, parsemé de coussins de soie qui voisinent avec une peau d'ours qu'elle affirme avoir tué. Les visiteurs entrent dans une serre chaude, regorgeant de parfums capiteux, sous des éclairages savamment tamisés, introduits par un personnage haut en couleur, du nom de Pitou. Ancien violoniste, il est devenu un des esclaves de Sarah, homme à tout faire, tour à tour réplique, souffre-douleur, secrétaire particulier, copiste, facteur... Il ne la quittera jamais.

Faisant taire les critiques acerbes qui ne cessent de prédire et d'anticiper son déclin, elle crée le 24 novembre 1887 à la Porte-Saint-Martin *Tosca*, la nouvelle pièce de Victorien Sardou. Le texte est très vivement critiqué : Sarcey en parle comme d'un « bel article d'exportation », constitué de « faits, et de gros faits », sans trop de psychologie pour ne pas déplaire aux « Yankees », aux « Malais » ou aux « Cochinchinois », tout en réussissant la gageure de séduire le public français. Il conclut : c'est « la fin de tout art et la mort du théâtre » : « Peut-être est-il fâcheux, quand on est un des premiers auteurs dramatiques de ce temps, le plus ingénieux à coup sûr, et le plus inventif, de se réduire à n'être qu'un montreur de bêtes curieuses qui a une grande actrice dans sa ménagerie. » Sarcey décrit la fameuse scène dans laquelle Tosca, cantatrice adulée, dont l'amant, Mario, un peintre libéral, a donné asile à un prisonnier échappé du château Saint-Ange, tue Scarpia, le policier qui vient d'arrêter son amant et menace de l'exécuter. La scène donne lieu à une pantomime qui suit en tout point les préceptes énoncés dans *L'Art du théâtre* : le regard précède le geste, qui précède lui-même le mot, permettant au public de suivre les mouvements de l'âme de l'amante blessée.

Elle a demandé à Scarpia de lui signer un sauf-conduit, et, tandis qu'il est occupé à l'écrire, elle se rapproche de la table où il a dîné, et là, immobile, droite, superbe, le visage farouche, les yeux immobilisés par l'idée fixe, sa main erre lentement sur la nappe, y cherchant un couteau. Elle le saisit d'un mouvement machinal, elle le serre, et son implacable résolution éclatait si bien dans toute l'allure de sa personne et dans l'horreur sombre de sa physionomie, qu'il y a eu dans toute la salle comme un tressaillement d'effroi... On ne respirait pas.

Scarpia s'est avancé, les bras ouverts, et comme il allait l'envelopper, elle a levé le bras et, d'un geste de vengeance superbe, elle lui a enfoncé son couteau dans le cœur, et, se penchant sur ce cadavre, qui remuait encore dans les affres de l'agonie : « Meurs, s'est-elle écriée, meurs en expiation de tes crimes, de ton amour scélérat ; meurs, meurs !... » et rien ne peut vous rendre l'expression de haine et de vengeance dont Mme Sarah Bernhardt a chargé ce mot trois fois répété [14].

Pour couronner ce nouveau succès, Maurice fait un beau mariage auquel tout Paris est convié. Il épouse le 29 décembre, Terka Jablonowska, descendante de la vieille aristocratie polonaise, une jeune femme timide dont la présence ne gêne en rien la relation exclusive de la mère et du fils et qui lui donnera deux petites filles : Simone et Lysiane.

Malgré plus de cent représentations de *Tosca*, en mars 1888, Sarah, épuisée, est une nouvelle fois à court d'argent en raison des dettes contractées au jeu par son fils et des frais occasionnés par son mariage princier. Après avoir fait représenter en mars 1888 à l'Odéon une de ses propres pièces, *L'Aveu* *, elle repart donc pour une nouvelle tournée dans la province française et à Londres. À l'automne, elle joue en Belgique, en Hollande, en Suisse, en Autriche-Hongrie, puis elle part pour l'Égypte, la Turquie, la Russie, la Suède et la Norvège. De retour à Paris, le 1er mars 1889, elle se précipite dans l'appartement miteux de Damala qui est au plus mal, ruiné, amaigri et épuisé par son addiction à la morphine, et l'envoie se rétablir dans une maison de santé. Entre-temps, elle crée *Léna* au

---

* Petit drame en un acte au chevet d'un enfant mourant dont la mère révèle à celui qui croit être son père, qu'il n'est pas de lui. Elle l'a créé elle-même en tournée au cours des années précédentes.

théâtre des Variétés, un mélodrame de Pierre Berton, son partenaire privilégié sur scène. Jules Lemaître devient sévère avec l'actrice :

> Les journaux vous ont dit que Mme Sarah Bernhardt est merveilleuse dans la mort de Léna. C'est vrai. Mais dans tout le reste de la pièce, elle est agaçante au possible. Elle récite son texte, comme une élève dirait ses prières la veille de sa première communion. Est-ce l'habitude de jouer devant des salles qui ne comprennent pas le français ? Je serais plutôt tenté de croire qu'elle s'est tellement habituée aux scènes de violence et de torture qui nous sont dispensées si généreusement dans les drames sanguinaires de Victorien Sardou, qu'elle a, peu à peu, perdu la faculté d'exprimer les sentiments courants et quotidiens. Mme Sarah Bernhardt ne redevient elle-même que lorsqu'elle tue ou lorsqu'elle meurt[15].

Sarcey n'est pas plus indulgent, il parle de défauts contractés dans ses voyages : « Elle déblaie, comme on dit en argot de théâtre. Elle a pris sans doute l'habitude de ce déblayage rapide dans les pays où le public, qui comprenait peu le français, avait hâte d'arriver à la situation dramatique, que l'actrice exprimait par des violences de pantomime, intelligibles à tous. » Mais il faut rendre justice à l'actrice, ce défaut de déblayage n'est pas nouveau, certains critiques en ont déjà parlé : elle a pris pour habitude de passer assez vite sur certains passages pour mieux faire entendre ce qu'elle veut dans le texte. Il est cependant évident que la confrontation avec le public non francophone n'a pas corrigé cette mauvaise habitude. Sarcey salue pourtant la performance d'actrice dans la scène de la mort de Léna :

> La décomposition du visage, la démarche hallucinée, le rai-dissement de tout le corps sur le fauteuil où elle s'affaisse, tout cela est d'une vérité et d'une sobriété merveilleuse. On accourt, on la touche, et son cadavre tombe comme une masse sur le parquet, le visage en avant. À cette chute, il n'y a eu qu'un cri dans toute la salle. On a furieusement battu des mains [16].

Prise de pitié pour Damala, elle lui propose de monter sur scène avec elle pour jouer une dernière fois Armand Duval dans *La Dame aux camélias* qui sera donnée du 18 mai au 30 juin 1889. Il accepte, mais n'est plus que l'ombre de lui-même tandis que Sarah retrouve un succès éclatant. Il meurt en août, âgé de trente-deux ans. Elle fait rapatrier sa dépouille en Grèce et orner son tombeau d'un buste de lui qu'elle a réalisé. Elle signera longtemps après : Sarah Bernhardt veuve Damala, témoignant de l'amour qu'elle lui a porté.

À l'automne 1889, elle fête ses quarante-cinq ans et vient tout juste de devenir grand-mère. Depuis son départ du Français, elle a surtout exploré le répertoire du mélodrame et interprété des personnages à la « moralité suspecte », comme le souligne la lettre adressée au critique dramatique du *Gaulois* et publiée en novembre 1889 : « Combien d'entre nous iraient l'acclamer avec enthousiasme, si elle jouait enfin une héroïne pure, dans une œuvre morale. » Or Sarah rêve justement d'incarner un personnage qui lui permettrait de mettre en scène son patriotisme et Jules Barbier vient de lui faire parvenir une pièce sur la Pucelle d'Orléans.

Les visages d'une star :
répétition et variation

(1890-1898)

Déesse de la ligne et des formes divines,
Tu retrouves les traits abolis, tu devines
La beauté dont la fleur embauma peu d'instants.

ALBERT THOMAS [1]

Les héroïnes légères ont fini par lasser non seulement le public, mais aussi Sarah qui rêve de changer de registre, de se renouveler pour montrer d'autres aspects de son talent. Le personnage de Jeanne d'Arc la tente depuis longtemps. Elle choisit la pièce de Jules Barbier, demande à Charles Gounod de composer une musique de scène et décrit ainsi son héroïne : « Ma Jeanne à moi est une sainte de vitrail — elle est illuminée, visionnaire et agit sous l'impulsion d'une volonté exhérente de la science. Dans les nimbes de son mysticisme, il y a une suggestion, un cas d'hypnotisme [2]. » Le texte de Barbier est le livret d'un opéra créé sans grand succès en 1873, dont il espère qu'il pourra être adapté au théâtre. Elle crée *Jeanne d'Arc* le 3 janvier 1890 au théâtre de la Porte-Saint-Martin, incarnant la Vierge française avec pudeur et sobriété. Duquesnel se charge de la mise en scène et les effets sont spectaculaires : à l'aide de toiles peintes, il reconstitue la scène du sacre à Reims, ainsi que la place du Vieux-Marché où elle est brûlée vive.

Anatole France, fasciné par cette figure historique, évoque la foule qui se presse pour assister au spectacle : « Il y a de la piété dans le sentiment qui attire chaque soir les spectateurs, j'allais dire les fidèles, au théâtre où se joue le mystère de Jeanne d'Arc. Par l'exaltation sourde et puissante de la pensée populaire, Jeanne devient peu à peu la sainte et la patronne de la France[3]. » S'il émet des réserves sur le texte de Barbier, il est charmé par l'interprétation de Sarah : « Elle y est la poésie même. Elle porte sur elle ce reflet de vitrail que les apparitions des saintes avaient laissé — du moins nous l'imaginons — sur la belle illuminée de Domrémy[4]. » Et quand Jeanne répond aux juges qui l'interrogent sur son âge, en se détournant lentement vers le public : « Dix-neuf ans ! », avec pudeur et sincérité, ces mots déchaînent une vague d'applaudissements dans la salle.

Ce qui, en dehors de ses dons admirables de tragédienne, suffirait à assurer à Mme Sarah Bernhardt une place extraordinaire dans l'histoire du théâtre, c'est un sens supérieur de la réalité de ses personnages, une intelligence unique de composition. Tout ce que nous savons de Jeanne d'Arc par les historiens, elle l'a lu, elle se l'est assimilé, elle le rend visible et palpable dans sa physionomie, son attitude, son costume, sa démarche, ses moindres gestes... En pleine possession de son génie, la superbe artiste parvient à l'émotion et à l'effet intense par le naturel et la simplicité. C'est d'un art achevé et puissant.

Quant à ses moyens d'expression, jamais ils ne furent plus vibrants, plus éclatants. Jamais plus séduisante alliance du charme et de la force. Dans la bouche de Mme Sarah Bernhardt ces rimes d'opéra prennent des ailes, tantôt comme un cantique divin, tantôt comme une fanfare de gloire. Il faut l'entendre jeter au second acte ce cri d'espérance qui nous a tous fait frissonner[5]...

Mais Jeanne tombe souvent en prière et Sarah finit par s'abîmer le genou droit, déjà fragilisé par de nombreuses chutes antérieures, au point que son médecin lui enjoint de garder la chambre et de prendre deux mois de repos complet. Fin juin, elle part pourtant pour sa petite saison londonienne habituelle présenter cette nouvelle facette de son talent à Londres.

À la rentrée théâtrale d'octobre, elle revient au mélodrame populaire avec une nouvelle héroïne de Victorien Sardou, *Cléopâtre*. Elle manifeste toujours la volonté de faire alterner des personnages fortement caractérisés : après la Vierge française, elle choisit d'incarner la courtisane orientale, brouillant ainsi les étiquettes auxquelles on pourrait la réduire. Cette pièce, assez indigente, consacrée à la reine d'Égypte, ne marque les esprits que par la scène finale de la mort de l'actrice, mordue par l'aspic enroulé autour de son poignet. La chanteuse de café-concert Yvette Guilbert, sur le point d'être engagée au Moulin-Rouge, compose même une chanson intitulée *Le petit serpent de Sarah*, dans laquelle elle ironise sur la réputation d'avarice de Sardou et sur la parenté entre l'aspic affamé et la célèbre actrice. La pièce a un succès de curiosité et elle est jouée jusqu'à la mi-janvier 1891. C'est le dernier spectacle de Sarah à la Porte-Saint-Martin dont elle va résilier le bail avant de partir à nouveau pour une tournée de deux ans qui lui fera faire le tour du monde. Elle a du mal à renouveler son répertoire parisien et sent la lassitude de son public.

Le monde théâtral connaît à cette époque un véritable renouveau, sous l'impulsion d'André Antoine et d'Aurélien Lugné-Poe. Antoine fonde le Théâtre-Libre en 1887, en rupture avec le répertoire et le style de jeu du Boulevard. Il défend et programme de jeunes auteurs, découvre les dramaturges scandinaves pour promouvoir un théâtre populaire et social. Il s'agit de représenter une tranche de réalité, de reconstituer le drame du réel par des décors naturalistes et une construction psychologique des personnages. Antoine adapte des romans de Zola, mais fait surtout découvrir au public parisien un nouveau répertoire dramatique, mettant en scène *La Puissance des ténèbres* de Tolstoï en 1888, *Les Revenants* d'Ibsen en 1890, et *Le Canard sauvage* et *Mademoiselle Julie* du même auteur l'année suivante. Lugné-Poe, qui a d'abord participé au mouvement du Théâtre-Libre, fonde en 1893 le théâtre de l'Œuvre et défend, lui, une esthétique symboliste. Il monte cette année-là *Pelléas et Mélisande* de Maeterlinck *. Dans ce mouvement de recherche et de questionnement de la

---

* Maurice Maeterlinck (1862-1949), dramaturge belge, installé en France, qui a contribué au renouveau des formes dramatiques à l'orée du xxᵉ siècle. Refusant le naturalisme, il compose un théâtre de l'âme, un théâtre sans héros, qui rend compte du tragique quotidien.

représentation théâtrale, les pièces de Sardou semblent appartenir à un temps désormais révolu.

Sarah part donc à nouveau se ressourcer et rétablir ses finances autour du monde. Cette tournée est la plus longue qu'elle ait faite — elle doit durer près de trois ans — mais aussi celle qui l'emmène le plus loin, puisqu'elle est attendue en Australie. Avant ce long départ, elle accorde un entretien au journaliste Jules Huret. Elle lui déclare : « Je vais là comme j'irais au Bois de Boulogne ou à l'Odéon ! J'adore voyager ; le départ m'enchante et le retour me remplit de joie. Il y a dans ce mouvement, dans ces allées et venues, dans ces espaces dévorés, une source d'émotions de très pure qualité, et très naturelles[6]. » Elle lui raconte comment elle passe le temps en voyage, jouant au nain jaune ou au bésigue chinois, tirant au pistolet. Elle part avec quatre-vingts caisses, dont quarante-cinq de costumes. Son contrat prévoit 3 000 francs par représentations, plus un tiers de la recette. Elle part du Havre à la fin du mois de janvier 1891. Mme Guérard est morte et Suzanne Seylor, une jeune femme fascinée par l'actrice qu'elle a vue jouer à Brest, l'a remplacée comme dame de compagnie et de confiance, jouant de petits rôles à l'occasion.

Sarah arrive en Amérique du Nord, fait un petit détour par Montréal puis, depuis San Francisco, elle embarque pour l'Australie, où elle est accueillie par des coups de canon et l'inévitable *Marseillaise*. Elle joue à Melbourne, Sydney, Adélaïde et Brisbane, où elle remporte des triomphes. Son répertoire est constitué principalement des pièces de Sardou — *Théodora*, *Tosca*, et *Cléopâtre*, mais aussi de sa *Jeanne d'Arc*. Elle crée aussi de nouvelles pièces, puisant dans le répertoire réaliste avec *Pauline Blanchard*, un drame rustique en six actes d'un certain Albert Darmont, dans lequel l'héroïne tue son mari d'un coup de serpe avant de mourir de saisissement en descendant les escaliers. Son séjour en Australie légitime son sentiment d'être une sorte de missionnaire de l'art dramatique français. Elle déclare quelques années plus tard à Jules Huret : « Les œuvres représentées par ma compagnie et moi eurent un succès inoubliable et, quand le bateau qui nous emportait vers l'hémisphère boréal eut tiré ses trois coups de canon, plus de cinq mille personnes massées sur les quais entonnèrent notre chant national. Je vous affirme, ami, que ceux qui ont assisté à cette scène poignante et grandiose ne l'ont pas oubliée[7]. »

À la hauteur de sa réputation d'amoureuse des bêtes, elle y achète un koala, un wallaby et un opossum. En hiver, elle est de retour en Amérique pour une deuxième tournée et, si elle est toujours applaudie et fêtée, la critique commence à émettre des réserves sur la qualité littéraire et dramatique des pièces dans lesquelles elle se produit. Elle crée pourtant, dans une médiocre adaptation du même Darmont, *Léah*, drame sur la persécution des Juifs, d'après *Deborah* de Mosenthal, mais aussi *On ne badine pas avec l'amour*, de Musset, que Perrin n'a jamais voulu lui laisser jouer lorsqu'elle était à la Comédie-Française. Après quelques semaines à Paris en mai, elle repart pour une tournée des capitales européennes.

À Londres, tout en jouant le soir, elle commence à répéter *Salomé* d'Oscar Wilde, qui aurait entrepris de l'écrire pour elle. Mais la censure s'exerce contre la pièce et contre son auteur, le puritanisme anglais interdisant la représentation de sujets bibliques. Plus tard, lorsque Wilde est emprisonné, il essaye de vendre les droits de *Salomé* à Sarah Bernhardt pour faire face à ses ennuis d'argent. Elle éconduit son messager ; les droits de la pièce sont finalement achetés par Lugné-Poe qui la crée au théâtre de l'Œuvre en 1896. Cependant, en 1899, les deux amis se réconcilient, Wilde a pardonné au « serpent du vieux Nil » son abandon un peu lâche. Il est vrai qu'il aurait sans doute été compromettant pour l'image de la comédienne de prendre la défense d'un homme condamné pour mœurs contre nature. Entre-temps Sarah a poursuivi sa tournée, s'embarquant pour la Turquie, puis elle se rend en Grèce, en Russie, en Égypte. Elle apprend en voyage que le bail du théâtre de la Renaissance est mis aux enchères et fait aussitôt une proposition d'acquisition. Le 25 mai 1893, elle est directrice d'un nouveau théâtre.

À son retour à Paris, Sarah Bernhardt est l'actrice la plus riche et la plus célèbre de son temps, elle rapporte de ses trois ans passés à l'étranger trois millions et demi de francs-or. Elle est fêtée et adulée sur tous les continents ; ses photographies se vendent par milliers. Mais il s'agit désormais de relever un nouveau défi, reconquérir ce public parisien qui lui est si cher et dont elle est restée si long-temps éloignée. Le nouvel écrin est trouvé : le petit théâtre de la Renaissance compte neuf cents places, une jauge moitié moindre que celle de la Porte-Saint-Martin qu'elle avait du mal à remplir. Elle le rénove à grands frais, enlève la boîte du souffleur, qui se tiendra désormais en coulisses, abolit la tradition de la claque et interdit aux femmes de garder sur la tête leurs grands chapeaux qui gênent la vision des autres spectateurs. Il ne lui reste plus qu'à trouver une pièce.

Elle refuse d'abord *La Faustin* d'Edmond de Goncourt, adaptée du roman éponyme qui s'inspire largement de sa propre vie et choisit *Les Rois* de Jules Lemaître pour l'ouverture de la saison. Celui-ci est, en effet, devenu un ami, un amant et son conseiller littéraire. Il a écrit une pièce inspirée du drame de Mayerling en Autriche, au cours duquel le prince héritier Rodolphe et sa maîtresse, la baronne Vetsera, ont trouvé la mort le 30 janvier 1889 sans qu'on sache s'il s'agit d'un double assassinat ou d'un suicide. Lemaître y ajoute une touche politique et sociale : le prince héritier doit ordonner à la troupe d'ouvrir le feu sur le peuple en révolte. Si le choix de la pièce est discutable, sa qualité littéraire ne fait pas de doute et, surtout, Sarah a décidé de recruter pour la jouer avec elle de très bons acteurs, de Max et Guitry. Édouard de Max, un acteur poète excentrique de grand talent, né en Roumanie, est entré au Conservatoire de Paris à seize ans sous le nom d'Édouard de

Maxembourg, prince de Sakala. Il est de la même trempe que Sarah et ils ne cessent de se disputer. La relation avec Lucien Guitry est tout autre : elle l'a emmené en 1882 en tournée à Londres et ils sont toujours restés amis. Elle l'aurait même aidé à obtenir son engagement au théâtre français de Saint-Pétersbourg où il est resté neuf ans. Sarah a été témoin au mariage de Lucien en 1882. Son fils, Sacha Guitry, raconte dans *Si j'ai bonne mémoire...* les visites dominicales obligatoires à « Madame Sarah » alors qu'il était enfant, et ajoute :

> Que l'on raconte plaisamment sa vie, comme l'a fait dernièrement encore Reynaldo Hahn, soit. Que l'on décrive avec exactitude et drôlerie — ainsi que Jules Renard le fait dans son admirable *Journal* — sa maison, ses repas, ses accueils surprenants, ses lubies, ses excentricités, ses injustices, ses mensonges extraordinaires, certes, on en a bien le droit et je suis le premier à en rire. Que l'on raconte aussi — comme le faisait mon père avec tant de mesure et d'esprit — certaines anecdotes théâtrales qui prouvent à la fois la cocasserie de son caractère et la constance de son génie, je l'approuve, bien sûr. Mais qu'on veuille comparer Sarah Bernhardt à d'autres actrices, qu'on la discute ou qu'on la blâme, cela ne m'est pas seulement odieux : il m'est impossible de le supporter[8].

Malgré le talent des comédiens, la pièce de Lemaître n'obtient qu'un succès d'estime. Sarah décide donc de reprendre *Phèdre*, mais cette fois, au lieu de n'en donner qu'une scène ou un acte, de jouer la tragédie en entier. Cette décision surprend ses détracteurs pour qui elle est devenue la reine du mélodrame populaire et les Parisiens, curieux, affluent au théâtre de la Renaissance. C'est à l'une des vingt représentations de cette série qu'a assisté Marcel Proust et dont il témoigne en décrivant la Berma jouant *Phèdre*. Il rencontre Sarah plus tard, en 1894, introduit par le comte Robert de Montesquiou, dandy poète, ami intime de Sarah, qui est le modèle du baron de Charlus dans *À la recherche du temps perdu*.

La fin de la première saison de la Renaissance n'offre guère d'intérêt, alternant répertoire classique ou plus contemporain, reprises et créations à succès — comme le drame mystique *Izeyl* d'Armand Silvestre et Eugène Morand, histoire d'une courtisane qui se repent en suivant la vie ascétique d'un prince devenu yogi. Sarah inaugure la seconde saison avec une reprise de *La Femme de Claude* de Dumas fils, tout en répétant une nouvelle œuvre de Victorien Sardou, *Gismonda*, dont la première a lieu le 31 octobre 1894. C'est son cinquième mélodrame de Sardou, dont l'intrigue est cette fois calquée sur celle de *Ruy Blas* : une princesse — Sarah Bernhardt — tombe amoureuse d'un homme du peuple héroïque et vertueux — Lucien Guitry — dans la Grèce du XIIᵉ siècle. Mais leurs amours sont contrariées par un prêtre diabolique — Édouard de Max, dont la critique salue le talent de composition. Il y a du spectaculaire : un meurtre à la hache, commis par Sarah, et un enfant jeté en sacrifice à un tigre, mais le dénouement est heureux. C'est la première fois que Sarah assume officiellement la triple charge de metteur en scène, de productrice et d'actrice principale. Ce spectacle est conçu dans l'esthétique de l'Art nouveau : une procession de jeunes filles défile, ceintes de guirlandes de fleurs, Sarah est habillée de ses fameuses robes serpentines qui s'enroulent autour de son corps et couronnée d'orchidées.

Gismonda marque le début de la collaboration de Sarah Bernhardt avec Alfons Mucha, un jeune dessinateur tchèque de grand talent. Le jeune homme a quitté Prague à dix-sept ans pour étudier les arts graphiques à l'académie Jullian de Paris. Obscur illustrateur de calendriers, il rend un jour service à un camarade en retard pour terminer l'affiche de *Gismonda*. N'écoutant que son inspiration, il fait une proposition totalement différente du projet initial et la présente à Sarah Bernhardt qui s'enthousiasme et signe avec lui un contrat d'exclusivité de cinq ans. Alfons Mucha a créé l'image d'une Sarah icône de l'Art nouveau, synthétisant à la fois la mode qu'elle affectionnait, mais aussi les poses qui faisaient d'elle une femme à la fois chaste et voluptueuse. Il va dessiner sept affiches pour les spectacles de Sarah à la Renaissance, châsses végétales et souples au centre desquelles trône une sinueuse Sarah Bernhardt, grandeur nature, mystérieuse et sensuelle. Les motifs floraux et végétaux des affiches de Mucha, symbole de l'Art nouveau, sont une mise en valeur élégante de la femme qu'ils sertissent.

De part et d'autre de la porte de la Renaissance, sur les colonnes Morris, ses affiches trônent désormais, faisant de Sarah l'icône moderne d'une nouvelle conception du théâtre. Seuls les artistes du café-concert et du cabaret, comme Bruant ou Yvette

Guilbert avaient jusqu'alors posé leurs visages et leurs corps sur les murs des villes. Sarah est la première actrice à imprimer cette marque aussi personnelle sur son théâtre. Mucha capture l'essence des personnages qu'elle incarne, en variant les motifs et les poses en fonction des rôles, en conservant le même format et une identité visuelle identique. Les portraits en pied des personnages joués par Sarah n'ont plus rien du prospectus auquel ressemblaient alors les affiches de théâtre, elles sont des œuvres d'art à part entière, faites pour séduire le public, tout en mettant l'actrice en valeur par des coloris délicats et des motifs précieux d'argent et d'or. Sarah contribue ainsi à l'essor des arts décoratifs et s'approprie une image dont elle va tirer parti.

Au théâtre de la Renaissance, Mucha est un collaborateur à part entière : il dessine aussi des bijoux de scène et aide la directrice à concevoir les décors et les costumes. Il est, par ailleurs, l'auteur de campagnes de publicité dans le même style Art nouveau qui utilisent l'image de Sarah qu'il a créée : elle conseille et recommande ainsi les biscuits Lu, le champagne Ruinart, les boîtes de conserve Liebig, la poudre de riz Diaphane ou le papier à cigarettes Job. Son image est associée à des objets de consommation courante, elle vend son nom et fait de la réclame pour des marques qui n'ont plus rien à voir avec son art. Forte de sa célébrité, elle est devenue une star, adulée sur tous les continents, et monnaye son image. En réagissant par le dédain aux articles et aux caricatures qui l'attaquaient, elle s'est forgé une identité fantasque et séduisante qu'elle a ensuite été capable d'utiliser. Son nom est désormais synonyme d'indépendance, d'originalité et de force de caractère. À la fois consommatrice et objet de consommation, Sarah Bernhardt est la première dont le nom fait vendre.

Le 6 février 1895, Sarah offre à son public un retour au répertoire classique avec l'*Amphitryon* de Molière. Ses partenaires sont prestigieux : Ernest Coquelin et son frère Constant, qui a quitté la Comédie-Française, en Mercure et Sosie, son jumeau, et Lucien Guitry en Jupiter. Elle instaure ces matinées classiques qui lui permettent d'attirer un nouveau public, en continuant à présenter des créations en soirée. Il semble que dans ses choix de programmation à la Renaissance, Sarah pense désormais davantage en terme de qualité d'acteurs et de qualités dramatiques des œuvres. Elle fait une tentative courageuse le même mois, avec *Magda*, adapté d'Hermann Sudermann, une pièce réaliste qui n'est pas rappeler les thématiques de la dramaturgie d'Ibsen. L'intrigue fait écho à sa propre vie : une jeune fille enceinte, chassée du foyer familial, devient une cantatrice célèbre et revient voir les siens. Mais les Parisiens boudent le spectacle. En juin, Sarah décide de le montrer à Londres, or, il se trouve que la Duse a choisi la même pièce et les critiques se déchirent pour déterminer quelle est la meilleure actrice. George Bernard Shaw dénonce l'artificialité du jeu de la Bernhardt pour louer le naturel et la sobriété de celui de la Duse, dans son article de la *Saturday Review* du 15 juin 1895 :

> Madame Bernhardt a tout le charme d'une maturité aimable, avec des airs d'enfant gâtée et pétulante, peut-être, mais toujours prête à un sourire, rayon de soleil qui dissipe les nuages, si seulement on fait grand cas d'elle. [...] elle est belle de la beauté de son école et tout à fait invraisemblable et inhumaine. Le costume, le titre de la pièce peuvent varier mais la femme est toujours la même. Elle ne rentre pas dans le personnage principal ; elle se substitue à lui.
>
> Et c'est précisément tout ce que la Duse ne fait pas, elle pour qui chaque rôle est une création particulière [9].

Après l'échec de *Magda* à Paris, Sarah décide de monter *La Princesse lointaine* d'Edmond Rostand, jeune poète de vingt-sept ans encore inconnu, pour qui elle a éprouvé un coup de foudre littéraire, voyant en lui un nouvel Hugo. C'est une pièce très poétique, proche de la fable de Tristan et Yseut, mettant en scène une princesse médiévale, Mélissinde, qui hésite entre désir charnel et spiritualité. Si les critiques sont plutôt positives au soir du 5 avril 1895, la pièce de Rostand n'a pas de succès auprès du grand public et elle n'est pas exploitée plus d'un mois. En six ans de direction à la tête du théâtre de la Renaissance, Sarah a perdu 2 millions de francs-or.

Elle part se reposer tout l'été à Belle-Isle, dans la propriété achetée deux ans plus tôt, le fort des Poulains, petite forteresse sauvage dressée devant l'Océan. Si elle l'a acquis pour une bouchée de pain, elle y dépense des fortunes en aménagements divers. Elle fait agrandir les fenêtres étroites en grandes baies, aménage cinq chambres et une salle de bains luxueuse pour elle-même. Petit à petit, elle doit acheter les terrains avoisinants pour être tranquille car sa présence attire des touristes curieux qui n'hésitent pas à s'approcher du fort pour avoir la chance d'apercevoir sa silhouette. Elle fait construire deux ateliers, un pour Louise Abbéma, l'autre pour Clairin, ainsi qu'un pavillon pour Maurice et sa famille. L'escalier creusé dans la roche pour accéder directement à la mer suscite la colère des élus locaux, dont elle se concilie les bonnes grâces en déployant son charme à l'égard des pêcheurs. Elle a toujours aimé l'Océan, et à Belle-Isle, son petit cercle d'intimes passe le temps en parties de pêche, de tennis et de croquet, et en discussions interminables au temps de la sieste, dans le « Sarahtorium ». Elle racontera en 1897, sa journée type à Belle-Isle, pour les lectrices de *Femina* :

Je me lève de bonne heure, entre cinq et six heures. Tout de suite, chasse. À huit heures, je rentre, je pose mon fusil et je vais pêcher la crevette. Je reviens de la pêche à onze heures. Alors, c'est le bain, la toilette, et, à midi et demi, le déjeuner. Après le déjeuner, la sieste. La sieste est obligatoire et saine. Depuis le réveil, c'est mon premier moment de repos physique, d'immobilité, de silence. Nous nous allongeons sur des chaises longues, dans ces fauteuils d'osier, contre le fort, garés de la brise du large. La consigne est de se taire ; chacun médite, on lit, on dort, à sa guise. Puis travail. Dans l'atelier que j'ai fait construire, face au fort, chacun a son coin ; moi, je lis des manuscrits, je repasse ou j'apprends des rôles, ou je fais de la sculpture. À cinq heures, nous allons au tennis. Ensuite nous

dînons. Ensuite on fait de la musique. Ensuite on se couche.
Ensuite on recommence...

En septembre, elle part pour une tournée en France qui la conduit dans les principales villes de province : Tours, Angers, Nantes, La Rochelle, Bordeaux, Royan, Toulouse, Béziers, Angers, Marseille et Lyon. Et lorsque, le 5 novembre 1895, Lucien Guitry et Jeanne Granier obtiennent un triomphe en créant *Amants* de Maurice Donnay à la Renaissance, Sarah déclare que son théâtre ne marche que quand elle n'y joue pas. Le *Journal* de Jules Renard, qui n'est pas toujours tendre avec elle, dresse un portrait de l'actrice à la veille d'un nouveau départ pour l'Amérique : « Sa loi, c'est de ne jamais penser au lendemain. Demain, ce sera n'importe quoi, même la mort. Elle profite de chaque minute. Elle ne se rappelle pas quel pays elle préfère, de tous ceux qu'elle a vus, ni quel succès l'a le plus fortement émue. Elle a songé à jouer *Maison de poupée* mais elle trouve que, Ibsen, c'est trop voulu. Non ! Elle veut de la clarté dans l'idéal. Elle aime trop Sardou pour aimer Ibsen. [...] Moins cabotine que les autres, elle dit : "J'ai voulu tout faire, écrire, sculpter. Oh ! je sais que je n'ai aucun talent, mais j'ai voulu goûter à tout". Ce serait une belle maîtresse de volonté [10]. »

Elle part une nouvelle fois en Amérique en janvier 1896, pour réunir l'argent nécessaire au financement d'un vieux rêve de théâtre, *Lorenzaccio* d'Alfred de Musset, pièce considérée comme injouable depuis sa publication en 1833. De retour à Paris, elle reprend *La Dame aux camélias* devant des salles enthousiastes, tout en travaillant sur le texte de Musset avec Armand d'Artois, essentiellement pour y pratiquer des coupes, supprimant les intrigues secondaires qui nuisent à la clarté de la fable principale. Le 3 décembre 1896, elle crée le personnage de Lorenzo de Médicis, renouant avec son goût pour les travestis. L'affiche de Mucha est superbe de concision : Sarah, les cheveux courts et sombres, le corps enveloppé dans un lourd tissu noir, songe, un livre à la main et une dague à la ceinture, tandis qu'un dragon perché en haut de la voûte qui l'abrite ouvre une gueule menaçante. La pièce est à la fois romantique et shakespearienne et Sarah, dernière actrice romantique du siècle convainc même ses plus farouches détracteurs. Jacques du Tillet écrit dans la *Revue bleue* : «Elle a donné vie à ce personnage de Lorenzo, que personne n'avait osé aborder avant elle ; elle a maintenu, à travers la pièce, ce caractère complexe et hésitant ; elle en a rendu toutes les nuances avec une vérité et une profondeur singulières[11]. » Anatole France analyse sa composition dans la *Revue de Paris* :

La force est le caractère le plus frappant de sa dernière création. Mme Sarah Bernhardt a su construire cette figure de Lorenzaccio avec une solidité parfaite. Elle a modelé, ciselé sa propre personne comme un bronze de Benvenuto, comme un nerveux Persée. On sait quelle œuvre d'art cette grande comédienne sait faire d'elle-même. Dans cette nouvelle transformation elle a pourtant étonné. Elle a formé de sa propre substance un jeune homme mélancolique, plein de poésie et de vérité. Elle a réalisé un chef-d'œuvre vivant par la sûreté du geste, par la beauté tragique des attitudes, des regards, par le timbre renforcé de la voix, par la souplesse et l'ampleur de la diction, par un don, enfin, de mystère et de terreur [12].

Sarah est redevenue pour les Parisiens la Grande, la Divine. Un comité de gens de lettres et d'artistes décide de lui offrir la reconnaissance officielle de son pays en organisant, le 9 décembre, une « Journée Sarah Bernhardt » au Grand Hôtel. C'est une véritable apothéose, présidée par le ministre des Beaux-Arts : le président Poincaré et la princesse de Monaco sont là, parmi cinq cents invités en tenue de soirée : les intimes de toujours, Coppée, Coquelin, Sardou, Halévy, Montesquiou, Clairin et Abbéma, et les nouveaux venus, comme Rostand et Léon Daudet. Quelques jours avant l'événement, Jules Huret lui demande de « repasser dans sa mémoire ses émotions, ses luttes et ses succès » pour les lecteurs du *Figaro* et voici la lettre publiée à la veille du grand jour :

Voilà vingt-neuf ans que je livre au public les vibrations de mon âme, les battements de mon cœur, les larmes de mes yeux. J'ai interprété cent douze rôles, j'ai créé trente-huit personnifications, dont seize sont œuvres de poètes. J'ai lutté comme pas un être humain n'a lutté. De nature indépendante, exécrant le mensonge, je me suis créé des ennemis acharnés. Ceux que j'ai daigné combattre, je les ai vaincus et pardonnés. Ils sont devenus mes amis. La boue que me jetaient les autres tombait en poussière, séchée par le soleil brûlant de ma foi et de ma volonté.

J'ai voulu, j'ai voulu ardemment arriver au summum de l'art ; je n'y suis pas encore, il me reste bien moins à vivre que je n'ai vécu ; mais qu'importe ! Chaque pas me rapproche de mon rêve ! Les heures qui ont pris leur vol emportant ma jeunesse m'ont laissé ma vaillance et ma gaieté ; car mon but est le même et c'est vers lui que je vais.

J'ai traversé les Océans emportant mon rêve d'art en moi, et le génie de ma nation a triomphé ! J'ai planté le verbe français au cœur de la littérature étrangère, et c'est ce dont je suis fière. Grâce à la propagande de mon art, la langue française est aujourd'hui langue courante de la jeune génération. [...]

Enfin, mon examen de conscience fini, j'y trouve encore ce petit fait et en ma faveur : j'ai refusé, il y a cinq mois, un million de francs pour aller jouer en Allemagne. Si des esprits chagrins trouvent la fête qu'on veut m'offrir en disproportion avec mon talent, dites-leur que je suis la doyenne militante d'un art passionnant et grandiose, d'un art moralisateur ! Je suis la prêtresse fidèle de la poésie ! — Dites-leur, ami, que jamais la courtoisie française n'a été plus manifeste, puisque voulant honorer l'art de l'interprétation et élever l'interprète au niveau des autres artistes créateurs, elle a choisi une femme [13].

Les discours et les hommages se succèdent au cours du repas de gala, avant que tout le monde se retrouve au théâtre de la Renaissance, où Sarah joue le premier acte de *Phèdre* et le quatrième de *Rome vaincue*. La journée se conclut par une lecture de sonnets à sa gloire, tandis qu'elle trône sur la scène de son théâtre, drapée dans les voiles de Phèdre et enchâssée dans des fleurs, icône fragile et intouchable de l'Art nouveau. Le meilleur, celui de Rostand, le « poète chéri », est passé à la postérité :

En ce temps sans beauté, seule encor tu nous restes
Sachant descendre, pâle un grand escalier clair,
Ceindre un bandeau, porter un lys, brandir un fer.
Reine de l'attitude et Princesse des gestes.

En ce temps sans folie, ardente, tu protestes !
Tu dis des vers. Tu meurs d'amour. Ton vol se perd.
Tu tends des bras de rêve, et puis des bras de chair.
Et, quand Phèdre paraît, nous sommes tous incestes.

Avide de souffrir, tu t'ajoutes des cœurs ;
Nous avons vu couler — car ils coulent, tes pleurs ! —
Toutes les larmes de nos âmes sur tes joues.

Mais aussi tu sais bien, Sarah, que quelquefois
Tu sens furtivement se poser, quand tu joues,
Les lèvres de Shakespeare aux bagues de tes doigts.

Au début de l'année suivante, en février 1897, elle collabore une nouvelle fois avec Victorien Sardou. *Spiritisme* est une sombre histoire de femme infidèle qui met en scène sa propre mort pour revenir sous la forme d'un fantôme obtenir le pardon de son époux. Mais la gloire de Sardou subit une éclipse, le temps n'est plus au spectaculaire douteux et la pièce n'est jouée qu'une vingtaine de fois. Elle reprend alors *Tosca* tout en répétant, dans un registre tout à fait opposé, *La Samaritaine* de Rostand. La figure poétique et biblique de Photine, la pécheresse repentie, est un de ses rôles préférés ; elle le reprend religieusement pendant une dizaine d'années. Sur l'affiche du spectacle, réalisée par Mucha, on peut lire deux mots en hébreu « Jahvé » derrière la tête de Sarah, et « Shaddai », un autre des noms de Dieu, dans un cartouche à ses pieds. Cette référence discrète à la judaïté de la comédienne est comme un écho aux nombreuses caricatures qui la représentent de profil, affublée d'un nez démesuré, avide d'or et de gloire.

Eleonora Duse doit venir jouer à Paris. Apprenant que son agent cherche toujours un théâtre pour l'accueillir, Sarah lui ouvre gracieusement les portes de la Renaissance et, en juin, les Parisiens se bousculent pour admirer la Duse qui a le mauvais goût de se faire applaudir dans le répertoire de son hôtesse. Elle joue, en effet, non seulement *La Dame aux camélias*, mais aussi *La Femme de Claude* et *Magda*. *Le Songe d'une matinée de printemps*, une pièce de son amant, le poète Gabriele D'Annunzio, figure également au programme, ainsi que *La Locandiera* de Goldoni. La confrontation des deux comédiennes est inévitable, même si elles font tout pour ne pas avoir l'air de se haïr, chacune allant applaudir l'autre, de préférence à contretemps pour lui gâcher ses effets. Si le jeu de la Duse dans le personnage de la courtisane Marguerite est loin de convaincre les critiques, *Magda* obtient un franc succès. Le 14 juin, D'Annunzio assiste au théâtre de la Renaissance à une représentation de gala. Les deux actrices jouent dans le même spectacle, présentant des actes isolés de pièces différentes. Sarah joue les deux derniers actes de *La Dame* et Eleonora le second de *La Femme de Claude*. D'Annunzio, envoûté par Sarah l'Enchanteresse, reproche à sa maîtresse d'avoir tenté de se mesurer avec elle et propose sa dernière pièce, *La Ville morte*, pourtant écrite pour la Duse, à sa rivale. On ne sait qui de Sarah ou de D'Annunzio devrait se flatter d'avoir ajouté l'autre à la longue liste de ses conquêtes, mais il est certain que cette liaison, si brève fut-elle, a profondément blessé la Duse. La création de *La Ville morte*, l'année suivante, est pourtant un échec pour Sarah — le public parisien est choqué par l'histoire d'inceste entre frère et sœur —, tandis que lorsque la Duse la joue en Italie, elle obtient un triomphe.

Dans la dernière décennie du siècle, Sarah Bernhardt semble donc avoir laissé quelque peu de côté le mélodrame pour s'adapter au goût nouveau du public. Elle choisit ses pièces dans une veine plus sociale, comme lorsqu'elle monte *Les Mauvais Bergers* d'Octave Mirbeau en décembre 1897. L'intrigue s'inspire des événements sanglants de Fourmies, lorsque la troupe, le 1er mai 1891, a tiré sur des grévistes pacifiques faisant neuf morts et plus de trente-cinq blessés. Mirbeau ne fait pourtant pas un tableau manichéen de l'affrontement, les mauvais bergers sont tout autant les patrons que les députés socialistes au discours ambigu ou même les meneurs de la grève, Jean Roule et sa maîtresse Madeleine — interprétés par Lucien Guitry et Sarah Bernhardt —, qui exhortent les ouvriers au sacrifice. Gustave Kahn souligne que Sarah triomphe dans ce drame réaliste « sans aucun accessoire d'oripeau, par la seule vertu de l'émotion et de la voix pénétrante dont elle disait les revendications sociales, et son amour pour le tribun anarchiste[14] ». Mais Mirbeau est moins préoccupé par sa pièce que par l'Affaire Dreyfus, dont le scandale commence à éclater, révélant le climat haineux d'antisémitisme qui gangrène la France.

Le capitaine Dreyfus, convaincu de haute trahison, a été condamné au bagne à perpétuité et à la dégradation militaire le 22 décembre 1894. Sarah a assisté à sa dégradation dans la cour de l'École militaire le 5 janvier 1895. Il est envoyé au bagne à l'île du Diable, en Guyane française. Lorsque le commandant Picquart, chef du contre-espionnage, découvre l'identité du vrai coupable, l'officier français Esterhazy, et le dénonce en mars 1896, sa hiérarchie tente de le réduire au silence. Au cours de l'année 1897, la France se divise âprement entre dreyfusards et antidreyfusards, les familles se brouillent, les époux aussi. Sarah Bernhardt, particulièrement sensible au climat d'antisémitisme qui règne alors, est très tôt convaincue de l'innocence de Dreyfus. Elle aurait été demander à Zola d'user de sa notoriété pour prendre position dans le débat qui déchire les Français. Celui-ci publie, à la fin de l'année 1897, trois articles dans *Le Figaro* et s'émeut de la façon dont la situation s'envenime. Il rend compte de l'état de déliquescence de l'opinion dans celui du 25 novembre, prenant la défense de M. Scheurer-Kestner, attaqué de toutes parts pour avoir rassemblé un dossier plaidant en faveur de l'innocence de Dreyfus : « Et l'on en est arrivé à cet horrible gâchis, où tous les sentiments sont faussés, où l'on ne peut vouloir la justice sans être traité de gâteux ou de vendu. Les mensonges s'étalent, les plus sottes histoires sont reproduites gravement par les journaux sérieux, la nation entière semble être frappée de folie, lorsqu'un peu de bon sens remettrait tout de suite les choses en place. Ah ! que cela sera simple, je le dis encore, le jour où ceux qui sont les maîtres oseront, malgré la foule ameutée, être de braves gens ! » Il conclut son article par cette phrase passée à la postérité : « La vérité est en marche, rien ne l'arrêtera plus [15]. »

Après un procès bâclé, Esterhazy est acquitté. Zola, scandalisé, change de ton et publie le 13 janvier 1898 à la une de *L'Aurore* une lettre ouverte au président Félix Faure que l'histoire retient sous le titre « J'accuse » :

> Et c'est un crime encore que de s'être appuyé sur la presse immonde, que de s'être laissé défendre par toute la fripouille de Paris, de sorte que voilà la fripouille qui triomphe insolemment dans la défaite du droit et de la simple probité. C'est un crime d'avoir accusé de troubler la France ceux qui la veulent généreuse, à la tête des nations libres et justes, lorsqu'on ourdit soi-même l'impudent complot d'imposer l'erreur, devant le monde entier. C'est un crime d'égarer l'opinion, d'utiliser pour une besogne de mort cette opinion qu'on a pervertie, jusqu'à la faire délirer. C'est un crime d'empoisonner les petits et les humbles, d'exaspérer les passions de réaction et d'intolérance, en s'abritant derrière l'odieux antisémitisme, dont la grande France libérale des droits de l'homme mourra, si elle n'en est pas guérie. C'est un crime que d'exploiter le patriotisme pour des œuvres de haine, et c'est un crime enfin que de faire du sabre le dieu moderne, lorsque toute la science humaine est au travail pour l'œuvre prochaine de vérité et de justice.

Sarah Bernhardt est profondément émue par cet article et elle adresse le lendemain une lettre à Zola pour le remercier de son courage :

> Laissez-moi vous dire, cher grand maître, l'émotion indicible que m'a fait éprouver votre cri de justice. Je ne suis qu'une femme et je ne puis rien dire, moi. Mais je suis angoissée, je suis hantée et votre belle page d'hier a été pour ma réelle souf-

france un réel soulagement. [...] À vous que j'aime depuis si longtemps, je dis merci, merci de toutes les forces de mon intention douloureuse qui me crie : il y a crime, il y a crime[16].

Boulevard Pereire, la famille Bernhardt se divise : convaincu de la culpabilité du capitaine, tout comme Jules Lemaître ou François Coppée, Maurice ne cesse de se disputer avec sa mère. Il finit par s'exiler loin d'elle à Monte-Carlo, sans la prévenir. Il ne rentre à Paris qu'après le suicide du colonel Henry, auteur du faux qui a permis de condamner Dreyfus, et il ne sera plus jamais question de leur différend. Mais le climat d'antisémitisme qui règne en France est alors à son apogée, attisé par les écrits de Drumont, auteur de *La France juive*, qui a lancé *La Libre Parole* en 1892, journal ouvertement antisémite, diffusé à deux cent mille exemplaires. Malgré sa notoriété, Sarah Bernhardt devient la cible des antidreyfusards, qui interviennent jusque dans son théâtre : les représentations des *Mauvais Bergers* sont interrompues par des spectateurs qui n'hésitent pas à réagir aux moindres sous-entendus du texte. Les insultes fusent et on se bat dans la salle, au point que la police intervient et ordonne la fermeture du théâtre pour quelques jours.

Diriger un théâtre est un travail à plein temps, et la Renaissance accumule les échecs ; après *La Ville morte*, c'est *L'Affranchie* de Maurice Donnay, dans laquelle elle ne joue pas, puis *Lysiane* du jeune Romain Coolus, qui, malgré sa présence sur scène, connaissent le même fiasco. De plus, lorsqu'une pièce doit être retirée de l'affiche parce qu'elle n'a pas trouvé son public, il faut rapidement en présenter une autre, sans quoi les frais ne cessent d'augmenter. La santé de la directrice n'est pas meilleure ; un kyste la fait tellement souffrir que son médecin, le fameux Pozzi, procède à une ablation des ovaires qui la laisse épuisée.

Après deux mois de repos à Belle-Isle, elle se lance pourtant dans une nouvelle création, la *Médée* de Catulle Mendès, créée le 28 octobre, qui ne rencontre aucun succès. Elle finit par croire qu'un sort a été jeté sur son théâtre et décide de s'en séparer après y avoir joué une dernière fois Marguerite Gautier en décembre. Ses dettes sont énormes — elle a englouti plus de deux millions et demi de francs dans le théâtre de la Renaissance —, elle doit donc à nouveau partir en tournée. Ce sera Monte-Carlo puis l'Italie. Mais elle n'abandonne pas pour autant la partie. Si elle a échoué en tant que directrice de la Renaissance, c'est parce que le théâtre ne permettait pas d'accueillir suffisamment de spectateurs, le nouveau siècle est celui de la culture de masse. Sa devise, « Quand même », est plus actuelle que jamais lorsque, le 1er janvier 1899, elle signe le bail du Théâtre des Nations qui peut recevoir mille sept cents spectateurs et va bientôt porter son nom.

Un trésor national
(1899-1914)

> *Quand on a l'honneur d'être un genre à soi seule, on n'est plus ni demoiselle, ni madame. On n'est personne, on est une chose qui a son génie !*
>
> JULES BARBEY D'AUREVILLY

Le Théâtre des Nations, situé sur la place du Châtelet, en face du théâtre du même nom, a été construit en 1862 pour accueillir le Théâtre-Lyrique. Doté d'un plateau immense — 23 mètres d'ouverture du cadre de scène et 14 mètres de profondeur —, il peut accueillir une foule de figurants. L'exploitation des grandes salles est plus rentable dans la mesure où les frais de fonctionnement n'augmentent pas dans la même proportion que les recettes et qu'on peut y proposer des pièces à grand spectacle pour un public élargi. Pressée par ses créanciers, Sarah ouvre son nouveau théâtre dès le 21 janvier 1899, avec une reprise de *Tosca*, repoussant à l'été les travaux qu'elle projette. Le théâtre affiche complet pendant deux mois. Après *Tosca*, elle reprend *Dalila* d'Octave Feuillet, surnommé « le Musset des familles » qui connaît le même échec que lorsqu'elle l'avait joué plus de vingt ans auparavant. Deux semaines devant une salle plus qu'à moitié vide suffisent à la convaincre de reprendre *La Samaritaine* le 25 mars, puis *La Dame aux camélias*, à partir du mois d'avril. Elle a lancé également, dès le mois de février, des matinées classiques, au cours desquelles elle donne occasionnellement *Phèdre*, ainsi que des samedis populaires de poésie ancienne et moderne, où on vient l'écouter dire des poésies de Musset, de Banville, de Verlaine et même de Mallarmé.

Sarah défraye à nouveau la chronique théâtrale lorsqu'elle apparaît en *Hamlet* le 20 mai 1899, dans une adaptation de Marcel Schwob et Eugène Morand, pour deux semaines, avant de fermer son théâtre pour travaux. Le succès est réel, bien que la pièce dure plus de quatre heures. Son interprétation suscite des polémiques telles que Catulle Mendès, profondément ému par son jeu, la défend en se battant en duel avec un journaliste qui l'a critiquée. La prédilection de Sarah pour les rôles masculins est notable : commencée avec *Le Passant*, son premier vrai succès, elle s'est prolongée avec *Lorenzaccio*. L'actrice apporte au rôle d'Hamlet une vraie intelligence du texte, saluée par quelques critiques anglais lorsqu'elle va leur présenter la pièce à Londres, pendant sa rituelle tournée estivale. Si Maurice Baring défend l'interprétation « naturelle, aisée, vivante et noble » de Sarah, il n'en va pas de même pour Max Beerbohm, qui tremble que d'autres femmes ne cherchent à suivre cet exemple malheureux. Dans son article intitulé

Hamlet, princesse de Danemark, il ne reconnaît comme qualité à l'interprétation de Sarah que la dignité qu'elle a mise dans le personnage. Elle a tout de même eu le privilège d'être invitée à présenter son *Hamlet* au festival Shakespeare à Stratford-upon-Avon, la ville natale du dramaturge.

Pendant ce temps, à Paris, les visiteurs de l'Exposition universelle de 1900 peuvent assister à la projection d'un film dont elle est l'héroïne et qu'elle a tourné avant de partir en tournée, intitulé *Le Duel d'Hamlet*. Il s'agit du combat à l'épée entre Hamlet et Laerte — Pierre Magnier — à la fin de la pièce. Cette scène, qui se termine par la mort des deux protagonistes, présente l'intérêt d'être une scène d'action, sans dialogues, qui se conclut par la mort de Sarah debout habillée en homme, qui plus est. Tourné par Clément Maurice, le projectionniste des frères Lumière, le film ne dure que quelques minutes, accompagné d'un extrait de *Cyrano de Bergerac* joué par Coquelin. Il est sonorisé en direct, associant pour la première fois le son et l'action filmée. Sarah Bernhardt fait ainsi le lien entre le passé de la représentation théâtrale et l'avenir, encore incertain, du cinéma.

Son théâtre est fermé durant l'été pour travaux. Murs et fauteuils sont habillés de velours jaune, contre la tradition qui veut du velours rouge. Les loges sont refaites à neuf, vastes, aérées et peintes couleur ivoire. Sarah fait installer des lustres immenses et aménage un vaste foyer, orné par des portraits d'elle dans ses rôles les plus importants : Phèdre, Gismonda, la Princesse lointaine, Théodora ou Tosca. La directrice dispose d'un véritable appartement sur deux niveaux, avec antichambre pour les visiteurs, salon Empire tapissé de satin jaune, loge immense avec des glaces gigantesques et une baignoire, ainsi qu'à l'étage supérieur, une petite cuisine et une salle à manger pouvant accueillir dix personnes.

Pour payer ces travaux ruineux, elle passe l'été en tournée, principalement en France et en Suisse. En octobre, elle est en Hongrie et en Autriche. Edmond Rostand est en train de finir d'écrire *L'Aiglon*. Il la rejoint à Vienne pour qu'ils visitent ensemble le palais de Schönbrunn, cadre de sa nouvelle pièce. Rostand n'est plus alors le petit poète inconnu de *La Princesse lointaine* ou de *La Samaritaine*. En décembre 1897, la création de *Cyrano de Bergerac* au théâtre de la Porte-Saint-Martin avec Constant Coquelin dans le rôle-titre a été un immense triomphe populaire qui a fait de lui le poète national. Il a même été décoré de la Légion d'honneur à la suite du succès de la pièce qui remettait au goût du jour des valeurs héroïques et grandioses, dans un contexte social et politique troublé.

Un Théâtre Sarah-Bernhardt entièrement rénové ouvre ses portes le 16 décembre au public choisi d'une soirée de gala, à laquelle assiste Émile Loubet, le président de la République. Sarah a choisi de reprendre *Hamlet*, avant d'entamer les répétitions de *L'Aiglon*. Exilé à vingt et un ans, le fils de Napoléon Ier rêve de grandeur et de gloire sans avoir les moyens de ses aspirations. Gardé dans le palais de Schönbrunn, le duc de Reichstadt, autre nom de l'Aiglon, complote avec l'aide de son fidèle Flambeau — qui sera interprété par Lucien Guitry —, vétéran de la Grande Armée, pour reprendre le trône de France. Mais le complot est découvert et le duc, atteint de tuberculose, meurt au sixième acte dans la fleur de sa jeunesse, brisé dans ses vaines aspirations héroïques.

Sarah répète ce nouveau rôle avec acharnement, elle ne quitte plus le costume blanc confectionné par le jeune couturier Paul Poiret et reçoit ses visiteurs l'épée à la main. La pièce est particulièrement adaptée à sa nouvelle scène, elle compte cinquante-deux personnages. Les journaux commencent des semaines à l'avance à parler de l'événement. La première a lieu le 15 mars 1900, un mois avant l'ouverture de l'Exposition universelle ; c'est un triomphe historique. Après la crise suscitée par l'Affaire Dreyfus qui a atteint le prestige de l'armée, les spectateurs sont conquis par l'exaltation des valeurs nationales qui les unit dans un même sentiment de fierté et d'amour de la patrie. Sarah Bernhardt a plus de cinquante-six ans, mais elle incarne l'adolescent tourmenté par ses rêves de gloire avec une énergie et une vérité qui dépassent l'imagination :

> [Elle] avait à réaliser un véritable tour de force scénique : il lui fallait représenter un jeune prince, de dix-huit à vingt ans, d'une allure tout autre que les travestis de Lorenzaccio et d'Hamlet qu'elle venait d'incarner avec un succès inoubliable. Ce tour de force, la grande artiste l'a accompli de façon absolument supérieure, et ce fut un cri d'admiration dans toute la

> salle, quand on vit entrer en scène, mince, souple, jeune et svelte comme un gamin, Sarah Bernhardt, les cheveux courts — ses propres cheveux qu'elle a laissés tomber sous les ciseaux du coiffeur —, la taille divinement prise dans son uniforme blanc de colonel autrichien. [...] À ce rôle, elle apporte une vie, un charme, un rayonnement absolument merveilleux[1].

La critique du journal féminin *La Fronde*, Jane Misme, est frappée par la justesse avec laquelle Sarah affirme la jeunesse de son personnage : « Elle en rend superbement toute la nervosité ardente, le débordement fébrile d'exaltation, et avec une grâce délicieusement juvénile, la spirituelle gaminerie[2]. »

Avec ce rôle, elle accède à une notoriété populaire ; tout le monde, sans distinction d'âge ou de milieu social, veut la voir ; une campagne de publicité sans précédent est organisée, on trouve partout des « produits dérivés » de la pièce : les cartes postales qui représentent Sarah dans le costume de *L'Aiglon* se vendent à des milliers d'exemplaires, ainsi que des médailles ou même des boutons à son effigie. La pièce est jouée jusqu'à la fin du mois d'octobre : cet été-là, le Théâtre Sarah-Bernhardt ne ferme pas ses portes. Les recettes atteignent une moyenne de 10 000 francs par représentation, tandis que Sarah continue d'inventer : pour la cinquantième, elle imagine que les morts de la Grande Armée ressuscitent, quand ils sont évoqués par le duc de Reichstadt, et elle engage des dizaines de figurants, à un salaire de misère, pour les incarner sur la scène. Elle prévoit même, pour la tournée en Amérique qui se prépare, de mêler les soldats réels et des images filmées *. Le 25 septembre, on fête la deux centième représentation de la pièce de Rostand, sans que la ferveur du public ait faibli.

À la fin du mois d'octobre 1900, elle part pourtant pour l'Amérique, avec Constant Coquelin et le reste de sa troupe. Mais le Théâtre Sarah-Bernhardt ne ferme pas pour autant ses portes puisqu'il accueille la Comédie-Française, dont les murs ont été ravagés par un incendie. Ce geste, apparemment généreux, permet à la directrice de régler une dette ancienne : elle ne s'est jamais acquittée des 100 000 francs de dommages et intérêts qu'elle a été condamnée à verser près de vingt ans plus tôt. Pour cette nouvelle tournée, son contrat lui assure un minimum de 5 000 francs-or par représentation et un pourcentage sur les recettes. L'expérience a porté ses fruits et Sarah ne se produit plus que dans les grandes villes. À New York, elle joue *L'Aiglon* au Metropolitan Opera, et les journaux titrent : « Le plus grand triomphe de sa grande carrière. » En mai et juin, elle est de retour en Angleterre et le 14 juillet, rentrée à Paris, elle reprend *L'Aiglon*, dans son théâtre, à l'occasion de la fête nationale.

---

* « En vue de la grande tournée en Amérique avec Mme Sarah Bernhardt et M. Coquelin, le cinquième tableau du drame de M. Rostand allait être corsé d'un effet panoramique nouveau. La décoration de ce tableau représente le champ de bataille de Wagram et le duc de Reichstadt y évoque les héros tombés au champ d'honneur, dont on aperçoit les cadavres jonchant le sol. Pour ajouter plus de réalité à l'évocation de l'Aiglon, on a imaginé de faire lever ces morts glorieux de la Grande Armée à la voix du fils du vainqueur de Wagram. Le rêve de Sarah Bernhardt se réalisera de façon très vivante et très tangible pour le public, par l'apparition des soldats et des chefs, les uns réels, les autres obtenus par des effets de cinématographe » (Edmond Stoullig, *Annales du théâtre et de la musique*, Charpentier, 1900).

La saison suivante est essentiellement constituée de reprises, même si elle essaie de faire découvrir à son public de nouveaux textes. Son choix s'arrête sur *Francesca da Rimini*, adapté par Marcel Schwob du texte du dramaturge américain contemporain Francis-Marion Crawford, d'après *La Divine Comédie* de Dante. La première a lieu le 22 avril, mais l'histoire tragique de l'amour de Francesca et Paolo, tous deux assassinés par un mari jaloux, est trop romantique pour le public français. En octobre 1902, Sarah accepte pour la première fois de se produire à Berlin, alors qu'elle a toujours refusé de jouer en Allemagne, à quelque prix que ce soit. Mais elle exige habilement, dans chaque ville de la tournée allemande, de pouvoir représenter au moins une fois *L'Aiglon,* ce qui lui offre l'occasion de prononcer nombre de répliques vengeresses contre les peuples germaniques, en évoquant les victoires de Napoléon sur les Prussiens. Le patriotisme de Sarah reste indéfectible, malgré tout son professionnalisme. Si les critiques allemands sont quelque peu réticents, échaudés par ses professions de foi nationalistes, elle fait pourtant salle comble au Schauspielhaus de Berlin, et le Kaiser vient l'applaudir à Potsdam.

À la fin de l'année 1902, elle est de retour à Paris pour créer *Théroigne de Méricourt*, une pièce contemporaine de Paul Hervieu qui a pour cadre la Révolution française. Cette grande fresque historique nécessite un bon nombre de figurants, des décors splendides, mais elle ne rencontre aucun succès. Sarah reprend donc *L'Aiglon* pour remplir la salle, tout en jouant *Phèdre* aux matinées classiques du jeudi. Elle revient alors à Racine, avec *Andromaque*. Alors que la tradition veut que la veuve d'Hector soit toute de blanc vêtue, elle s'habille de noir comme le rappelle Gustave Kahn : « Dans *Andromaque*, elle fut une veuve, une veuve tendre parée de voiles noirs, faibles, cherchant protection ; elle y transposa sa modernité[3]. » Elle rêve d'interpréter à la fois Andromaque et Hermione, mais la dramaturgie de la pièce ne le permet pas et elle joue donc en alternance l'une et l'autre héroïne, avec Édouard de Max en Oreste. Celui-ci a d'ailleurs livré un témoignage intéressant sur son interprétation d'Hermione :

Tout le monde a plus ou moins joué Hermione. Sarah ne l'a pas joué. Elle l'a souri.[...] On connaît — peut-être — ce quatrième acte d'*Andromaque* où la passion vit avec la plus profonde et la plus mystérieuse intensité. Il se termine par la scène où Hermione lit son malheur dans les yeux de Pyrrhus. Scène de nuances infinies où toutes les tragédiennes ont accoutumé de frémir, de palpiter, de hurler. [...] Sarah, pendant les paroles de Pyrrhus, avait un silence sans haine, un silence crispé. Puis, doucement, presque tendrement, elle disait, en souriant Seigneur, dans cet aveu... Elle disait « criminel » sans prendre de temps, elle souriait à « perfide », à « parjure », à « traître », elle souriait, elle souriait. À « ma douleur », elle souriait encore. Elle ne cessait pas de sourire. Et puis elle évoquait les deuils, les désastres, le sang ; sa voix était pleine de larmes, sa voix disait une plainte si pure qui sanglotait parfois, et les mots pleuraient, et Sarah, la voix brisée, souriait toujours[4].

Elle essaye d'imposer *Werther*, un nouveau rôle travesti, à son public, dans une adaptation de l'œuvre de Goethe par Pierre Decourcelle, mais ne joue que treize fois devant des salles presque vides. Une spectatrice tente même de se suicider dans la salle en même temps que le jeune Werther, mais une baleine du corset de la dame vient amortir la balle et le drame est évité. Après sa tournée estivale en Angleterre, elle part pour la Hollande et l'Allemagne avec quelques nouvelles pièces sans grand intérêt et revient à Paris pour créer, le 15 décembre 1903, la dernière œuvre de Sardou, *La Sorcière*, qui lui permet de renouer avec le succès. Dans ce rôle de Zoraya, une sorcière mauresque qui tombe passionnément amoureuse d'un chrétien au temps de l'Inquisition à Tolède, Sarah trouve encore de quoi étonner son public. Marguerite Moreno *, nouvellement engagée dans la troupe, raconte dans *Souvenirs de ma vie*, les répétitions de la pièce :

> Les répétitions de *La Sorcière* m'ont permis de voir travailler ensemble Sarah Bernhardt et Victorien Sardou. C'était un spectacle inoubliable ! L'interprète et l'auteur luttaient d'ingéniosité et de verve, d'énergie et d'endurance. L'accent bourguignon de Sardou et le martèlement des mots de Sarah se confondaient, s'enchevêtraient, on ne savait plus qui avait écrit la pièce ou qui la jouait. Tout à coup, on voyait, coiffé de son éternel béret de velours noir, le foulard blanc noué sur la nuque, Sardou, monté sur une table et tournant ses yeux vers les herses du plafond, qui mimait la scène de l'autodafé, tandis que Sarah, assise sur une chaise en face de lui, disait son

---

* Marguerite Moreno (1871-1948), actrice entrée à la Comédie-Française en 1890, qu'elle quitte en 1903 pour rejoindre le Théâtre Sarah-Bernhardt, puis le Théâtre-Antoine. Épouse de l'écrivain Marcel Schwob (1867-1905), elle fut l'amie de Colette et la muse des symbolistes. C'est pour elle que Giraudoux a écrit *La Folle de Chaillot* qu'elle crée avec un succès immense en 1945.

texte ; deux minutes après, Sarah, juchée sur la même table, mimait à son tour le texte que Sardou lisait, assis en face d'elle [...]. Tout en mangeant d'énormes sandwiches, et en buvant de la bière, Sardou roucoulait, roulant des *r* comme des tonnerres, des scènes d'amour que Sarah reprenait entre deux gorgées de café et deux bouchées de biscuit, etc. Et ces exercices duraient jusqu'au matin ! Il avait fallu, à cause de l'énorme déploiement de mise en scène qu'exigeait la pièce, faire des répétitions de nuit... qui ne se terminaient qu'à l'aube.

Je me revois, près de De Max, écroulée dans un fauteuil, les paupières si lourdes que j'avais peine à les soulever, tandis que de légers ronflements décelaient la présence de camarades exténués au fond des baignoires... des heures passaient. D'autres heures encore... j'entendais toujours, comme dans un rêve, la voix de Sardou, la voix de Sarah :

— Maître adoré, voyons ! j'ai l'air d'une huître, si je reste assise pendant toute la scène...

— Écoutez, ma petite Sarah, je ne suis pas encore idiot et je vous déclare que si vous bougez, la scène est fichue !

— Eh bien, la scène sera fichue et je bougerai !

— Mon Dieu ! ma petite Sarah, que vous êtes embêtante ! Allons, reprenons où on s'est arrêtés. Entendez-vous, messieurs, mesdames, on enchaîne...

Et on « enchaînait »...

Et nous rentrions chez nous au moment où les voitures de laitiers faisaient retentir les rues du fracas de leurs pots en fer-blanc, au moment où ceux qui n'étaient pas la proie de Sarah et de Sardou dormaient profondément[5].

Dans son compte rendu du spectacle, Adolphe Brisson, gendre de Francisque Sarcey qui lui succède à sa mort comme critique du *Temps*, revient sur la scène du tribunal : les deux amants ont été arrêtés, et le Grand Inquisiteur cherche à obtenir de Zoraya des aveux complets afin de sauver du bûcher Enrique, le bon chrétien. Quand elle comprend cela : « Un cri déchirant, un cri sublime lui échappe. Et jamais Sarah n'en a poussé de semblable. Elle atteint ici au suprême degré de pathétique : — Que ne disiez-vous que vous vouliez le sauver ! » Elle confesse alors des crimes imaginaires dans un mouvement sublime de sacrifice. Brisson conclut que c'est un « magnifique spectacle, qui éblouit les yeux et récrée l'esprit durant trois heures et, pendant au moins quarante minutes, séduit et fend le cœur[6]. »

Le 7 mars 1904, on fête la centième de *La Sorcière*, tandis que Sarah répète Marie-Antoinette dans *Varennes* de Henri Lavedan et Théodore Gosselin dit Lenôtre. La première de ce drame historique a lieu le 23 avril, mais le public est réticent. Elle reprend donc *La Sorcière* à Londres où elle monte surtout *Pelléas et Mélisande* de Maeterlinck. Stella Campbell joue Mélisande en français alors que Sarah Bernhardt est Pelléas. Elle a lu les dramaturges du Nord, Ibsen et Strindberg, dont Antoine monte les pièces, mais leurs propositions dramatiques ne lui conviennent pas. Elle s'est essayée au drame réaliste, sans grand succès : formée dans l'esthétique romantique, elle reste imprégnée de son lyrisme. Aussi ne se projette-t-elle pas dans des rôles de bourgeoises tourmentées par l'adultère. Il lui faut avant tout une partition qui lui permette de faire sonner sa voix et sa sensibilité poétique. Elle a vu la pièce de Maeterlinck à Londres en 1898, avec Mrs Campbell en Mélisande, sur une musique de Gabriel Fauré et a imaginé de le jouer à son tour. En tournée à

Londres six ans plus tard, elle propose à celle-ci de reprendre le rôle, cette fois en français — que Stella Campbell parle parfaitement. Quelques critiques anglais s'indignent du scandale produit par la sensualité des scènes d'amour entre Pelléas-Sarah et Mélisande-Stella, refusant même pour certains d'aller voir ce spectacle décadent et dépravé.

Après cette incartade du côté du drame symboliste, Sarah revient au répertoire romantique et monte *Angelo, tyran de Padoue*. Son choix est limité dans la mesure où tous les autres drames d'Hugo appartiennent encore au répertoire de la Comédie-Française. Ne pouvant jouer ni *Hernani*, ni *Ruy Blas*, elle est donc Tisbé, la comédienne émouvante et brillante qui se sacrifie par amour. Un des aspects les moins agréables de son caractère impulsif et violent se manifeste à cette occasion lorsqu'elle chasse brutalement Pierre Magnier, qui jouait Angelo, après six ans de collaboration fructueuse, pour un différend de jeu. Elle ne prend même pas la peine de lui signifier elle-même son congé, chargeant le régisseur de le faire à sa place.

En avril 1905, elle crée Assuérus dans *Esther*, puisant une nouvelle fois dans le répertoire classique. Elle choisit de reconstituer la mise en scène de la création. Cette pièce a été commandée à Racine par Mme de Maintenon pour les demoiselles de Saint-Cyr, nobles mais sans fortune. Le sujet biblique, destiné à l'éducation des jeunes filles, ne jouit que d'un succès de curiosité auprès du grand public.

Sentant qu'il faut se faire désirer du public

parisien pour renouer avec le triomphe, Sarah la nomade part en tournée en Europe au mois d'avril, avant de s'embarquer pour Buenos Aires avec une troupe de choix parmi laquelle figure Édouard de Max. Elle écrit une nouvelle version d'*Adrienne Lecouvreur* pour remplacer celle de Legouvé. Mais son genou droit la fait de plus en plus souffrir et il s'infecte pendant la traversée. Elle assure néanmoins ses engagements, jusqu'à la représentation d'adieu de *Tosca* à Rio de Janeiro, le 9 octobre. Lorsque Tosca se suicide en tombant du haut du château Saint-Ange, d'épais matelas sont toujours disposés derrière le décor pour amortir sa chute. Mais ce soir-là, les matelas ont été oubliés et elle tombe sur les planches. Son genou, déjà bien éprouvé, double de volume. Elle quitte néanmoins Rio, refuse de se laisser soigner ou même examiner par le médecin du bord parce qu'elle trouve son hygiène douteuse et doit annuler ses premières représentations à New York, tant la douleur est vive.

Si, à New York, elle se produit dans un théâtre, il n'en va pas de même dans les villes de l'ouest du pays. Les directeurs de théâtres américains sont en train de se partager le territoire et certains se liguent contre les troupes étrangères : au Texas, elle joue dans une tente de cinq mille places installée au beau milieu d'un champ de maïs, dans un saloon, ou encore dans une patinoire. Les anecdotes se multiplient : un cow-boy ayant fait des kilomètres à cheval pour la voir, sans même savoir qui elle était ni ce qu'elle faisait, sort de la gigantesque tente au milieu de la représentation pour décharger son revolver en l'air en beuglant son nom. Ces situations incongrues, qui renouent avec le théâtre de tréteaux, ont dû l'amuser, mais les spectateurs, qui se pressent encore en masse pour la voir, peuvent difficilement l'entendre dans ces lieux à l'acoustique précaire. La célébrité a aussi quelques revers : au Québec, la troupe est bombardée d'œufs pourris par des catholiques fanatiques parce que *La Sorcière* a été déclarée blasphématoire par l'archevêque. De janvier à juin 1906, malgré sa fatigue et sa douleur au genou, elle se produit dans soixante-deux villes américaines et canadiennes pour conclure cette tournée par une soirée au Lyric Theatre de New York. Elle est acclamée dans un *best of* Sarah Bernhardt, composé du deuxième acte d'*Hamlet*, du quatrième de *La Sorcière*, du deuxième de *L'Aiglon*, et du troisième de *Froufrou*. Elle rentre en France avec près de 2 millions de francs et part aussitôt se reposer deux mois à Belle-Isle où elle commence à dicter ses souvenirs.

Le facteur de Belle-Isle, interviewé six ans après sa mort, raconte les séjours de Sarah dans l'île et donne une idée de sa générosité envers les habitants de l'île :

C'est moi qui portais ses dépêches. Il en arrivait tout le temps, vous savez, et, dame, elle voulait les avoir tout de suite. Alors, des jours, on faisait le trajet cinq, six fois, et, l'aller et le retour, c'était sept kilomètres, pas vrai ? Mais on ne regardait pas à la peine. Si on arrivait le matin, Mme Sarah disait : « Le porteur doit avoir faim : donnez-lui du chocolat. » Quand on venait l'après-midi, le vin blanc était toujours prêt. Sans compter les pourboires. Ah ! elle n'était pas regardante au moins, et si elle gagnait l'argent, elle savait le dépenser. Mme Sarah puisait dans son sac et elle vous mettait les pièces dans la main. Elle ne regardait jamais ce qu'il y avait, monsieur. Des fois, on trouvait deux, trois pièces de cent sous, des fois même davantage. J'ai eu des journées de cent francs... C'est comme pour son auto. Quand ils avaient fini de se baigner ou de jouer au tennis, les voilà partis chasser le pigeon dans les grottes, et Mme Sarah en tuait plus d'un, je vous assure. Seulement on ne les ramenait pas, rapport à la difficulté. Eh bien ! donc, quand Mme Sarah venait comme ça chasser le pigeon ou quand elle se promenait dans l'île, tout un chacun qu'elle rencontrait sur la route, elle l'invitait. « Te voilà, un tel ; monte donc, qu'elle disait, tu seras plus vite rendu. » Pas fière, elle l'était, dame oui ! Et puis même trop bonne. « Le premier qui construira un bateau, qu'elle dit un jour, c'est moi qui l'offre. » Comme de juste, on a appelé le bateau *Sarah-Bernhardt*. Alors vous ne savez pas le système qu'ils ont inventé, les autres ? Ils appelaient tous leur bateau *Sarah-Bernhardt*. Mme Sarah riait, et puis elle payait [7].

À l'automne, Sarah part en tournée en Suisse et dans la province française. Elle joue une seule fois et hors de France, à Genève, le personnage d'Ellida Wangel dans *La Dame de la mer*, le 21 septembre 1906, l'année de la mort d'Ibsen. Elle ne reprendra jamais cette pièce. Les affinités avec les textes et les personnages romantiques étaient plus forts que la nécessité de rendre compte d'une nouvelle écriture théâtrale. Or l'héroïne d'Ibsen a bien quelque chose d'un personnage romantique, proche parente de Mélissinde dans *La Princesse lointaine* de Rostand, ce qui explique sans doute le choix de Sarah. Mais le registre de la pièce exige une sobriété de jeu et de costumes qui ne font pas partie de son esthétique théâtrale.

Elle revient donc à Catulle Mendès qui lui propose *La Vierge d'Avila* qu'elle joue à partir du 10 novembre 1906, sur une musique de Reynaldo Hahn. Adolphe Brisson n'hésite pas à parler de « beautés éclatantes » et de « minutes inoubliables ». Il décrit la première entrée de Sarah, « chancelante, alanguie, dans ses longs vêtements bleus » comme « une chose très noble et très pure », suscitant dans la salle « un frisson de plaisir et de surprise ». Le costume la rajeunit au point qu'elle « semble avoir vingt ans » et, lorsqu'elle commence à parler, c'est d'une « voix aérienne, angélique, descendue du ciel, une voix lointaine et d'une extraordinaire suavité ». Après quelques réserves, il en arrive à l'éblouissement qui a saisi le public tout entier au quatrième acte et devient lyrique : « Vous n'imaginez pas ce qu'est l'entrée de l'actrice, son impalpable glissement d'ange, la ferveur supra-terrestre qui luit comme un lever d'aurore dans sa prunelle, son agenouillement aux pieds du roi, l'ineffable douceur de son verbe — douceur sous laquelle on sent l'invincible fermeté, l'autorité souveraine émanant de Dieu. Et voilà ce que Sarah trouve le moyen d'exprimer sans effort apparent, immatériellement en quelque sorte, par la divination d'un art sans pareil. » Il conclut : « La *Vierge d'Avila* lui vaut donc un des plus brillants succès de sa carrière, et peut-être le plus pur, puisqu'il n'est dû qu'à l'expression des plus nobles sentiments par les moyens les plus simples [8]. »

Puis, à son habitude, le 25 janvier 1907, elle change radicalement de registre en créant le personnage burlesque de Jacasse dans *Les Bouffons* de Miguel Zamacoïs, sorte de pastiche des comédies de Rostand. Jouée cent trente fois, cette agréable production légère séduit les familles et les lycéens. Sa nomination le mois suivant comme professeur au Conservatoire national d'art dramatique est une reconnaissance officielle, quoique tardive, de son talent de comédienne. Elle publie alors dans *Le Temps* une sorte de programme pédagogique qui fourmille de bonnes intentions et annonce *L'Art du théâtre*, mais qu'elle n'aura pas vraiment l'occasion de mettre en pratique puisqu'elle se lasse très vite de l'enseignement, débordée par ses nombreuses autres activités, et choisit de quitter son poste dès la fin du mois de juin 1908 :

Il est, par-dessus tout, essentiel de respecter la personnalité de chaque élève. Il ne faut pas dire : « Écoutez : je fais ceci, je fais cela ; observez-moi et suivez-moi... » Au contraire ; j'ai horreur de l'imitation et de l'obéissance passive. Chaque élève a sa nature ; du moins chaque élève qui montre quelques dons et peut espérer réussir au théâtre doit-il posséder une nature spéciale. Ce qui est bon pour l'un serait mauvais pour l'autre ; et la nature de chacun doit se manifester librement. Le professeur intervient pour la discipliner, la guider, mais sans prétendre arrêter son expansion par des règles continuelles. Développer la personnalité propre de l'élève en encourageant ses efforts, et non restreindre cette personnalité en se donnant soi-même en exemple, tel est mon principe. Je dis sans cesse aux jeunes artistes qui travaillent à mes côtés : « Ne m'imitez pas ! » Le critique a tort qui craignait ces jours-ci l'influence sur les élèves de ce qu'il appelle ma psalmodie. Mes façons à moi sont heureuses ou blâmables, suivant les opinions, mais je supplierai mes élèves de les éviter toujours pour se créer des moyens propres d'interprétation. Être soi, tout est là... Même dans le classique, j'ai horreur de la tradition, de la tradition étroite et mesquine. Chacun éprouve un rôle et le vit, donc le traduit suivant ses sensations et ses moyens. Ce que je tâcherai de communiquer à mes élèves, c'est la recherche de sensations profondes, le désir d'une compréhension toujours plus intime par l'étude sincère des personnages, et par-dessus tout l'amour passionné de leur art[9].

Sarah Bernhardt est donc ce qu'on pourrait appeler une institution et elle est en passe de devenir une légende. Les grandes actrices parisiennes de l'époque se nomment Réjane, Julia Bartet ou Jeanne Grenier. Sarah, elle, est devenue inclassable, appartenant au patrimoine français tout autant qu'à l'Histoire. Elle commence à répéter au début de 1909 une adaptation du *Faust* de Goethe par Henri Bataille. Elle veut jouer Méphistophélès, sans doute dans l'idée d'en faire un ange déchu, un personnage tout droit sorti du Paradis perdu de Milton, et confier le rôle de Faust à de Max. Mais elle exige de remanier le texte et d'y pratiquer des coupes. Bataille s'y refuse, la situation est bloquée, et elle doit abandonner les répétitions après avoir investi dans ce projet beaucoup d'argent. Il faut choisir au plus vite une autre pièce, ce sera *La Courtisane de Corinthe* de Michel Carré et Paul Bilhaud. Montée à la hâte, c'est un pot-pourri de tous les mythes tragiques. Lorsque le public boude le spectacle, elle puise dans le vivier conséquent de ses éternels succès, même si quelques remarques malveillantes commencent à courir sur son âge lorsqu'elle reprend Froufrou ou Zoraya.

Son énergie ne faiblit pourtant pas, malgré des douleurs au genou droit devenues quasi permanentes. Lorsqu'elle reprend *Tosca*, elle doit en changer la fin : elle ne peut plus se jeter du haut du château Saint-Ange, mais meurt poignardée par un des sbires de Scarpia. Elle vient au cinéma en tournant, sous la direction d'André Calmettes, une production de Film d'Art, *La Tosca*, avec de Max et Guitry. Mais elle est horrifiée par la projection du film et veut racheter tous les négatifs. Elle crée ensuite une nouvelle pièce d'Émile Moreau sur son héroïne favorite, *Le Procès de Jeanne d'Arc*, le 25 novembre. Elle doit à nouveau déclarer son âge devant le tribunal présidé par l'évêque Cauchon : lorsqu'elle dit pudiquement : « dix-neuf ans », une ovation la salue. Il y a peut-être quelque chose d'invraisemblable dans l'aveuglement du public, mais tous les effets de mise en scène concourent à créer l'illusion théâtrale. La pièce se déroule pour partie dans une semi-obscurité et Sarah y fait entendre le registre le plus cristallin et le plus pur de son timbre de voix. À la fin de l'année, *Un cœur d'homme* — mélodrame médiocre, dont elle est l'auteur, sur un époux infidèle écartelé entre trois femmes, et dont l'une finit par se suicider — est joué sans elle au théâtre des Arts.

En juin 1910, à la mort de sa belle-fille, elle recueille sa petite-fille Lysiane chez elle. Celle-ci ne la quittera plus et écrira même un livre sur son illustre grand-mère qu'elle surnommait « Great ». En septembre, à Londres, elle se produit deux fois par jour dans un music-hall, le Coliseum, où elle partage l'affiche avec Yvette Guilbert, une troupe d'acrobates et de jongleurs, ce qui scandalise les Parisiens. Le prix des billets y est beaucoup plus accessible et les classes populaires peuvent venir l'applaudir dans le second acte de *L'Aiglon* et le troisième de *Tosca*. Sa popularité grandit encore et elle renoue ainsi avec une tradition du théâtre élisabéthain qui aimait à réunir dans la même soirée, autour de comédiens et d'œuvres réputées, saltimbanques, chanteurs et danseurs. Il reste qu'il devait être surprenant d'entendre la scène de la déclaration de Phèdre à Hippolyte après un numéro de ventriloque.

Le 23 octobre 1910, alors qu'elle vient d'avoir soixante-dix ans, Sarah s'embarque pour une nouvelle tournée d'adieux en Amérique, cette fois-ci dans de vraies salles de théâtre. Elle emmène dans ses bagages un éphèbe grand et blond de vingt-sept ans, Lou Tellegen, présenté par de Max, et qui aspire à la carrière d'acteur. Fruit de l'union improbable d'une danseuse grecque et d'un général hollandais, Lou a quelques points communs avec Jean Richepin. Il est, en effet, boxeur, trapéziste, escrimeur, et même meurtrier à l'occasion, mais il s'est davantage illustré dans la carrière de gigolo que dans le domaine des lettres françaises. Il a posé nu pour Rodin, avant d'être l'élève de Paul Mounet-Sully, le frère de Jean, au Conservatoire. Sarah fait signer à Tellegen un contrat de quatre ans et l'emmène aussitôt en tournée. Moins doué pour la scène que pour le lit, Lou est franchement mauvais. Les critiques vont même jusqu'à dire élégamment qu'il est « au-dessous du médiocre ». Si son accent hollandais prononcé ne gêne pas trop le public anglophone, les Parisiens qui viendront le découvrir au Théâtre Sarah-Bernhardt se moquent ouvertement de lui, ce qui le laisse d'ailleurs absolument indifférent.

Pour ce retour en Amérique, outre son répertoire habituel, elle a répété trois nouvelles pièces : le rôle de Jacqueline dans *Femme X*, mélodrame policier d'Alexandre Bisson, *Judas* de John De Kay, et *Sœur Béatrice*, de Maeterlinck — histoire d'une religieuse quittant le couvent par amour, et dont la Vierge prend la place en son absence —, qu'elle crée à Chicago et qu'elle ne jouera malheureusement jamais en France. On lui propose de prolonger la tournée prévue et de repartir en Australie, mais Maurice lui manque. Elle adresse à son « adoré fils » des lettres tendres et aimantes, qu'elle signe « Mother ». Elle lui écrit le 1er janvier 1911 : « J'ai fini mes représentations hier dans un triomphe indescriptible. Nous avons fait comme recette dans le mois 530 000 francs. La pièce qui tient la corde, c'est *L'Aiglon*, après *La Dame*, [...] *Jeanne d'Arc* en troisième : car ici *Jeanne d'Arc* a un succès colossal. Je ne joue en tout que neuf pièces et j'en avais emporté dix-huit. [...] Ils me trouvent mieux et plus belle que jamais. J'ai eu un succès de beauté, de jeunesse, incroyable ; et des lettres d'amour, de passion, de folie [10]. »

La troupe a été menacée de prison après des échanges de lettres dans les journaux entre les membres d'un parti ultracatholique qui criait au sacrilège à propos de *La Samaritaine*. Sarah Bernhardt organise pour se défendre une représentation pour les prêtres et les magistrats. Un peu plus tard, de Philadelphie, elle écrit à son fils : « Il est vrai de dire que je suis très en forme et j'épate tout le monde, d'autant plus qu'on me vieillit assez facilement. Les uns me donnent 68, les autres 70. Ils peuvent dire 80, je ne les démentirai pas. Cela me rajeunit d'autant. Un article m'annonce comme le miracle des temps modernes. Je suis la Divine, l'Unique !!! Enfin, c'est fou et très amusant [11]. » En France aussi, les critiques insistent sur sa beauté alors qu'elle est bisaïeule, accréditant un mythe d'éternelle jeunesse. Mais l'ambiance dans la troupe est tendue : les acteurs se sont vus dépouiller un à un de leurs rôles au profit du nouveau favori, Lou Tellegen, qu'ils méprisent ouvertement. Si Sarah reste très discrète dans sa correspondance avec Maurice sur ses rapports avec Tellegen, elle l'affiche partout à ses côtés et en parle parfois comme de son fiancé. Elle doit même envoyer une lettre au directeur du *Figaro* pour démentir les rumeurs qui circulent sur un nouveau mariage.

Revenue en France, après une petite saison londonienne, elle part se reposer à Belle-Isle. La seule différence avec ses années de jeunesse, c'est qu'elle a désormais besoin de davantage de temps de répétition pour monter un nouveau spectacle. Elle crée *Lucrèce Borgia* le 23 novembre 1911, sur une musique de Reynaldo Hahn, avec Lou en Gennaro, le fils presque incestueux de Lucrèce. Ils ont répété pendant le voyage de retour, travaillant les ruptures et les contrastes. Elle aime de plus en plus faire valoir les passages brutaux de la révolte à la douceur, de la colère au charme. Malgré la médiocrité de Tellegen, la pièce atteint la centième représentation. Sarah n'épargne pas ses forces puisqu'elle donne en même temps des matinées classiques qui permettent au public parisien de l'applaudir dans la Dorine du *Tartuffe* de Molière l'après-midi, et dans Lucrèce le soir. Elle reprend ensuite *L'Aiglon* pour deux mois et n'hésite pas à quêter dans la salle à l'entracte revêtue du costume du duc de Reichstadt pour récolter de quoi offrir à la France un nouvel avion militaire qui sera baptisé *L'Aiglon*.

En avril, elle compose une étonnante *Reine Élisabeth*, sur un texte d'Émile Moreau, avec Lou dans le rôle d'Essex, qui ne séduit pas, et laisse même le public assez indifférent. Son protégé a désormais épuisé la petite curiosité qu'il a suscitée et tous s'accordent à ne lui reconnaître aucun talent. Cela rend Sarah furieuse au point qu'elle décide de quitter Paris et d'emmener son sigisbée jouer dans un pays où ses défauts d'acteur seront moins criants et où sa plastique irréprochable sera appréciée. Mais leur liaison touche à sa fin. Tellegen va rester en Amérique, où il réussit brillamment à Hollywood. Il fait une belle carrière dans le cinéma muet et épouse une célèbre cantatrice, Geraldine Farrar, qui se sépare de lui en 1918. Lou finit sa vie tristement, drogué et solitaire, il se suicide en s'ouvrant les veines en 1934, après avoir écrit son autobiographie intitulée *Women have been kind* — les femmes ont été gentilles.

Sarah part à l'automne pour une nouvelle petite tournée en Amérique et en Angleterre. Elle ne joue qu'un acte ou deux de ses anciens succès ou de courtes pièces d'un intérêt tout relatif. Pourtant, elle est entrée dans l'ère nouvelle du cinéma : son premier « long » métrage est diffusé en 1912, il s'agit de *La Dame aux camélias*, produit par Film d'Art. Le film commence à l'arrivée du père d'Armand et il est tourné en une seule longue prise de douze minutes. Les gestes de Sarah, ses mains tremblantes, sa poitrine haletante, ses roulements d'yeux, paraissent quelque peu excessifs à l'écran. Elle se serait évanouie en voyant les images du film, mais les articles de presse sont dithyrambiques, en France comme à l'étranger, où il va être diffusé sous le titre *Camille*.

Sarah mesure la popularité à laquelle ce nouveau média peut lui faire accéder pendant sa tournée aux États-Unis : « Partout où je m'arrêtais, et fréquemment dans une salle voisine de celle où je jouais, le ciné donnait aussi *La Dame aux camélias*. Il arriva même que les deux affiches se touchaient. Pourtant, le soir, les deux salles étaient pleines : mais dans l'une on payait quinze ou vingt sous et dans l'autre quinze ou vingt francs [12]. » Le cinéma lui permet d'élargir encore son public, elle est désormais accessible à tous et donc connue du plus grand nombre. Le film suivant, *La Reine Élisabeth*, tourné en mai 1912 mais diffusé l'année suivante, fait un triomphe. La pièce de Moreau a pourtant été peu jouée et sans grand succès. Tourné par Louis Mercanton, le film dure cinquante minutes. Adolph Zukor en acquiert les droits et le diffuse très largement, inaugurant une série de « Famous Players in Famous Plays » — Les acteurs célèbres dans de célèbres pièces. Le succès de *Queen Elizabeth* est tel en Amérique qu'il permet à Zukor de constituer la mise de fonds nécessaire à la création de la Paramount. Mais la caméra est immobile et il n'y a que peu de plans rapprochés : il s'agit encore de théâtre filmé. Le film suivant, *Adrienne Lecouvreur*, tourné en 1913, a été perdu.

De retour à Paris, Sarah crée le 16 décembre 1913 *Jeanne Doré*, un mélodrame réaliste de l'humoriste Tristan Bernard*. Elle y joue le rôle d'une modeste commerçante dont le fils est condamné à mort pour avoir assassiné celui qui lui a ravi celle qu'il aimait. Elle revient ainsi à un théâtre sans effets, reposant au contraire sur la sobriété et la retenue dans le jeu comme dans la mise en scène. Un moment en particulier retient l'attention des critiques et émeut les spectateurs : à la veille de l'exécution de son fils, Jeanne lui rend une dernière

---

* Tristan Bernard (1866-1947), romancier et dramaturge français, célèbre pour ses jeux de mots et ses mots croisés. Collaborateur de la *Revue blanche*, il était proche de Léon Blum, de Jules Renard, de Marcel Pagnol et de Lucien Guitry. Grâce à l'intervention de Sacha Guitry il sera libéré du camp de Drancy où il avait été interné.

visite. Elle est voilée et, dans la semi-obscurité, il la prend pour la femme qu'il aime et pour laquelle il a tué. Voulant lui laisser cette dernière joie, elle ne lui révèle pas son identité et écoute en silence ses mots d'amour passionnés. Cette pièce a été entendue comme l'un des premiers plaidoyers contre la peine de mort et elle a vivement ému. La mise en scène est soigneusement organisée pour que Sarah marche le moins possible, car son genou la fait de plus en plus souffrir et elle peine désormais à se tenir debout. Tous ceux qui l'ont côtoyée à cette époque témoignent de son courage et de sa ténacité : elle ne se plaint jamais. Elle reçoit la Légion d'honneur en janvier 1914, mais cet hommage est tardif et Julia Bartet [*], également surnommée « la Divine », a été décorée avant elle.

Son état de santé se dégrade, les douleurs au genou sont maintenant incessantes, mais Sarah se prouve qu'elle peut encore jouer *Phèdre* et *La Dame aux camélias* en mars et en avril 1914, bien que la station debout lui soit devenue insupportable. Elle donne alors sur sa propre scène des conférences très suivies sur le théâtre qui seront rassemblées et synthétisées dans *L'Art du théâtre*, ainsi que quelques cours d'art dramatique devant des élèves attentifs et choisis, parmi lesquels figure une jeune élève d'origine anglaise, May Agate, qui devient une protégée de Sarah et lui consacrera un

---

[*] Après le Conservatoire et des débuts remarqués au Vaudeville, Julia Bartet (1854-1941) entre à la Comédie-Française en 1879. Elle est décorée de la Légion d'honneur en 1906, et quitte le Français en 1919, au sommet de sa gloire, pour se consacrer à la peinture.

livre. Elle part pour une petite tournée dans la province française en mai, puis, suivant l'avis de ses médecins, fait une cure de bains de boue pour son genou à Dax. Les bains sont totalement inefficaces et le genou doit donc être plâtré. Les médecins espèrent encore que l'immobilisation du membre malade réduira les douleurs qu'elle éprouve, mais en vain.

Partie se reposer à Belle-Isle, Sarah y apprend le 1er août la mobilisation générale, au lendemain de l'assassinat de Jean Jaurès. Lorsque l'Allemagne déclare la guerre à la France deux jours plus tard, elle décide de rejoindre la capitale pour y organiser une ambulance, comme elle l'avait fait pendant la guerre de 1870. Mais ses élans patriotiques sont arrêtés par une convocation au ministère de la Guerre : son nom figure sur la liste des otages établie par les Allemands et Clemenceau réussit à la persuader qu'elle doit, en conséquence, être considérée comme un trésor national, à l'égal du Louvre, et qu'il est de son devoir de se mettre à l'abri pour ne pas devenir une prise de guerre. L'argument porte peu. En revanche, lorsque Clemenceau, en désespoir de cause, lui rappelle qu'elle sera plus utile à son pays si elle est libre de soutenir l'effort de guerre, elle opine et décide de quitter Paris. Le gouvernement Viviani est réfugié à Bordeaux, les médecins conseillent à Sarah de rejoindre Arcachon, elle part alors pour la ville voisine d'Andernos.

Portrait de l'artiste
en mouvement

> *Elle est la seule Comédienne que la Statuaire ait faite exprès pour exercer l'art de la Comédie, car elle est grande comme Rosalinde, et assez mince pour pouvoir porter tous les costumes ! De plus, elle est si bien faite pour exprimer la Poésie que, même lorsqu'elle est immobile et silencieuse, on devine que sa marche, comme sa voix, obéit à un rythme lyrique. Un statuaire grec, voulant symboliser l'Ode, l'eût choisie pour modèle.*
>
> THÉODORE DE BANVILLE,
> Camées parisiens, *troisième série*[1]

Dernière incarnation de l'actrice romantique et première star internationale, devenue ambassadrice de la culture française par-delà les océans, Sarah Bernhardt a fasciné ses contemporains. Si tous s'accordent à reconnaître sa fabuleuse énergie, ils soulignent les paradoxes d'un caractère à la fois rayonnant de gaieté, de fantaisie et de générosité, tout autant que fantasque, capricieux et parfois cruel. Ce caractère complexe est au service d'un appétit de vivre dévorant et d'une force de travail sans pareille. Rostand compose un portrait haletant de l'actrice au tournant du siècle, emportée dans le tourbillon grisant de ses multiples activités :

Un cab s'arrête devant une porte ; une femme, dans de grosses fourrures, descend vite ; traverse la foule, qu'amassa le seul grelot de son attelage, en lui laissant un sourire ; monte légèrement un escalier en colimaçon ; envahit une loge fleurie et surchauffée ; lance d'un côté son petit sac enrubanné dans lequel il y a de tout, et de l'autre son chapeau d'ailes d'oiseau ; mincit brusquement de la disparition de ses zibelines ; n'est plus qu'un fourreau de soie blanche ; se précipite sur une scène obscure ; anime de son arrivée tout un peuple pâle qui bâillait, là, dans l'ombre ; va, vient, enfièvre tout ce qu'elle frôle ; prend place au guignol, met en scène, indique des gestes, des intonations ; se dresse, veut qu'on reprenne, rugit de rage, se rassied, sourit, boit du thé ; commence à répéter elle-même ; fait pleurer, en répétant, les vieux comédiens dont les têtes charmées sortent de derrière les portants ; revient à sa loge où l'attendent des décorateurs ; démolit à coups de ciseaux leurs maquettes, pour les reconstruire ; n'en peut plus, s'essuie le front d'une dentelle, va s'évanouir ; s'élance tout d'un coup au cinquième étage du théâtre, apparaît au costumier effaré, fouille dans les coffres d'étoffes, compose des costumes, drape, chiffonne ; redescend dans sa loge pour apprendre aux femmes de la figuration comment il faut se coiffer ; donne une audition en faisant des bouquets ; se fait lire cent lettres, s'attendrit à des demandes [...] ouvre souvent le petit sac tintant où il y a de tout ; confère avec un perruquier anglais ; retourne sur la scène pour régler l'éclairage d'un décor, injurie les appareils, met l'électricien sur les dents ; se souvient, en voyant passer un accessoiriste, d'une faute qu'il commit la veille, et le foudroie de son indignation ; rentre dans sa loge pour dîner ; s'attable, magnifiquement blême de fatigue, en faisant des projets ; mange, avec des rires bohémiens ; n'a pas le temps de finir ; s'habille pour la représentation du soir, pendant qu'à travers un rideau le régisseur lui raconte des choses ; joue éperdument ; traite mille affaires pendant les entractes ; reste au théâtre, le spectacle terminé, pour prendre des décisions jusqu'à trois heures du matin ; ne se résigne à partir qu'en voyant tout le personnel dormir respectueusement debout ; remonte dans son cab ; s'étire dans ses fourrures en pensant à la volupté de s'étendre, de se reposer enfin ; pouffe de rire en se rappelant qu'on l'attend chez elle pour lui lire une pièce en cinq actes ; rentre, écoute la pièce, s'emballe, pleure, la reçoit, ne peut plus dormir, en profite pour étudier un rôle...

Et voilà, mon ami, ce qui me paraît plus extraordinaire que tout. Voilà la Sarah que j'ai connue. Je n'ai pas connu l'autre, celle des cercueils et des alligators. Je n'ai pas connu d'autre Sarah que celle-là. C'est la Sarah qui travaille. C'est la plus grande [2].

Sarah Bernhardt a volontairement élargi son répertoire au point de rendre caduc le système des emplois qui prévalait jusqu'alors. Des rôles d'ingénues et de jeunes premières, auxquelles son aspect frêle et la tessiture aiguë de sa voix la destinaient, comme Iphigénie, Zaïre, Junie ou l'Anna Damby de *Kean*, elle est d'abord passée aux jeunes princesses tragiques, aux femmes chastes et assurées, comme Doña Maria ou Doña Sol. Lorsqu'elle est enfin libre de choisir ses personnages, elle privilégie les héroïnes de mélodrame : Froufrou, la Dame aux camélias, Théodora, Fédora, ou Adrienne Lecouvreur, toutes lui permettent de s'illustrer dans des scènes d'agonie qui emportent l'admiration du public. Cependant, elle fait alterner ces figures avec des rôles de saintes — Jeanne d'Arc, la Vierge d'Avila ou encore la Samaritaine —, mais aussi avec des rôles masculins, de Lorenzaccio à l'Aiglon, en passant par Hamlet. Malgré la coquetterie qui l'a détournée des personnages plus mûrs, en particulier des mères, elle a néanmoins parfois choisi délibérément d'incarner des vieilles femmes, telles Posthumia, aveugle, ou Jeanne Doré, quand la charge émotionnelle du rôle lui semblait suffisante. Au tournant du siècle dernier, on mesure encore le succès d'une pièce à son potentiel lacrymal et les critiques s'accordent à dire que Sarah était capable de faire fondre en larmes des salles entières, tant elle savait exploiter le pathétique des situations.

Quelle que soit la variété des rôles qu'elle aborde, ils possèdent tous une composante de séduction et elle est passée maître dans ce domaine depuis qu'elle a dû gagner sa vie en monnayant ses charmes. Tous les critiques relèvent la grâce de ses mouvements et la magie de ses poses de prédilection, qualifiées de sculpturales ou de picturales, immortalisées par les peintres et les photographes. Même immobile, elle donne sur la scène l'impression du mouvement grâce à la tension en spirale de son corps : si elle tourne le dos au public, son visage se retourne pour le regarder, comme dans le portrait de Clairin. Cette torsion est encore amplifiée par le choix des costumes, le plus souvent des robes à traîne ou des tuniques qui accentuent le caractère souple et longiligne de sa silhouette, mise en relief par une ceinture portée bas sur les hanches et toujours en oblique pour épouser le mouvement du torse et du bassin. Le corps de l'actrice est un corps libre et sensuel : elle a, en effet, la première, refusé de porter un corset. Le critique Henri Bauer souligne l'importance de cette révolution dans la silhouette féminine : « Il faut que sous l'enveloppe de soie ou de laine, le nu se sente, que la femme puisse garder la mobilité, la grâce, la souplesse charnelles, tous les mouvements physiques qui contribuent à l'impression immédiate et profonde du spectacle. » Et Sarah lui a confié que c'est à cet affranchissement du corset qu'elle attribue « la liberté de ses mouvements, la légèreté de sa marche, la flexibilité de son buste et l'élasticité de son corps[3] ». La sensualité et la féminité de cette ligne serpentine dessinent une liane mouvante, emblème de l'Art nouveau. Le corps de la femme, libéré du carcan du corset est mis en valeur par des tissus épousant ses moindres ondulations. Sarah était, en outre, dotée d'une grande conscience du mouvement scénique, comme le relève le compositeur Reynaldo Hahn : « Dans tous ses gestes, on retrouve toujours un principe de spirale. Voilà qu'elle s'assied et elle s'assied en spirale ; sa robe tourne autour d'elle, l'embrasse d'un tendre mouvement de spirale, et la traîne achève sur le sol le dessin de spirale que la tête et le buste de Sarah achèvent par le haut dans un sens opposé[4]. » Jules Lemaître fait une remarque similaire et l'approfondit, pour percer le mystère de la fascination exercée par la comédienne sur son public :

Le ciel a doué Mme Sarah Bernhardt de dons singuliers : il l'a faite étrange, d'une sveltesse et d'une souplesse surprenantes, et il a répandu sur son maigre visage une grâce inquiétante de bohémienne, de gypsy, je ne sais quoi qui fait songer à Salomé, à Salammbô, à la reine de Saba. Et cet air de princesse de conte, de créature chimérique et lointaine, Mme Sarah Bernhardt l'exploite à ravir. [...] Mais voici la plus grande originalité de cette artiste si complètement personnelle. Elle fait ce que nulle n'avait osé faire avant elle : elle joue avec tout son corps. Cela est unique, prenez-y garde. [...] c'est la *femme* qui joue. Elle se livre vraiment, tout entière. Elle étreint, elle enlace, elle se pâme, elle se tord, elle se meurt, elle enveloppe l'amant d'un enroulement de couleuvre. C'est là je pense, la plus étonnante nouveauté de sa manière : elle met dans ses rôles, non seulement toute son âme, tout son esprit et toute sa grâce physique, mais encore tout son sexe [5].

Cette libération du corps, qui exerce une influence sur la mode et sur l'art, va de pair avec un affranchissement des traditions de jeu établies. À Londres en 1881, Sarah renouvelle le rôle de Marguerite Gautier, à la surprise des critiques français, en faisant preuve d'une finesse d'analyse du personnage ainsi que d'un instinct très sûr. Sa voix est l'autre atout majeur de son jeu scénique, tour à tour caressante et sensuelle, murmure qui va jusqu'au soupir dans les scènes de séduction et d'amour ou, au contraire, cinglante et brusque. Sarcey confesse ainsi :

Je croyais n'avoir plus rien à apprendre sur le personnage. Mlle Sarah Bernhardt nous l'a montré sous un nouveau jour. Ce n'est pas une courtisane qui meurt de phtisie, aventure touchante, mais vulgaire après tout. C'est la courtisane que tue le mépris de son métier et l'impuissance d'en sortir. Elle nous a du coup ouvert une échappée sur l'Idéal. Elle a jeté à pleines mains dans le rôle la poésie que ses devancières avaient oublié d'y mettre [6].

Quand elle reprend un répertoire déjà figé par une tradition théâtrale, c'est donc bien pour y imprimer sa marque et affirmer son originalité. Il y a toujours de vraies trouvailles d'actrice, non seulement dans l'intelligence du rôle, mais aussi dans son incarnation physique, frémissante, poétique et électrique.

Dans les articles des critiques comme dans les témoignages de ses proches, il est souvent question d'électricité ou d'hypnose à propos de son jeu, voire de « mesmérisation », en référence aux expériences de Mesmer sur le magnétisme animal. Ces qualifications sont suffisamment rares dans les textes de l'époque pour être signalées. Son débit, volontairement artificiel et monocorde, proche du récitatif, charme les foules en les enveloppant dans une mélopée rare, interrompue par des cris ou des explosions furieuses. Sensible à l'atmosphère de la salle et à la manière dont son interprétation est reçue, elle peut modifier son jeu en fonction de l'écoute. Les récits de spectateurs plus ou moins avertis confirment une sympathie, voire une empathie très forte avec l'actrice : à la mort de Phèdre, par exemple, « on se sent pénétré, en la regardant, du froid qui engourdit déjà son corps[7] ».

Néanmoins, les critiques relèvent dans les années 1890 une fâcheuse tendance au maniérisme vocal, en particulier lorsqu'il s'agit de jouer les héroïnes de Victorien Sardou, mais ils accusent les tournées à l'étranger. Certains avaient déjà condamné son goût pour le récitatif, psalmodie monotone qui précipite l'élocution au point qu'on perd le sens au profit d'une musique générale de la tirade, qu'ils appellent « déblayage ». Sarcey écrit qu'elle joue « à l'américaine », ses défauts étant accentués par la confrontation avec un public étranger moins exigeant et peu francophone. Ces travers ne sont bientôt plus mentionnés par les critiques et elle revient, dès la fin des années 1890, à une plus grande précision d'articulation. Elle développe simultanément le recours à la pantomime, ce langage du corps, jeu muet immédiatement intelligible et sensible.

Si Sarah Bernhardt utilise un alphabet de gestes déjà éprouvés, relevant surtout du registre élégiaque et pathétique propre au répertoire mélodramatique et à ses situations attendues d'imploration et de prière, elle les amplifie au maximum pour les théâtraliser. Les mouvements de ses bras ne partent pas du coude, mais des épaules, ses gestes sont larges, ses déplacements soulignés et accentués par le drapé de ses costumes, dont elle avait une maîtrise parfaite. Elle a volontiers recours à la pantomime de supplication et se jette à genoux avec impétuosité, ce qui accroît le pathos visuel de la situation. Sa science du geste et de la pose a été aiguisée par son travail de sculpteur et de peintre. Elle a ainsi toujours conscience de l'expressivité de ses mains : la mort de Marguerite Gautier se joue dans le mouchoir que sa main laisse glisser au sol quand la vie la quitte. Dans les scènes d'agonie, elle éblouit et bouleverse le public, son expressivité corporelle donne à voir tous les états successifs de l'âme du personnage avant de rendre sensibles ses souffrances. Elle sait depuis son enfance rouler les yeux et faire disparaître ses prunelles et recourt volontiers à cette expression morbide qui annule le regard.

Sa prédilection pour les scènes d'agonie trouve sans doute son explication dans l'imaginaire morbide de ses jeunes années, nourrissant ses compositions théâtrales, tandis que l'imagerie romantique qui l'accompagne — le cercueil, la chauve-souris, le squelette Lazare ou le crâne offert par Victor Hugo — fait le bonheur des caricaturistes de son temps. Elle a elle-même sculpté un encrier en bronze à sa ressemblance, sphinge étonnante au visage encadré d'ailes de chauve-souris. Presque toutes les pièces écrites par Sardou pour Sarah comptent une scène de mort violente et il a pris un malin plaisir à les décliner, depuis la chute de la Tosca du haut du château Saint-Ange, jusqu'à Cléopâtre piquée par son aspic. Son goût pour les scènes à fort potentiel émotionnel, qui l'entraînent vers un type de répertoire mélodramatique, peut également s'expliquer par un don naturel pour le registre pathétique : sa tessiture vocale et son apparente faiblesse physique lui permettent de mettre en valeur la fragilité des héroïnes au destin tragique.

Elle conçoit le jeu comme une identification de l'acteur à son rôle et parle d'un véritable dédoublement qui lui fait dire en sortant de sa loge : « Je me quitte. » Le journaliste Henri de Weindel, qui a assisté à quelques répétitions, raconte : « Sur scène, sa personnalité subit un dédoublement, elle joue comme elle rêve, intensément, et sans que la fatigue se proportionne à la dilapidation vertigineuse de la pensée. D'abord qu'elle quitte les planches, un frémissement d'au-delà flotte sur la réalité, de même que l'impression d'un songe vibre, en ondes troubles, sur les premiers moments du réveil. [...]

Elle pénètre les personnages et respire leur atmosphère avec une surprenante acuité[8]. » Et c'est bien ainsi qu'elle parle du travail du comédien dans son *Art du théâtre*, opposée en tout point à la distance chère à Diderot. Elle s'incarne dans le personnage, elle devient et respire le personnage, écrivant dans une lettre publiée dans *L'Événement* : « Enfin, pour ma part, je n'ai jamais joué *Phèdre* sans m'évanouir ou cracher le sang, et après le quatrième acte de *Théodora*, dans lequel je tue Marcellus, je suis dans un tel état nerveux que je remonte dans ma loge en sanglotant[9]. » Pourtant, divers témoignages rapportent qu'elle mélangeait volontiers, sans que nul n'y voie rien, la vie réelle au texte de ses rôles, ce qui contredit sa revendication du jeu comme identification totale au personnage. Marguerite Moreno raconte : « Bien souvent, elle mêlait en jouant, au texte de son rôle, des phrases entièrement étrangères à l'action. À ma connaissance, le public, emporté par l'irrésistible magnétisme qu'elle dégageait, ne s'en est jamais aperçu. Dans une des tirades du premier acte de *Phèdre*, elle parla un jour, assez longuement, du réglage de la lumière électrique, personne ne broncha dans la salle. Elle plaçait ses auditeurs dans le monde irréel où elle-même évoluait à l'aise, et où les événements les plus hétéroclites n'étonnaient pas plus qu'ils n'eussent étonné dans un songe[10]. »

Elle a joué Phèdre pendant près de quarante ans, c'est l'un de ses plus grands rôles, celui dans lequel tous les romanciers qu'elle a inspirés ne manquent pas de la décrire. Dès 1874, elle a su l'adapter à ses possibilités vocales pour ressusciter la tragédie classique qu'on croyait morte avec Rachel. Elle l'a même emportée sur les scènes du Boulevard puisqu'elle reprend *Phèdre* au théâtre de la Renaissance puis à la Porte-Saint-Martin. En écoutant les enregistrements de Sarah Bernhardt du début du siècle dernier, il est possible de se faire une idée de sa manière de dire l'alexandrin. Sans restituer dans toute sa richesse la couleur de sa voix, ils témoignent des libertés qu'elle prend avec le vers pour le rendre plus expressif.

Elle commence la déclaration de Phèdre à Hippolyte (II, 5) assez calmement et dans une nuance *piano*, comme un récitatif; sur « Oui Prince, je languis, je brûle pour Thésée », la voix se fait caressante et on devine un sourire tendre sur « Charmant, jeune, traînant tous les cœurs après soi ». Elle ne fait pas entendre tous les « e » muets pourtant nécessaires à l'équilibre de l'alexandrin, surtout lorsque le tempo s'accélère sous l'effet de la passion : elle prononce ainsi « Mais non ! dans c'dessein je l'aurais d'vancée », qui lui permet d'avancer plus vite jusqu'à « L'amour » qu'elle suspend presque, en allongeant les voyelles et en faisant vibrer les consonnes. La scène se tend ensuite vers un paroxysme de violence : elle s'appuie sur les impératifs en début de vers « Venge-toi », « Crois-moi », « Frappe », et enfin « Donne », sur un crescendo vocal. Les consonnes, comme mordues, constituent un tremplin suspendant un instant le rythme haletant du vers. Celui-ci est, par ailleurs, déstructuré par des enjambements qui ne respectent pas toujours la ponctuation, et l'élision des « e » muets accélère encore la cascade du débit. Seul le dernier impératif est lancé dans les aigus, les trois premiers restent contenus dans le médium de la voix, comme si le personnage contrôlait encore le flux d'émotions contradictoires dans lequel il est pris. Elle fait parfois entendre un sanglot de fond de gorge en lieu et place du « e » muet. Cet enregistrement rend compte d'un travail sur l'intelligibilité de la situation, mais aussi de la technique vocale et respiratoire de l'actrice, qui maîtrise admirablement le caractère pathétique de la situation.

Par ailleurs, elle se révèle capable d'une grande puissance tragique dans l'évocation de Minos, à la scène 6 de l'acte IV : « Mlle Sarah Bernhardt a parfaitement rendu le sentiment de terreur qui règne dans ces beaux vers, et la manière dont elle est tombée à genoux, en proie à une sorte d'hallucination, sur ce mot "Pardonne !" a fait courir un frisson dans la salle. Elle voyait Minos son juge, et le spectateur le voyait comme elle[11]. »

Lorsqu'elle reprend Phèdre en 1893, le public est ravi, mais les critiques réservés. Elle renouvelle le décor : au lieu d'être posé dans un banal vestibule, le trône sur lequel elle s'assied, à l'ombre d'un immense laurier-rose, est reconstitué selon l'esthétique de l'art mycénien, dans un péristyle ouvrant sur la mer. Les critiques constatent non seulement qu'elle a l'air encore plus jeune et belle que vingt ans auparavant, mais que sa maturité d'actrice lui permet désormais de jouer le quatrième acte, celui des fureurs de Phèdre jalouse, dans lequel elle avait jusque-là été décevante. Proust a été particulièrement sensible à l'homogénéité de son jeu ; ses gestes, sa voix et jusqu'aux mouvements des étoffes sur son corps donnent à voir de manière quasi organique les mouvements de l'âme de Phèdre :

Ces blancs voiles eux-mêmes, qui, exténués et fidèles, semblaient de la matière vivante et avoir été filés par la souffrance mi-païenne, mi-janséniste, autour de laquelle ils se contractaient comme un cocon fragile et frileux ; tout cela, voix, attitudes, gestes, voiles, n'était, autour de ce corps d'une idée qu'est un vers (corps qui au contraire des corps humains n'est pas devant l'âme comme un obstacle opaque qui empêche de l'apercevoir mais comme un vêtement purifié, vivifié, où elle se diffuse et où on la retrouve), que des enveloppes supplémentaires qui au lieu de la cacher ne rendaient que plus splendidement l'âme qui se les était assimilées et s'y était répandue, comme des coulées de substances diverses, devenues translucides, dont la superposition ne fait que réfracter plus richement le rayon central et prisonnier qui les traverse et rendre plus étendue, plus précieuse et plus belle la matière imbibée de flamme où il est engainé. Telle l'interprétation de la Berma était autour de l'œuvre, une seconde œuvre, vivifiée aussi par le génie [12].

Sarah continue à jouer *Phèdre*, même si ce rôle l'épuise chaque fois qu'elle le reprend ; elle travaille, cherche de nouvelles nuances, modifie des intentions de jeu, comme en témoigne Jean Yonnel, engagé pour jouer Hippolyte à ses côtés en mai 1910, à Londres : « J'entends encore le fameux "tu le savais !" que Phèdre adresse à Œnone : c'était tantôt un cri désespéré, tantôt une effrayante menace, tantôt une découverte murmurée comme une écrasante surprise sans fin, sans fin [...]. Dans la scène que j'avais l'honneur de jouer avec elle, elle déployait une féminité, un charme, une grâce indescriptibles, exerçant une sorte d'envoûtement par le regard, la voix, le rayonnement qui émanait de toute sa personne et qui rendait vraisemblables la fascination et l'immobilité d'Hippolyte comprenant l'espoir secret de sa belle-mère [13]. » Béatrix Dussane, elle-même actrice, insiste également sur la féminité avec laquelle Sarah a composé le personnage de Phèdre, en décrivant tout le parcours du rôle :

Elle a gardé le cristal argentin de sa voix, et quand elle entre en scène : « *N'allons pas plus avant... ma force m'abandonne...* », elle n'est que faiblesse, fièvre et fragilité. Dans les préludes de sa confession à Œnone, elle donne aux hantises de Phèdre : « *l'ombre des forêts, le char fuyant dans la carrière...* » la grâce intense et puérile d'un caprice d'enfant malade. Puis les forces, des forces purement psychiques, lui reviennent à mesure qu'elle peut raconter son tourment, et le cri « *C'est Vénus tout entière à sa proie attachée* » fulgure, nerfs vibrants à vif, souligné d'un geste audacieux comprimant les hanches étroites, transe érotique d'autant plus intense qu'elle passe à travers moins de chair... La scène de la déclaration est maintenue par elle dans la brume du rêve, le doux glissement au délire ; elle avance vers Hippolyte sans marche apparente, comme si elle ne pesait plus sur le sol, elle sourit presque, et caresse du geste et de la diction les allitérations célèbres : « *mais* fidèle, *mais* fier *et même un peu farouche...* » [...]

Jamais une scène de folie ne lui a fait peur, ni ne l'a entraînée aux violences prosaïques ; elle tombe à genoux, arrache l'épée d'Hippolyte, la brandit, se laisse entraîner par Œnone dans une accélération acrobatique où toute difficulté plastique se trouve escamotée pour nos yeux, car elle est aussi habile qu'inspirée. Au quatrième acte, dans sa fureur jalouse contre Aricie, elle rugit de douleur, griffe, déchire, flaire le sang : une panthère blessée, et déploie ses exténuantes fureurs en continuant de ne faire aucun étalage de sa force musculaire... Comparé à ce qui se faisait avant elle, c'est une machine électrique (et même électronique) substituée à une machine à vapeur. Et sa dernière apparition, sur une mélopée musicale, est vraiment celle d'une âme qui achève de se délivrer [14]...

Cette dernière entrée de Phèdre qui vient s'accuser et mourir, Sarah est capable de la changer radicalement, à la surprise de tous, y compris de ses partenaires. Au lieu d'une morte qui arrive lentement sur scène pour y agoniser, un beau soir, c'est une femme pressée qui entre en courant, se hâtant de tout dire avant de s'amollir en perdant connaissance. Joué pendant plus de trente ans, ce rôle l'a accompagnée pendant presque toute sa carrière de comédienne, mais elle l'a renouvelé, retravaillé, revisité pour le redécouvrir à chaque représentation et le partager avec un public enthousiaste.

Les travestis, auxquels sa silhouette la prédisposait, représentent l'autre versant de sa carrière. Après le Zanetto du *Passant* avec lequel elle a connu ses premiers succès, elle aime à interpréter des personnages masculins. Elle s'en explique dans *L'Art du théâtre* : « On m'a souvent demandé pourquoi j'aime tant à représenter des rôles d'hommes et en particulier pourquoi j'ai préféré celui d'Hamlet à celui d'Ophelia. En réalité, je ne préfère pas les rôles d'hommes, mais les cerveaux d'hommes, et parmi tous les caractères celui d'Hamlet m'a tentée entre tous parce qu'il est le plus original, le plus subtil, le plus torturé et cependant le plus simple pour l'unité de son rêve [15]. » Elle a d'ailleurs regroupé ses trois grandes créations masculines sous le nom de l'un d'entre eux, parlant de ses « trois Hamlet » : « L'Hamlet de Shakespeare se débat contre les poignards, les pièges et les poisons. L'Hamlet de Rostand est ligoté par les fils invisibles de la politique : plus il essaie de s'en défaire, plus ils l'enserrent. L'Hamlet de Musset est noyé dans les intrigues, les orgies et la somptueuse luxure ; mais il a, dans le fond de son âme, la petite flamme qui illumine par moments tout son être [16]. » Ces trois figures ont en commun leur jeunesse et leur désir d'agir qui se heurte à des obstacles parfois infranchissables, mais surtout l'évidente prépondérance de l'intellectuel sur le physique dans leur mécanisme psychique. Sarah n'a, par exemple, jamais essayé de jouer Don Juan, Néron, Faust ni Roméo.

Elle crée *Lorenzaccio* en décembre 1896, dans une version édulcorée puisque la pièce se termine avec la victoire de Lorenzo le libérateur sur le tyran et non par sa mort. Tous les critiques louent son talent de composition ; Émile Faguet écrit : « C'est le triomphe de l'intelligence. Pas une nuance du caractère et du rôle qui n'ait été, grâce à elle, comme une révélation. Elle a multiplié les difficultés en multipliant les contrastes et à chaque nouveau moment c'était comme un nouveau poème de douleur et de colère qui commençait. Ce corps et ce visage n'étaient pas autre chose qu'une âme qui vivait devant nous d'une vie changeante, précipitée et multiple[17]. »

Lemaître surenchérit :

Et quel air triste, énigmatique, équivoque, languissant, dédaigneux et pourri elle avait ! Et tout, la surveillance de soi, les brefs frémissements sous le masque de la lâcheté, l'insolente et la diabolique ironie par où Lorenzo se paye des mensonges de son rôle, la hantise de l'idée fixe, l'hystérie de la vengeance et les excitations artificielles par où il s'entraîne à agir ; et les retours de tendresse, et les haltes de rêverie, et les ressouvenirs de sa jeunesse et de son enfance ; la magnifique et lamentable confession de Lorenzo découvrant au vieux Strozzi l'abîme de sa pensée et de son cœur ; le désespoir absolu, puis la répétition suprême et comme somnambulique de la scène du meurtre enfin proche ; et, persistant à travers tout, l'immense, délicieux et abominable orgueil[18].

Avec Hamlet, elle s'attaque au même type de personnage. Celui-ci a déjà été joué par des femmes : Mme Judith, ancienne sociétaire de la Comédie-Française l'a incarné en 1867, puis Mlle Émilie Lerou, mais toujours dans la version assez plate en alexandrins de Dumas père. La création de Sarah, dans la traduction de Schwob et Morand, très fidèle au texte original, avec des tournures syntaxiques archaïques qui en rendent la mémorisation difficile, marque les spectateurs. Edmond Pilon s'enthousiasme dans un numéro spécial de la revue *La Plume* consacré à la comédienne :

Attendrie et rêveuse, emportée et démente, raisonnable et ironique, elle nous exprima, dans ses multiples détails, les diverses facettes de ce héros subtil et ingénieux. Avec un art tout à fait grand, elle joua tour à tour l'abattement et la folie, le cynique et la colère, la puérilité et le songe.[...] c'est un enfant, voire un enfant qui a des préjugés. Il est boudeur[19].

Il conclut : « Où les uns n'avaient vu que le panache et les autres la folie, elle avait perçu la réalité de l'homme[20]. » Un article de Gustave Geffroy permet de donner une idée de la vitalité avec laquelle elle jouait le rôle, reléguant au second plan le caractère traditionnellement mélancolique et rêveur d'Hamlet au profit d'une énergie saccadée et trépidante :

C'est ce Hamlet pensif, violent par éclats, qui fait parler à la raison le langage de la folie, que Mme Sarah Bernhardt a supérieurement représenté. La nature féminine l'a servie ici pour donner au prince de Danemark une douceur irrésolue, et sa volonté d'artiste, et son tempérament d'une si belle ardeur ont fait sortir de sa hautaine mélancolie tous les beaux cris de fureur, d'ironie, de désespoir. Tout au long du rôle, ç'a été une série de trouvailles. Les phrases familières ont été dites avec un naturel exquis, les mépris sifflent, les dégoûts pleurent par cette voix expressive, se peignent sur ce visage nuancé, se dessinent par les gestes rapides ou las de cette petite main. Il est impossible de ne pas admirer ce jeu sobre, soutenu, en dedans pour tous les passages d'hésitation et d'inaction, si éclatant aux minutes de réveil. Il est impossible d'oublier de quelle façon Hamlet se couvre le visage de son manteau lorsque le spectre lui parle de la trahison sensuelle de sa mère, ni comment il met ses deux index sur les bouches d'Horatio et de Marcellus, à qui il recommande le silence, ni comment il bourdonne autour de Polonius, ni comment il chuchote : « Au couvent ! au couvent ! » d'une voix brève, basse, insultante, en quittant Ophélie, ni comment il profère spirituellement les conseils aux comédiens, ni comment il épie sauvagement le roi et lui porte la torche au visage[21].

Or, Hamlet est joué en même temps à la Comédie-Française, par Mounet-Sully, dans la traduction de Dumas fils, et il ne manque pas de venir plusieurs fois admirer la proposition scénique de Sarah pour discuter avec elle de la manière dont ils abordent le personnage. Le critique du *Temps*, Gustave Larroumet, résume ainsi la différence d'interprétation : « Mounet-Sully faisait d'Hamlet un homme d'une énergie intermittente et terrible ; Sarah Bernhardt en fait un enfant mené par des nerfs malades. [...] Elle a été sobre et forte, ardente et mesurée ; elle nous a secoués d'une émotion poignante et délicieuse ; surtout elle a inondé de lumière un caractère obscur entre tous[22]. »

Lorsqu'elle va présenter son Hamlet à Londres, les Anglais ne sont pas tous choqués de voir une actrice française s'emparer du rôle ; après l'avoir vue à l'Adelphi Theatre le 12 juin, Clement Scott, critique dramatique du *Telegraph*, fait même l'éloge de l'intelligence avec laquelle elle a composé son personnage, accentuant la note comique, au contraire des Anglais qui forcent la tonalité tragique :

Le cerveau de l'actrice française est si rapide, ses ruptures si vivantes, sa vivacité si admirable [...]. Mais quelles trouvailles délicieuses elle a eues ! Se signer avant de suivre le fantôme, proférer son discours aux acteurs depuis la scène miniature, ce qui fait un instant d'Hamlet un acteur s'adressant à son public ; toucher le portrait de son père accroché au mur après le départ du fantôme quand on revient au monde réel ; l'effet du poison dans les veines d'Hamlet quand sa main est égratignée dans le duel avec Laerte ; puis poser un baiser sur la tête de sa mère morte — ce sont là de véritables trouvailles ingénieuses, [...] l'ensemble était plein d'imagination, d'électricité et de poésie. Je ne crois pas avoir jamais assisté à une représentation d'Hamlet en éprouvant moins de fatigue. Le temps a passé comme en un rêve délectable. En principe on sort de la pièce épuisé. Pas d'épuisement avec Sarah Bernhardt, juste un étourdissement grisant [23].

Aux autres critiques plus réservés, Sarah adresse une lettre ouverte, publiée dans le *Daily Telegraph*, qui expose son point de vue sur le personnage :

On me reproche d'être trop active, trop virile. Il semble qu'en Angleterre Hamlet doive être représenté sous les traits d'un triste professeur allemand... On dit que mon jeu n'est pas traditionnel. Mais qu'est-ce que la tradition ? Chaque acteur apporte ses propres traditions... Dans la scène de la chapelle Hamlet décide de ne pas tuer le roi en prière, non par irrésolution ou lâcheté, mais parce qu'il est intelligent et tenace ; il veut le tuer en état de péché et non en état de repentance, car il veut le voir aller en enfer et non au ciel. Il y a ceux qui veulent absolument voir en Hamlet une âme de femme, faible et irrésolue ; moi je vois en lui une âme d'homme résolu et sensible. Quand Hamlet voit l'esprit de son père et apprend le meurtre, il décide de le venger, mais il est le contraire d'Othello, qui agit sans réfléchir ; Hamlet pense avant d'agir, signe d'une grande force et d'une âme puissante. Hamlet aime Ophélie mais il renonce à l'amour, il renonce à ses études, il renonce à tout afin d'atteindre son but, et il l'atteint : il tue le roi lorsqu'il le découvre en train de pécher de la façon la plus noire et la plus criminelle... Pour conclure, Monsieur, permettez-moi de dire que Shakespeare, par son génie colossal, appartient à l'univers, et qu'un cerveau français, allemand ou russe a le droit de l'admirer et de le comprendre [24].

Son travail de composition des rôles repose donc sur une intelligence extrêmement poussée du texte et une analyse psychologique du personnage. Elle recrée les conditions de l'action scénique pour construire son cheminement intérieur et être à même de le représenter au plus près sur la scène. On retrouve les mêmes qualités dans sa construction du personnage de l'Aiglon, si ce n'est que la qualité dramatique du texte est moindre, le personnage étant plus évidemment poétique et lyrique que ses prédécesseurs. Le succès immense obtenu dans ce rôle est sans doute surtout le fruit de la rencontre d'une actrice et d'une thématique héroïque, exaltant la grandeur passée de la France. Larroumet décrit l'Aiglon comme « un Hamlet hésitant et faible devant un grand devoir, mais sans la fièvre finale d'énergie qui permet à son frère danois d'attester par des actes la qualité de son âme. Hamlet tire l'épée et meurt sur un tas de cadavres ; le duc de Reichstadt n'a fait que se dévorer lui-même dans une lente agonie morale et physique [25] ». Ce rôle permet néanmoins à l'actrice de montrer toute la palette de son jeu, alternant les états les plus divers avec une virtuosité accomplie, comme Henri Fouquier le remarque, insistant sur : « ce génie dramatique si souple, si divers et si puissant. Mélancolie, désespoir, ironie, colère, tendresse, le rôle du duc de Reichstadt parcourt toute la gamme des sentiments humains. Il est enfant, ici : là, il dépasse l'homme dans le rêve mystique de la gloire. Mme Sarah Bernhardt nous a tout donné [26] ».

Les « trois Hamlet » de Sarah sont caractérisés par leur jeunesse, qui autorise la comédienne à les tirer vers l'enfance et à jouer de son talent pour faire valoir toutes les ruptures dans l'évolution du rôle. La nervosité et la vivacité de son interprétation favorisent de rapides changements d'humeur et de couleur qui donnent à voir la complexité de ces personnages masculins et la virtuosité de leur interprète. Son jeu est un art du mouvement. D'une part, son intelligence du texte la conduit à pouvoir exposer toutes les facettes des héros qu'elle incarne et à les varier aussi habilement que rapidement en enchaînant les ruptures dramatiques qui enveloppent le public dans un flot d'émotions. D'autre part, sa science du geste, parfois excessif, parfois suspendu, lui permet de faire naître pour le spectateur des images arrêtées qui synthétisent les situations et marquent les mémoires.

« Même elle avait encor cet éclat emprunté »
Racine, *Athalie*, II, 5
(1914-1923)

> *Il y a cinq sortes de comédiennes : les mauvaises, les passables, les bonnes, les grandes – et puis il y a Sarah Bernhardt.*
>
> MARK TWAIN [1]

Au début de la Première Guerre mondiale, Sarah s'est installée dans une modeste villa baptisée Euréka à Andernos, petit village de pêcheurs. Sa petite-fille, Lysiane, et Suzanne Seylor l'accompagnent. Maurice la rejoint, avec sa nouvelle compagne, puis Clairin, Louise Abbéma, Blanche Dufrène... Pitou, l'infatigable secrétaire, et Suzanne sont ses têtes de Turcs. Elle y fête ses soixante-dix ans, se remet à la peinture et envoie des lettres aux journaux américains pour les sensibiliser à la cause des Alliés. Son médecin parisien, le fameux Pozzi, espère que le repos forcé, à défaut de guérir son genou, toujours plâtré, apaisera au moins ses douleurs continuelles. Mais il n'en est rien. Blessée par le plâtre, elle le fait enlever et sa jambe droite est gangrenée, atteinte de tuberculose osseuse. Elle écrit une lettre à Pozzi, qu'elle appelle « Docteur

Dieu », et dans laquelle elle lui fait part de sa résolution de se faire amputer :

Je vous supplie de me couper la jambe un peu au-dessus du genou. Ne vous récriez pas ; j'ai peut-être dix ou quinze ans à vivre. Pourquoi me condamner à souffrir ces quinze ans, pourquoi me condamner à l'inactivité ? Remarquez, je vous prie, qu'avec un appareil en plâtre ou en celluloïd je suis infirme quand même et ne puis pas jouer. Et, horreur, je souffrirai toujours et mes nuits seront des nuits d'angoisse puisque c'est surtout la nuit que je souffre du genou, rien que du genou. [...] Je n'ai pas l'instinct de conservation et je me bats l'œil de ma jambe. Qu'elle coure où elle voudra. Si vous me refusez je me flanque une balle dans le genou et il faudra bien la couper. Ami ne croyez pas que je sois nerveuse ; non, je suis calme et gaie ; mais je veux vivre ce que j'ai à vivre ou mourir tout de suite. Vous comprenez, mon Sam chéri, que appareil pour appareil il vaut mieux celui qui me permettra, ma jambe de bois retirée, de prendre un bon bain tous les jours. Ma santé y gagnera cent pour cent. Je ferai une tournée de conférences, je donnerai des leçons et je serai gaie. Je ne veux pas perdre ma gaieté. On coupe en ce moment des jambes agiles à des pauvres gosses de vingt ans, on coupe des bras faits pour l'étreinte et vous me refuseriez cela à moi. Non, ce n'est pas possible. Il faut la couper tout de suite, que je sois libérée dans un mois. Ne m'abandonnez pas en cette douloureuse et dernière étape. Soyez mon Ami dévoué et j'accours à Paris et je vous livre ma jambe à couper [2].

Pozzi se dérobe, sans doute de peur que son illustre patiente meure sous son scalpel, et il demande à Denucé, un de ses anciens élèves, de pratiquer l'opération. Le 22 février 1915, Sarah est donc amputée à Bordeaux, et se rend à la clinique maquillée et coiffée avec soin, accompagnée de son fils Maurice. On a raconté, sans doute pour ajouter encore à la légende, qu'elle aurait entonné *La Marseillaise* en partant pour la salle d'opération. L'opération est un succès et, pendant ses deux mois de convalescence, elle essaie d'innombrables jambes de bois, envoyées gracieusement par des orthopédistes bordelais, sans qu'aucune ne lui convienne. Elle préfère jouer à l'impératrice byzantine et fait construire une élégante chaise à porteurs de style Louis XV, laquée de blanc, assez étroite pour pouvoir franchir les seuils et entrer dans un ascenseur, ce qui lui vaut le nouveau surnom de « Mère La Chaise ». La nouvelle de son amputation ne tarde pas à franchir les océans et le directeur du cirque Barnum aux États-Unis charge un émissaire de lui proposer 100 000 dollars de sa jambe afin de l'exposer en Amérique. Sarah lui aurait répondu par télégramme, avec l'humour qui la caractérise : « Laquelle ? » L'histoire de ce membre amputé se prolonge encore aujourd'hui puisqu'on l'aurait retrouvé en décembre 2008 dans un bocal de formol étiqueté « Sarah Bernhardt » à Bordeaux, au milieu de toutes sortes de curiosités dans un pavillon désaffecté de l'hôpital de la ville. Mais après quelques expertises et de nombreuses polémiques, il s'avère qu'il s'agit d'une jambe gauche, sectionnée d'ailleurs en dessous du genou. La vraie jambe aurait été jetée par mégarde par un employé peu attentif qui, s'étant aperçu de son erreur, aurait précipitamment étiqueté un autre bocal pour dissimuler sa bévue.

Sacha Guitry lui rend visite à Andernos et la filme pour le documentaire qu'il est en train de réaliser, *Ceux de chez nous*. Les plus grandes personnalités intellectuelles et artistiques de l'époque y figurent : André Antoine, Sarah Bernhardt, Edgar Degas, Anatole France, Octave Mirbeau, Claude Monet, Auguste Renoir, Auguste Rodin, Edmond Rostand ou Camille Saint-Saëns. Ce film de vingt-deux minutes est une réaction à une prise de position des intellectuels allemands qui ont exalté la culture germanique. Guitry filme ces personnalités artistiques françaises au travail et note tout ce qu'ils disent, ce qui lui permet de les doubler en direct au moment de la projection du film. Elle tourne également une fiction, *Jeanne Doré*, d'après la pièce qu'elle a jouée avant guerre. Certaines scènes se passent en extérieur, on la voit dans les rues, se rendant à la gare, au tribunal et dans la prison où son fils, joué par Jacques Bernard, le fils de Tristan Bernard, attend d'être exécuté. La caméra de Louis Mercanton est mobile, les angles de vues alternent, il fait des gros plans sur les mains et les yeux de Sarah et il a même trouvé le moyen de donner l'impression qu'elle marchait.

Mais Sarah manque à nouveau d'argent, elle a même dû emprunter pour payer le chirurgien et les frais de clinique — les Rotschild lui seraient même venus en aide. Elle est donc contrainte d'ouvrir son théâtre, fermé depuis la déclaration de guerre, et le 1er avril 1915, c'est Blanche Dufrène qui joue les rôles-titres de *L'Aiglon* puis de *La Dame aux camélias*. Sarah s'ennuie, elle décide alors de rentrer à Paris. Elle veut jouer et le poème dramatique d'Eugène Morand intitulé *Les Cathédrales* lui en donne l'occasion. Le 6 novembre, elle personnifie la cathédrale de Strasbourg. Quand on frappe rituellement les trois coups pour annoncer le début du spectacle, une voix — peut-être celle de Tristan Bernard — s'écrie malicieusement « La voilà ! » Devant un décor de champ de bataille, avec des flèches de cathédrales en toile de fond et Reims en flammes, d'immobiles figures de pierre assises représentent, quand elles parlent, les voix des cathédrales, mères endeuillées de soldats et citoyennes pleines d'amour pour leur patrie. Sarah accomplit la prouesse de se dresser de toute sa hauteur pour dire : « Pleure, pleure Allemagne, l'aigle allemand est tombé dans le Rhin », provoquant un délire dans la salle. Confortée par cette expérience réussie de retour à la scène, elle parvient quelques jours plus tard à jouer le dernier acte de *La Dame aux camélias* en restant couchée ou à demi assise.

Elle se souvient des heures héroïques de son ambulance de l'Odéon et veut encore agir pour la France en guerre ; elle propose donc à l'administrateur du Français de se joindre au groupe d'acteurs de la Comédie-Française qui a créé ce qui deviendra le Théâtre aux Armées et se prépare à partir pour le front en 1916. Béatrix Dussane, raconte, dans *Reines de théâtre*, comment elle a rencontré l'actrice, travaillé avec elle, et succombé à son charme, séduite par sa force de travail et son énergie vitale :

Je ne l'avais jamais approchée. Je me rends boulevard Pereire, et près du feu, dans un boudoir blanc, je vois, au fond d'une profonde bergère, un être extraordinaire : mille plis de satin et de dentelle, coiffés d'un ébouriffement roux, des traits sans âge où toutes les rides se parent de tous les fards... Impression déroutante et un peu triste ; elle est là, si petite, si atteinte, la grande, la radieuse Sarah ! Un petit tas de cendres...

Et c'est là, pourtant, que je devais, après tant d'autres, connaître son miracle. Deux heures durant, elle répète, recommence ses couplets, donne le mouvement, fait les coupures, commande du thé, s'enquiert des conditions du voyage, s'emballe, s'émeut, s'amuse, voit tout, entend tout, surprend tout ; pendant deux heures le petit tas de cendres n'arrête pas de jeter des étincelles ! Je sens bien que c'est ainsi depuis qu'elle est au monde, et il me semble que cela durera éternellement. Sous la décrépitude peinte et fanfreluchée de la vieille comédienne, brûle un inextinguible soleil [3]...

À Commercy, on accède à une petite scène de terre battue par une échelle de dix marches, on installe Sarah rideau baissé. Elle est accueillie par quelques applaudissements polis, mais les soldats attendent de voir :

Elle le sent, elle frémit, cette salle lui tient plus au cœur que ne le fit jamais public de grande première. Elle commence [...]. Elle vibre toute, et sur un rythme qui monte comme la sonnerie de la charge, elle déploie les apostrophes héroïques comme on plante un drapeau sur une position conquise ; elle évoque tous les morts glorieux de notre race, et les range aux côtés des combattants d'aujourd'hui. Et, quand, sur son cri final : « Aux armes ! » la musique attaque *La Marseillaise*, les trois mille gars de France sont debout et l'acclament en frémissant [4].

Dussane est conquise par la volonté et le courage cette « Dame d'Énergie * », capable de faire de l'humour dans les situations les plus délicates : « Un

---

* Surnom donné à Sarah Bernhardt par Edmond Rostand.

moment, je me trouvai seule avec elle et je dus l'aider dans sa toilette. Elle allait de sa chaise à la table, en s'appuyant sur moi et en sautant à cloche-pied sur son unique jambe septuagénaire, qui avait la sécheresse d'une patte d'oiseau sans en avoir la solidité. Et elle me disait en riant : "Je fais la pintade... Je fais la pintade..." C'était beau, cette crânerie qui niait le mal, cette victoire de l'esprit sur la matière défaillante, et la pitié se changeait en admiration[5]. »

De retour à Paris, elle tourne en 1917 un film patriotique de propagande de Louis Mercanton, sur un scénario de Jean Richepin, *Mères françaises*, dans lequel elle joue Mme d'Urbex, une mère qui perd son fils à la guerre. Tourné au front, grâce à des autorisations spéciales, le film est parrainé par le ministère de la Guerre. Il y a des scènes d'extérieur où Sarah part dans les tranchées à la recherche de son fils qu'elle retrouve agonisant. Ce film, présenté en Amérique, rencontre un public ému ; le *New York Times* estime même que la propagande qu'il véhicule est « subtile et profonde », et que la « sincérité » de son art doit « émouvoir l'observateur le plus neutre et le plus insensible[6] ».

Sarah crée encore de courtes pièces en un acte, comme *Du théâtre au champ d'honneur*, où elle incarne un soldat gravement blessé qui cherche l'endroit où il a caché le drapeau de son régiment pour le brandir dans un dernier geste héroïque, au son de *La Marseillaise*, avant de mourir. La situation matérielle de son théâtre reste difficile, ce qui lui donne une raison supplémentaire de partir une nouvelle fois aux États-Unis. Elle veut demander en personne aux Américains d'entrer en guerre aux côtés des Alliés. Elle s'embarque à Bordeaux, le 30 septembre 1916, à bord de *L'Espagne*. Une foule est venue l'attendre à son arrivée à New York, mais lorsqu'elle découvre les encarts publicitaires payés par son nouvel imprésario, Connor, « La Grande Sarah, la plus vieille actrice du monde, arrive à New York ! », elle entre dans une fureur noire. C'est en véritable ambassadrice de la France qu'elle parcourt l'Amérique pendant dix-huit mois, plaidant la cause des Alliés auprès de tous ceux qu'elle rencontre, journalistes ou personnalités. Elle prend la parole lors de manifestations charitables ou de réunions de la Croix-Rouge. Elle écrit à son fils en janvier 1917 que son succès est immense et que le public crie chaque soir : « Vive la France ! » En mars 1917, à Saratoga, elle est victime d'une grave crise d'urémie, due à la présence d'un gros calcul, qui interrompt sa tournée. Elle écrit des lettres héroïques et romanesques à Maurice : « Mon fils adoré, mon cher, cher bien-aimé fils, je frissonne en pensant que j'ai failli ne plus te revoir mais cet amour violent et infini que j'ai pour toi a dressé ma volonté comme un chevalier prêt au tournois et je me suis battue avec la mort, souffle à souffle, râle contre râle. Mais l'amour a encore une fois triomphé. Me voici forte à nouveau. Quelle vilaine odyssée[7] ! » L'ablation du rein est évitée de peu et elle doit porter un drain.

Lorsque les États-Unis entrent en guerre aux côtés des Alliés, le 6 avril, nul doute que Sarah s'est sentie l'artisan principal de cette victoire et que sa convalescence en a été hâtée. Lysiane est venue rejoindre sa grand-mère épuisée par cette tournée : entre août 1917 et octobre 1918, elle s'arrête dans près d'une centaine de villes, circulant dans des trains spéciaux, jouant jusqu'à deux fois par jour dans de courtes pièces, comme *Les Cathédrales* ou *Du théâtre au champ d'honneur*. Elle revient à Shakespeare, dans une pièce qu'elle n'a encore jamais jouée, *Le Marchand de Venise* : elle est Portia dans la scène des coffrets et dit la plaidoirie pour Antonio contre Shylock. Les récits de témoins médusés se multiplient, racontant la transfiguration d'une vieille femme défaite en personnage vibrant. Dorothy Perrott, qui a fait de la figuration dans *La Mort de Cléopâtre*, raconte la métamorphose à laquelle elle a assisté :

Deux minables porteurs amenèrent sa chaise sur le plateau, puis une femme de chambre l'allongeant sur la couche, disposa les draperies afin que l'on ne s'aperçût pas trop de l'amputation ; un docteur lui fit respirer quelques sels revigorants. Un serpent de caoutchouc vert fut placé dans les drapés. Je ne vis alors qu'une vieille femme irascible, terriblement maquillée et parfumée. Enfin, elle fit un signe, les assistants se retirèrent et le rideau se leva. Soudain elle fut entourée d'une sorte d'aura ; cela venait probablement de la mélodie de sa voix, du geste de ses mains ouvertes. À l'entrée d'Antoine, miraculeusement elle se souleva de sa couche sans effort apparent, toute seule, toute droite, d'une étrange beauté, puis elle s'effondra dans ses bras. Cette vieille femme participait de l'éternité. Le rideau se leva trois fois au milieu de tonnerres d'applaudissements. Elle salua, légèrement appuyée sur Antoine qui, après le dernier rappel, l'étendit sur sa couche. Toute trace de vie sembla alors l'abandonner : elle se laissa transporter inerte jusqu'à sa loge[8].

Alors qu'elle joue le dernier acte de *La Dame aux camélias* à l'Academy of Music de Brooklyn, Lou Tellegen vient assister au spectacle, accompagné de sa toute nouvelle épouse, Geraldine Farrar. Sarah, le sachant dans la salle, se surpasse et, dès la fin du spectacle, se fait conduire dans sa loge et en interdit l'entrée à tous pour l'attendre. Mais il ne vient même pas la saluer.

Elle rentre en France à l'automne 1918 et débarque au Havre le 11 novembre, jour de l'armistice, dans l'allégresse générale. Mais la mort fait le vide autour d'elle : Pozzi, son Docteur Dieu, a été assassiné en 1917 par un dément et Edmond Rostand, victime de l'épidémie de grippe qui décime la France, meurt le 2 décembre. Cependant, fidèle à son précepte qui lui commande de ne jamais s'arrêter sous peine de voir la mort s'inviter à sa table, elle continue d'organiser dîners et réceptions, conviant personnalités illustres et amis intimes, se plongeant dans des projets dramatiques nouveaux, imaginant de nouveaux itinéraires pour de modestes tournées.

Elle est l'un des témoins de mariage de Sacha Guitry qui épouse en secondes noces Yvonne Printemps, le 10 avril 1919. Sur les photos de l'événement, personne ne pourrait lui donner les soixante-quinze ans qu'elle va bientôt avoir. En avril et mai 1919, elle joue au Trocadéro dans *Triomphe*, un poème dialogué de Fernand Gregh.

Le 20 mai, elle organise un gala à la mémoire de Rostand : couchée, elle joue pour la dernière fois la mort de l'Aiglon, puis dit, debout, appuyée à un fauteuil, un poème d'Henry Bataille face au buste de Rostand qu'elle a sculpté elle-même. En juin, elle part faire une série de conférences sur l'œuvre du dramaturge à Lyon, Montpellier, Pau et Bordeaux. Elle y évoque des souvenirs, lit des poèmes et dit le premier acte de *La Samaritaine* devant un auditoire nombreux et ému. Elle publie également un roman, *Petite Idole* — histoire tragique et fort romanesque d'une jeune comédienne de grand talent, dans laquelle on trouve de nombreuses traces autobiographiques — , publié en feuilleton dans *Le Gaulois* par son ami le journaliste Arthur Meyer. Elle part se reposer quelques semaines à Belle-Isle où son très fidèle et très proche ami, le peintre Clairin meurt en septembre. La très dévouée Suzanne Seylor est partie après une violente crise de colère de « la Divine » à laquelle elle avait pourtant voué sa vie. Suzanne meurt quelques années plus tard dans le dénuement le plus total, loin de celle qu'elle adorait.

Le bail de son théâtre arrive à expiration au début de l'année 1920, elle écrit donc au président du conseil municipal de Paris : « J'ai fait de ce théâtre un des plus beaux, un des premiers théâtres de Paris, sa célébrité est mondiale. J'y ai joué les plus grands poètes, Racine, Corneille, Victor Hugo, Musset, Richepin, Edmond Rostand, Shakespeare. J'ai fait la plus belle mise en scène qui ait jamais été faite. Je n'ai jamais eu de commanditaires, personne ne m'a prêté un centime ; ce sont mes fortunes bien à moi que j'ai englouties dans des merveilleuses pièces qui n'ont pas eu de chance mais qui réussiront, car j'ai la volonté de les reprendre[9]. » Et la Ville de Paris renouvelle son bail, bien qu'elle soit âgée de soixante-quinze ans.

Toujours à la recherche d'un texte à mettre en scène et à jouer, elle pense à *Athalie*, renouant ainsi avec l'œuvre de ses premiers succès à l'Odéon. Elle commence donc à répéter, fixant la date de la création au mois d'avril. En attendant, elle crée avec un certain succès en janvier 1920 le personnage d'Anna, la mère du célèbre compositeur dans le *Rossini* de René Fauchois, à Lyon. La mode de l'après-guerre est, en effet, aux biographies romancées et dramatisées. Le 1er avril, tout Paris se presse à la matinée du théâtre Sarah-Bernhardt pour venir l'applaudir dans *Athalie*. Annoncée pour trois représentations, la pièce de Racine tient trois semaines à l'affiche. Elle entre sur scène dans une chaise à porteurs, dans une posture royale : « Vêtue de jaune et de noir, avec des voiles mauves, qu'elle rejette en arrière, elle s'appuie au dossier de sa chaise, se redresse avec un air si dominateur qu'on oublie qu'elle est assise. C'est la pose, c'est le geste qui communiquent cet aspect de commandement, car le visage porte un sourire aigu de femme qui veut plaire. La reine gouverne, mais elle se sert encore, pour gouverner, de sa séduction[10]. » Lorsqu'elle prononce les vers évoquant sa mère Jézabel venue la visiter en songe — « Même elle avait encor cet éclat emprunté / Dont elle eut soin de peindre et d'orner son visage, / Pour réparer des ans l'irréparable outrage [11] » —, au lieu de dire ces alexandrins dans l'angoisse, comme il était alors d'usage de le faire, elle dit très doucement et distinctement les deux premiers, puis marque une pause conséquente, hoche la tête, ouvre les bras et, ralentissant encore son débit, murmure le dernier vers d'une voix amère et désabusée après un fin sourire. L'effet est certain : la salle se lève et l'ovationne. Les spectateurs prennent d'ailleurs parti pour Athalie, la cruelle usurpatrice, tant elle a tiré la pièce à elle. François Mauriac est touché : « De toute autre artiste, on admire qu'elle sache se retirer et devancer son déclin. Mme Sarah Bernhardt a passé, depuis des lustres, l'âge du déclin ; elle joue en dehors du temps ; elle psalmodie sur le plan de l'éternité ; comme un hypogée son demi-siècle de gloire la garde intacte. Son tragique et beau visage témoigne qu'il n'existe pas d'irréparables outrages [12]. »

Encouragée par ce succès à reparaître sur la scène, malgré son infirmité, elle revient alors aux textes contemporains. Elle est malheureusement servie par deux jeunes auteurs, Maurice Rostand, le fils d'Edmond, et Louis Verneuil, un jeune dramaturge ambitieux, qui fréquente Lysiane, vraisemblablement dans l'unique but de se rapprocher de sa célèbre aïeule. Louis Verneuil est le pseudonyme de Louis Collin du Bocage, jeune auteur de comédies médiocres et collaborateur de revues, acteur à l'occasion. Il lui écrit des pièces sur mesure qui lui permettent de continuer à se produire sur scène. En novembre 1920, elle crée son *Daniel* qui raconte la déchéance d'un jeune morphinomane dont l'état de dégradation physique justifie pleinement qu'il soit alité tout au long de la représentation, n'intervenant que dans deux des quatre actes. Sarah elle-même aurait dit que ce texte n'était qu'une foutaise. Mais désormais, ce qu'elle joue n'a plus aucune importance : le directeur de la revue *Comœdia*, Georges Casella, propose à ses lecteurs de venir assister au spectacle une fleur à la main et quand le rideau tombe le soir de la première, c'est une pluie de fleurs qui tombe sur la scène, toute la salle trépigne en hurlant le nom de Sarah.

Louis Verneuil épouse Lysiane Bernhardt le 10 mars 1921, entrant de manière définitive dans le cercle des intimes du boulevard Pereire, ce qui lui permet de commettre encore quelques pièces pour sa grand-mère par alliance, promue en février officier de la Légion d'honneur. Sarah présente *Daniel* à Londres, à l'été 1921. Elle joue deux semaines : la reine Mary lui rend visite dans sa loge et, constatant l'état d'épuisement manifeste de l'actrice, lui conseille affectueusement de prendre un peu de repos, ce à quoi Sarah aurait répondu : « Majesté, je mourrai sur la scène, c'est mon champ de bataille. » Et il est fort probable que l'actrice devait rêver de la mort de Molière, tant elle refuse de se ménager. Elle part ensuite pour Madrid où le roi Alphonse XIII et son épouse viennent l'applaudir.

Pendant son rituel séjour estival à Belle-Isle, elle étudie le rôle de Cléopâtre dans *Rodogune*, alors qu'elle a toujours refusé d'incarner les héroïnes de Corneille, bien moins intéressantes, selon elle, que celles de Racine. À l'automne suivant, elle crée *La Gloire*, drame en vers clairement autobiographique de Maurice Rostand, avec Jean Yonnel dans le rôle du jeune peintre rendu fou par son incapacité à égaler le génie de son père. Sarah y tient le rôle-titre, une femme assise dans une chambre noire, allégorie revêtue d'une robe rouge et couronnée de lauriers, douloureuse et mystérieuse, apparaissant par transparence derrière un tableau peint sur un voile pour déclamer des vers. Elle recommence à souffrir de terribles crises d'urémie, mais refuse d'annuler les représentations. En avril, elle joue encore la Douleur dans *La Mort de Molière* de Maurice Rostand, pièce allégorique en hommage au dramaturge, puis *Régine Armand*, de celui qu'elle appelle affectueusement son petit-fils, Louis Verneuil. L'histoire d'une vieille actrice qui ne survit pas à la mort de son fils unique est propre à émouvoir les foules, et Verneuil n'a pas lésiné sur les effets. À un acteur qui vient solliciter quelques jours de repos, Régine doit répondre : « Te reposer ? Est-ce que j'y pense, moi ? Et crois-tu que je me reposerai jamais ? », suscitant un tonnerre d'applaudissements dans la salle. Sarah vient de publier un nouveau roman à l'eau de rose, *Joli Sosie*, dans lequel une jeune femme apparaît tour à tour en blonde millionnaire et en infirmière brune pour séduire celui qu'elle aime.

Après un dernier séjour à Belle-Isle, elle vend sa propriété pour 450 000 francs et part fin septembre pour six semaines de tournée dans le Midi et en Italie avec *Daniel* et *Régine Armand*. Elle vient d'avoir soixante dix-huit ans. Cette dernière tournée est particulièrement épuisante et douloureuse : après un accident d'automobile sans gravité, elle est contrainte de voyager dans des trains peu confortables et aux horaires approximatifs, et joue devant des salles à moitié vide. Sa dernière apparition en public a lieu à Turin, dans *Daniel*, le 29 novembre 1922. Elle calcule qu'elle a gagné au cours de sa carrière, 45 millions de francs-or et tout dépensé au fur et à mesure pour entretenir son train de maison, celui de son fils, payer ses dettes, et faire fonctionner les théâtres qu'elle a dirigés.

À son retour à Paris, Sacha Guitry lui propose de jouer dans une pièce qu'il vient de terminer d'écrire pour elle et son père, *Un sujet de roman*, avec lui-même et sa femme, Yvonne Printemps. Le personnage de Sarah, Mme Levaillé, est l'épouse acariâtre d'un auteur méconnu. Elle harcèle son mari, le tyrannise, lorsqu'un beau jour, en lisant ses manuscrits, elle comprend tout à coup son génie, son humanité profonde. Sarah fait l'éloge du texte de Sacha, qualifiant même sa pièce de « shakespearienne ». Les répétitions commencent le 2 décembre au théâtre Édouard-VII, mais elle a du mal à mémoriser le texte. Sacha Guitry, dans le livre qu'il a consacré à son père, raconte la dernière répétition de sa pièce :

> [Sarah] avait à dire au dernier acte une longue tirade à laquelle [Lucien] devait répondre par une autre tirade. Elle la

répéta ce jour-là comme jamais encore elle ne l'avait fait, sans un défaut de mémoire, dans un mouvement terrible, saccadé, magnifique, déchirant. Il était assis en face d'elle, son chapeau descendu sur les yeux, et quand elle eut fini, au lieu de lui répondre, il lui tendit la main par-dessus la table et dit : «Un instant... » — car il pleurait [13].

Après cette générale, elle s'évanouit dans sa loge et on la transporte chez elle. Elle ne jouera jamais *Un sujet de roman* dont la première, d'abord retardée, a lieu quinze jours plus tard, le 4 janvier. Ce soir-là, elle demande à un machiniste de lui téléphoner pour savoir le moment exact du lever de rideau et récite son texte dans son lit pendant qu'il est joué sur scène par Henriette Roggers qui l'a remplacée.

Après la vente de Belle-Isle, elle a acheté une maison à Garches, tout près du boulevard Pereire, où elle va prendre un peu de repos au début de l'année 1923. Elle envisage toujours de jouer Cléopâtre dans *Rodogune* de Corneille et continue à apprendre le texte. Un agent de Hollywood, Mr. Abrams, lui propose, sans doute à l'instigation de Sacha Guitry, auteur du scénario, de tourner *La Voyante* de Louis Mercanton, avec Mary Marquet et Harry Baur. Elle le persuade de venir tourner chez elle, boulevard Pereire, et à la mi-mars, l'atelier de Sarah se transforme en studio de cinéma. Elle incarne une vieille voyante, une petite guenon dans les bras, et Mary Marquet témoigne de la magie qui s'opère en elle lorsqu'on lui annonce qu'on va tourner :

À ces mots, elle sembla sortir de sa torpeur, elle se redressa ; le visage transfiguré, le cou tendu, les yeux brusquement dilatés, elle exprima l'ardeur de vivre, ne serait-ce que quelques minutes, pour cet Art qui se mêlait au sang de ses veines. D'une voix au timbre retrouvé, elle demanda avec force :

— Qu'est-ce que je fais ?

Et nous restâmes stupéfaits : elle venait de perdre trente ans [14].

Les yeux protégés de l'intensité lumineuse des projecteurs par des lunettes noires qu'elle chausse entre les prises, elle pose des questions aux techniciens qui s'affairent autour d'elle. C'est la première fois que son visage apparaît en gros plan, mais elle ne tourne que quelques scènes du film, terrassée par une nouvelle crise d'urémie avant la fin du tournage. Elle doit s'aliter. Les médecins se succèdent à son chevet, tandis que les journaux du monde entier publient des bulletins de santé quotidiens. Parfois, lorsqu'elle se sent suffisamment forte, Sarah se fait porter jusqu'à la salle à manger, drapée dans un somptueux manteau de velours rose, cadeau de Sacha Guitry, et elle trône encore mais, le reste du temps, elle ne sort pratiquement plus de sa chambre. Une foule de badauds et de journalistes se presse chaque jour sous ses fenêtres, attendant la nouvelle de sa mort imminente. S'informant de la présence des journalistes, elle aurait dit : « Ils m'ont assez tourmentée durant toute ma vie, je peux bien les taquiner encore un peu en les faisant languir. »

Le 26 mars au matin, elle est prise de délire et

se met à réciter des tirades de *Phèdre* et de *L'Aiglon*. Dans un moment de lucidité, elle réclame un prêtre, demande l'extrême-onction et s'éteint le soir dans les bras de son fils. Son médecin, le docteur Marot, annonce au balcon la nouvelle de la mort de Sarah Bernhardt. Dans tous les théâtres parisiens, on décide de faire une minute de silence. Au Théâtre Sarah-Bernhardt, on baisse le rideau au milieu du premier acte de *L'Aiglon* pour ne plus le relever. Toutes les actrices de Paris viennent ce soir-là déposer leurs bouquets au 56 boulevard Pereire en hommage à leur doyenne. Les Parisiens s'y rassemblent le lendemain pour dire adieu à la comédienne, l'admirer une dernière fois dans sa robe de satin blanc, étendue dans son célèbre cercueil, la Légion d'honneur épinglée sur sa poitrine, ainsi qu'elle en avait exprimé le vœu. Des montagnes de fleurs s'amoncellent, envahissant la chambre, le hall et tout l'escalier de l'hôtel, des roses, des orchidées et du lilas, mais aussi de modestes violettes, humbles présents de ses plus modestes admirateurs qui rappellent les premiers bouquets de ses débuts, à l'Odéon, alors qu'elle n'était encore que la petite fée des étudiants.

Sur le parcours du cortège funèbre, le 28 mars, des milliers de gens se pressent, du boulevard Pereire à l'église Saint-François-de-Sales, rue Brémontier, puis jusqu'au cimetière du Père-Lachaise, rassemblant une foule aussi dense que celle qui a accompagné Victor Hugo au Panthéon près de quarante ans plus tôt. À Londres, la reine Alexandra a commandé un service funèbre officiel à West-minster. Le gouvernement Poincaré, catholique et bien-pensant, lui a refusé des funérailles nationales et c'est le conseil municipal de la Ville de Paris qui organise la cérémonie. Pas de discours, selon son vœu, mais une jeune actrice anonyme aurait lancé au-dessus de sa fosse : « Les dieux ne meurent pas ! » Sa tombe est d'une sobriété étonnante, seul son nom y figure. Un monument à sa mémoire la représentant dans Phèdre et sculpté par Sicard, est payé par une souscription nationale organisée par Sacha Guitry et inauguré en 1925 place Malesherbes à Paris. Les journaux publient des numéros spéciaux consacrés à sa carrière et à sa mémoire, alors que, dès le 11 juin 1923, les premières ventes de sa succession sont organisées à la galerie Georges Petit. La bibliothèque, les bijoux, les vêtements, puis le mobilier de Belle-Isle sont bientôt dispersés ; les Parisiennes s'empressent d'acheter un objet lui ayant appartenu, un bijou qu'elle aurait porté ou une de ses célèbres ceintures. La vente atteint des chiffres record. Maurice Bernhardt offre le portrait de Sarah par Clairin au musée du Petit Palais et meurt deux ans après sa mère.

Il ne reste plus grand-chose des demeures de l'actrice : si le fort des Poulains est toujours debout, transformé en musée à sa gloire, le manoir de Belle-Isle a été détruit par les Allemands en 1944, l'hôtel du boulevard Pereire a été démoli en 1963, son théâtre est devenu Théâtre de la Ville en 1968, son nom a été effacé de la façade et des travaux ont rendu son intérieur méconnaissable. Plusieurs projets, comme celui d'une résidence d'artistes portant son nom aux portes de Paris, ont été abandonnés les uns après les autres. Mais sa légende lui survit. Elle a connu de son vivant « la gloire énorme, concrète, enivrante, affolante, la gloire des conquérants et des Césars. On lui a fait, et dans tous les pays, des réceptions qu'on ne fait point aux rois. Elle a eu ce que n'auront jamais les princes de la pensée [15] ». Elle est ainsi l'héroïne de romans à clefs, comme *La Faustin* d'Edmond de Goncourt, *Dinah Samuel* de Félicien Champsaur ou *Le Tréteau* de Jean Lorrain, le modèle principal du personnage de la Berma dans *À la recherche du temps perdu* ou encore la cible d'une caricature féroce dans *La Colombe* de Jean Anouilh.

Si cette légende a largement été lancée et entretenue par son sens de la réclame, elle est surtout le fruit d'un travail exigeant et incessant tout au long de ces presque soixante ans de carrière. C'est ce que Craig * souligne lorsqu'il la qualifie d'« actrice parfaite » :

En Sarah Bernhardt, nous avons l'actrice parfaite. [...]
Si c'est Bernhardt qu'elle joue toujours, elle a pris grand soin

---

* Edward Gordon Craig (1872-1966), fils de la célèbre comédienne Ellen Terry et élève du fameux acteur shakespearien Henry Irving, est l'un des grands réformateurs de la scène du xxᵉ siècle. Sous le pseudonyme de John Balance, il signe un article sur Sarah Bernhardt dans sa revue théâtrale, *The Mask*, en juin 1908. Il l'a vue jouer *Tosca* à Londres en 1889, puis *La Dame aux camélias* à Berlin, *Jeanne d'Arc* à Paris l'année suivante, et *Hamlet* à Londres en 1899. Il lui avait d'ailleurs fait une proposition de décors pour ce *Hamlet*, à laquelle Sarah n'aurait pas donné suite, disant : « Il m'a montré des paravents... »

tout au long de sa vie que Bernhardt fût tout. Elle n'est donc pas simplement un esprit heureux ou malheureux, elle est les deux. Elle n'est pas simplement un tempérament plaisant ou simplement un tempérament sinistre, elle est les deux. Elle a compris que, pour être une actrice parfaite, il faut être une femme parfaitement développée. [...] Je me suis laissé dire qu'elle était douée d'une extraordinaire capacité de travail, qu'elle pouvait travailler dix-huit ou vingt heures d'affilée, voire plus longtemps, passer d'une chose à l'autre avec une nouvelle ardeur et une énergie intacte. [...]

Je crois bien que non seulement on ne l'a jamais entendue soupirer au travail, mais qu'elle n'a en vérité jamais éprouvé lassitude ni regret. Pour elle, la Vie, c'est le travail, et elle est une rude maîtresse... surtout pour elle. Jamais elle ne se laisse aller à esquiver les difficultés. La pièce ou la scène n'ont sans doute pas pour elle une valeur excessive, mais elle est toujours prête à les créditer de la valeur qu'elles ont pour elle en tant qu'actrice. Je dirais qu'elle seule est vraie dans la juste admiration de ses confrères, du peintre de la scène et de l'imprimeur du programme. Je dirais qu'elle seule évalue correctement le travail de ces messieurs [16].

Elle a construit sa légende à force de travail et de volonté, suivant le conseil de Madeleine Brohan : « Sache vouloir. Tous les méchants qui malgré eux ont apporté les premiers matériaux de ta gloire tenteront de les disperser. Mais si tu le veux, ils seront impuissants. Tu as la soif ambitieuse de la gloire, ma chère Sarah. La volonté seule aidera à la satisfaire [17]. » Elle a écrit elle-même sa légende, celle d'une femme indépendante, incarnation de la femme nouvelle. Assumant des responsabilités d'hommes tout en représentant l'idéal féminin, elle a créé une catégorie transgressive par rapport aux normes sociales de son époque. Elle a été un modèle pour les frondeuses * de la fin du siècle par son indépendance et son mépris des préjugés et des convenances, sans pour autant rejoindre les rangs des suffragettes qui l'ont invitée à les rallier. La multiplicité des caricatures qui la prennent pour cible rendent compte de la difficulté de ses contemporains à l'enfermer dans une norme préexistante, la représentant volontiers comme une créature sans corps, sans consistance physique, une chimère dévoreuse d'hommes.

Le mythe Sarah Bernhardt est anticonventionnel, nourri par la réputation sulfureuse de cette figure de l'émancipation et de l'indépendance féminine, femme d'entreprise décidée et conquérante, auréolée d'un soupçon de femme fatale, à jamais figée dans un personnage de séductrice. Colette raconte dans *Dernier portrait* sa visite à Sarah Bernhardt, quelques mois avant sa mort : « Je consigne ici, avec respect, une des dernières attitudes de la tragédienne tantôt octogénaire : une main délicate et fanée offrant la tasse pleine, azur floral des yeux, si jeunes dans le lacis de rides ; — coquetterie interrogative et riante de la tête inclinée, et ce souci irréductible de plaire, de plaire encore, de plaire jusqu'aux portes de la mort [18]. »

---

* Les frondeuses sont les journalistes qui ont rejoint *La Fronde*, journal exclusivement écrit par des femmes, fondé par Marguerite Durand en 1897. Il revendique pour les femmes l'accès aux professions scientifiques, journalistiques, médicales et pédagogiques au même titre que les hommes.

ANNEXES

REPÈRES CHRONOLOGIQUES

1844. *23 octobre* : naissance de Rosine-Sarah à Paris.

1851-1853. Naissance de Jeanne. Sarah est envoyée à Auteuil dans la pension de Mlle Fressard.

1853-1859. Éducation au couvent de Grandchamps, baptême chrétien.

1855. Naissance de sa deuxième sœur, Régina.

1860. Entrée au Conservatoire.

1861. Second prix de tragédie et accessit de comédie pour son premier concours.

1862. Second prix de comédie. Entrée à la Comédie-Française, débuts en août dans *Iphigénie* de Racine, *Valérie* de Scribe et Henriette dans *Les Femmes savantes* de Molière.

1863. Renvoyée de la Comédie-Française, petits rôles au théâtre du Gymnase.
Mars : voyage à Bruxelles, liaison avec le prince de Ligne.

1864. *22 décembre* : naissance de son fils, Maurice.
Série de portraits photographiques de Nadar.

1865. *Décembre* : *La Biche au bois* des frères Coignard à la Porte-Saint-Martin

1866. Engagement à l'Odéon : joue Silvia dans *Le Jeu de l'amour et du hasard* de Marivaux.

1867. Armande dans *Les Femmes savantes* de Molière, Junie dans *Britannicus* de Racine, Angélique dans *Le Malade imaginaire* de Molière. Chœurs d'*Athalie* de Racine. Baronne d'Anglade dans *Le Marquis de Villemer* de George Sand, puis Mariette dans *François le Champi* de George Sand.

1868. Anna Damby dans *Kean* de Dumas, Cordélia dans *Le Roi Lear* de Shakespeare.

1869. *14 janvier* : triomphe avec Zanetto, dans *Le Passant* de François Coppée. Liaison avec Charles Haas. Incendie de son appartement.

1870. *Février* : Hélène de Morangis dans *L'Autre* de George Sand. *19 juillet* : la France déclare la guerre à la Prusse. 2 septembre : capitulation de Napoléon après le désastre de Sedan, la République est proclamée.

1870-1871. Organise l'ambulance de l'Odéon, transformé en hôpital.

1871. *11 octobre* : Thérèse dans *Jean-Marie* d'André Theuriet.

1872. *19 février* : Doña Maria de Neubourg dans *Ruy Blas* de Victor Hugo.
6 novembre : retour à la Comédie-Française, Gabrielle dans *Mademoiselle de Belle-Isle* de Dumas père, Junie dans *Britannicus* de Racine, avec Mounet-Sully en Néron, en décembre.

1872. Débute une liaison avec Mounet-Sully qui durera jusqu'en 1874.

1873. *Janvier* : Chérubin dans *Le Mariage de Figaro*.
Mars : la princesse Falconieri dans *Dalila* d'Octave Feuillet.
Août : Andromaque, et Aricie dans *Phèdre*.
Septembre : *Phèdre* de Racine.
Loue l'atelier de la place de Clichy où elle commence à sculpter puis à peindre. Régina meurt de la tuberculose en décembre 1873.

1874. Liaison avec Gustave Doré.
Mars : Berthe de Savigny dans *Le Sphinx* d'Octave Feuillet.
Août : *Zaïre* de Voltaire.
21 décembre : *Phèdre*.
Début de l'amitié avec Georges Clairin et Louise Abbéma.

1875. S'installe dans un hôtel particulier avenue de Villiers.
Février : Berthe dans *La Fille de Roland* d'Henri de Bornier.
Avril : *Gabrielle* d'Émile Augier.

1876. *Février* : Mrs Clarkson dans *L'Étrangère* de Dumas fils.
Mai : mort de sa mère.
Septembre : Posthumia dans *Rome vaincue* d'Alexandre Parodi.

1877. *Novembre* : Doña Sol dans *Hernani* de Victor Hugo.

1878. *Février* : Desdémone dans *Othello* de Shakespeare, avec Mounet-Sully, une fois.

Avril : Alcmène dans *Amphitryon* de Molière.

1879. *Février* : Monime dans *Mithridate* de Racine.

Avril : la Reine dans *Ruy Blas*.

Juin : tournée de la Comédie-Française à Londres pendant les travaux du théâtre. Fait construire le « Château de la Solitude » à Sainte-Adresse.

1880. *Avril* : démissionne de la Comédie-Française après l'échec de *L'Aventurière* d'Émile Augier.

Mai-juin : *Adrienne Lecouvreur* de Scribe et Legouvé, et *Froufrou* de Meilhac et Halévy à Londres.

Juillet-août : Bruxelles et Copenhague.

Septembre : tournée en France, « Les vingt-huit jours de Sarah Bernhardt ».

15 octobre : départ pour l'Amérique et le Canada pour une tournée de sept mois. Joue pour la première fois *La Dame aux camélias* de Dumas fils.

1881. *15 mai* : retour en France.

1882. Tournée en Europe : Belgique, Pays-Bas, Scandinavie jusqu'en Russie.

4 avril : elle épouse Aristide Damala à Londres, puis loue le théâtre de l'Ambigu.

12 décembre : création de *Fédora* de Victorien Sardou, au Vaudeville. Premier grand succès populaire.

1883. Damala est parti en Algérie. Vente publique de ses bijoux. Liaison avec Richepin. *Pierrot assassin*, pantomime de Jean Richepin, avec Réjane. Tournée en Scandinavie et en Angleterre. Résilie le bail de l'Ambigu et loue la Porte-Saint-Martin, où elle joue *Froufrou* en septembre. *Nana Sahib* de Richepin en décembre. Scandale des *Mémoires de Sarah Barnum* écrit par Marie Colombier.

1884. *Mai* : Lady Macbeth dans l'adaptation par Richepin de *Macbeth* de Shakespeare.

26 décembre : *Théodora* de Victorien Sardou.

1885. *22 mai* : mort de Victor Hugo.

Décembre : *Marion Delorme* de Victor Hugo.

1886. Ophélie dans l'adaptation d'*Hamlet* par Louis Cressonnois et

Charles Samson en février. Vend l'hôtel de l'avenue de Villiers.

Fin avril : embarquement à Bordeaux pour une tournée de quatorze mois dans les deux Amériques : Brésil, Argentine, Uruguay, Chili, Pérou, Cuba, Mexique et États-Unis.

1887. Grande-Bretagne, Irlande et Écosse à partir du mois de mai. Achète l'hôtel particulier du 56 boulevard Pereire.

24 novembre : Crée *Tosca* de Victorien Sardou. Mariage de Maurice avec Marie-Thérèse (Terka) Jablonowska le 29 décembre.

1888. Nouvelle tournée en France et en Europe, puis Égypte, Turquie, Russie, Suède et Norvège.

1889. *Avril* : *Léna* de Pierre Berton aux Variétés.

Août : mort de Damala. Naissance de Simone, sa première petite-fille.

1890. *Janvier* : crée *Jeanne d'Arc* de Jules Barbier.

Octobre : crée *Cléopâtre* de Victorien Sardou.

1891. *Janvier 1891-septembre 1893* : tournée mondiale, les deux Amériques, l'Australie et l'Europe. Crée *Pauline Blanchard* d'Albert Darmont à Sydney, *Léah* adapté par Darmont d'après Deborah Mosenthal, à Boston.

1893. Quitte le théâtre de la Porte-Saint-Martin pour la Renaissance. Liaison avec Jules Lemaître dont *Les Rois* inaugure son nouveau théâtre.

Novembre : reprise de *Phèdre*.

Décembre : reprise de *La Dame aux camélias*.

1894. *Izeyl* d'Armand Silvestre et Eugène Morand, en janvier. Reprise de *Fédora*. Achète le fort des Poulains à Belle-Isle.

31 octobre : crée *Gismonda* de Victorien Sardou. Début de sa collaboration avec Alfons Mucha.

1895. *Février* : Alcmène dans *Amphitryon* avec les Coquelin et Lucien Guitry.

Magda, adaptée d'Hermann Sudermann. Rencontre Edmond Rostand, dont elle crée Mélissinde dans *La Princesse lointaine* en avril. Naissance de sa deuxième petite-fille, Lysiane. Tournée dans les provinces françaises.

1896. *Janvier* : part pour une nouvelle tournée américaine.

3 décembre : Crée *Lorenzaccio* d'Alfred de Musset, adapté par Armand d'Artois.

9 décembre : journée d'hommage à Sarah Bernhardt, organisée par les artistes et les gens de lettres.

1897. *Février* : Simone d'Aubenas dans *Spiritisme* de Victorien Sardou.

14 avril : crée *La Samaritaine* d'Edmond Rostand.

Juin : accueille la Duse dans son théâtre.

Rencontre et brève liaison avec D'Annunzio. Tournée en Belgique, Angleterre, Hollande, Suisse.

Décembre : Madeleine dans *Les Mauvais Bergers* d'Octave Mirbeau.

Sarah s'engage clairement dans l'Affaire Dreyfus et se brouille avec Maurice.

1898. *Janvier* : Anne dans *La Ville morte* de Gabriele D'Annunzio.

28 octobre : ablation des ovaires.

Médée de Catulle Mendès à la Renaissance.

1899. Installation au Théâtre des Nations, rebaptisé Théâtre Sarah-Bernhardt.

23 janvier : *Tosca*. Puis *Dalila*, *La Samaritaine*, *La Dame aux camélias*.

20 mai : *Phèdre*. *Hamlet* dans l'adaptation d'Eugène Morand et de Marcel Schwob, avant d'entreprendre des travaux de rénovation pendant l'été.

Hamlet en France, en Angleterre, puis en Suisse, en Hongrie et en Autriche.

1900. *15 mars* : *L'Aiglon* de Rostand.

Tourne *Le Duel d'Hamlet*, film de Clément Maurice.

Fin du mois d'octobre : part pour l'Amérique.

Décembre : Roxane dans *Cyrano de Bergerac* d'Edmond Rostand, à New York. Tournée en Amérique jusqu'en 1901.

1902. *Francesca da Rimini* adapté par Eugène Morand et Marcel Schwob de Francis-Marion Crawford. *Théroigne de Méricourt* de Paul Hervieu. Tournée européenne, joue pour la première fois en Allemagne.

1903. *Werther* de Goethe, adapté par Pierre Decourcelle.

Mars : Zoraya dans *La Sorcière* de Victorien Sardou.

Décembre : *Varennes*, de Lavedan et Lenôtre.

1904. *Juillet* : tournée d'été à Londres, *Pelléas et Mélisande* de Maeterlinck avec Stella Campbell.

1905. *7 février* : Tisbé dans *Angelo, tyran de Padoue* de Victor Hugo.

8 avril : Assuérus dans *Esther* de Racine.

1905. *Avril* : départ pour une nouvelle tournée dans les deux Amériques jusqu'en 1906. Elle joue une nouvelle version d'*Adrienne Lecouvreur* écrite par elle-même.

1906. *21 septembre* : *La Dame de la mer* d'Ibsen à Genève.
10 novembre : *La Vierge d'Avila* de Catulle Mendès.

1907. *Janvier* : parution de *Ma double vie*. Nommée professeur au Conservatoire. Rôle de Jacasse dans *Les Bouffons* de Miguel Zamacoïs.

1908. Cléonice dans *La Courtisane de Corinthe* de Bilhaud et Carré. Tourne *La Tosca*, sous la direction de Louis Mercanton, avec Lucien Guitry et Édouard de Max.

1909. *25 novembre* : *Le Procès de Jeanne d'Arc*, d'Émile Moreau. Création au théâtre des Arts d'*Un cœur d'homme* de Sarah Bernhardt.

1910. Mort de sa belle-fille. Sa petite-fille, Lysiane, vient vivre avec elle.
Septembre : tournée à Londres, au Coliseum.

1910. *23 octobre* : s'embarque pour une deuxième tournée d'adieux aux États-Unis avec Lou Tellegen, jusqu'en 1911.
29 décembre 1910 : *Judas* de John De Kay à New York.

1911. *Avril* : *Sœur Béatrice* de Maeterlinck à Chicago.
23 novembre : *Lucrèce Borgia* de Victor Hugo, en France.
Décembre : Dorine dans *Tartuffe* en matinées classiques. Tournage de *La Dame aux camélias* sous la direction d'André Calmettes, avec Lou Tellegen.

1912. *11 avril* : *La Reine Élisabeth* d'Émile Moreau.
12 juillet : sortie de *Élisabeth, reine d'Angleterre*, de Louis Mercanton, qui fait un triomphe aux États-Unis.

1912. *23 novembre* : départ pour une nouvelle tournée d'adieux aux États-Unis jusqu'en 1913.

1913. Tourne *Adrienne Lecouvreur* sous la direction de Louis Mercanton.
16 décembre : *Jeanne Doré*, de Tristan Bernard.

1914. Décorée de la Légion d'honneur en janvier. Conférences sur le théâtre.
3 août : déclaration de guerre de l'Allemagne à la France. Sarah part pour Andernos.

1915. *22 février* : amputation de sa jambe droite à Bordeaux.
Filmée par Guitry pour *Ceux de chez nous*.

6 novembre : *Les Cathédrales* d'Eugène Morand.

1916. Participe au Théâtre aux Armées sur le front. Joue *Jeanne Doré* dans le film de Louis Mercanton. *Mères françaises.* Joue un soldat agonisant dans *Du théâtre au champ d'honneur.*

1916. *30 septembre* : s'embarque à Bordeaux pour une dernière tournée en Amérique du Nord jusqu'en 1918.
Opération d'un rein à New York.

1917. *6 avril* : Les États-Unis entrent en guerre aux côtés des Alliés.

1918. *11 novembre* : retour en France.
2 décembre : mort d'Edmond Rostand.

1919. Conférences dans le sud de la France sur l'œuvre de Rostand.
Septembre : mort de Georges Clairin.

1920. *1ᵉʳ avril* : renouvellement du bail du Théâtre Sarah-Bernhardt. *Athalie* de Racine. *9 novembre* : *Daniel* de Louis Verneuil, puis en Espagne, avant de partir se reposer à Belle-Isle.

1921. *Février* : Sarah est promue officier de la Légion d'honneur. Tournée à Londres, avec *Daniel.*
10 mars : mariage de Lysiane avec Louis Verneuil.
18 octobre : crée *La Gloire* de Maurice Rostand.

1922. *20 avril* : *Régine Armand* de Louis Verneuil. Vend Belle-Isle.
29 novembre : dernière apparition en public dans *Daniel* à Turin.

1923. Répète *Un sujet de roman* de Sacha Guitry, avec Lucien Guitry et Yvonne Printemps. Commence à tourner au 56 boulevard Pereire *La Voyante* de Léon Abrams.
26 mars : meurt dans les bras de son fils.

RÉFÉRENCES BIBLIOGRAPHIQUES

TEXTES DE SARAH BERNHARDT

Ma double vie, Phébus, Libretto, 2000.
L'Art du théâtre, Monaco, Sauret, 1993.
Dans les nuages. Impressions d'une chaise, Charpentier, 1879.
Petite Idole, Nilsson, 1920.
Joli Sosie, Nilsson, 1922.
L'Aveu, drame en un acte, Ollendorf, 1888.
Un cœur d'homme, pièce en quatre actes, Fasquelle, 1911.

BIOGRAPHIES ET ESSAIS

BANU Georges, *Sarah Bernhardt, sculptures de l'éphémère*, photographies de Paul Nadar, Caisse nationale des monuments et des sites, 1995.

BERNHARDT Lysiane, *Sarah Bernhardt, ma grand'mère*, Éditions du Pavois, 1947.

DUPONT-NIVET Jean, *Sarah Bernhardt, trente ans de passion pour Belle-Ile-en-mer*, Dupont-Nivet, 1973.

GIDEL Henry, *Sarah Bernhardt*, Flammarion, 2006.

GOLD Arthur et FIZDALE Robert, *Sarah Bernhardt*, NRF ,Gallimard, 1991.

JOANNIS Claudette, *Sarah Bernhardt, Reine de l'attitude*, Payot, 2000.

JULLIAN Philippe, *Sarah Bernhardt*, Balland, 1977.

MENEFEE David W., *Sarah Bernhardt in the theatre of films and sounds recordings*, McFarland &Company, 2003.

PRONIER Ernest, *Sarah Bernhardt, une vie au théâtre*, Alex. Jullien, 1942.

SAGAN Françoise, *Sarah Bernhardt : le rire incassable*, Laffont, 1988.

SKINNER Cornelia Otis, *Madame Sarah Bernhardt*, adapt. Philippe Jullian, Fayard, 1968.

TARANOW Gerda, *Sarah Bernhardt : The Art within the Legend*, Princeton University Press, 1972.

TÉMOIGNAGES DE SES CONTEMPORAINS

BARING Maurice, *Sarah Bernhardt* (trad. M. Duproix), Stock, 1933.

COCTEAU Jean, *Portraits-Souvenir*, Grasset, 1935.

—, *Mes monstres sacrés*, Encre, 1979.

COLOMBIER Marie, *Les Voyages de Sarah Bernhardt en Amérique*, Marpon et Flammarion, 1881.

—, *Les Mémoires de Sarah Barnum*, Chez tous les libraires, 1883.

DELLUC Louis, *Chez de Max*, L'Édition, 1918.

DUSSANE Béatrix, *Reines de théâtre*, Lardanchet, 1944.

—, *Dieux des planches*, Flammarion, 1964.

GUILBERT Yvette, *La chanson de ma vie*, Paris, Grasset, 1927.

GUITRY Sacha, *Lucien Guitry, sa carrière et sa vie*, impr. Coulouma, 1930.

—, *Si j'ai bonne mémoire...* , Plon, 1940.

HAHN Reynaldo, *La Grande Sarah*, Hachette, 1930.

HURET Jules, *Sarah Bernhardt*, Juven, 1899.

MORENO Marguerite, *Souvenirs de ma vie*, éditions de Flore, 1948.

RENARD Jules, *Journal*, Laffont, 2002.

ROSTAND Maurice, *Sarah Bernhardt*, Calman-Lévy, 1950.

VERNEUIL Louis, *La vie merveilleuse de Sarah Bernhardt*, Brentano's, 1942.

RECUEIL D'ARTICLES DE PRESSE

LEMAÎTRE Jules, *Les Contemporains*, Lecène et Oudin, 1889.

SARCEY Francisque, *Quarante ans de théâtre*, Bibliothèque des Annales, 1900-1902.

VITU Auguste, « Les Mille et Une Nuits de Paris », Feuilletons du *Figaro*, Ollendorf, 1884.

ROMANS À CLEFS OÙ SARAH BERNHARDT APPARAÎT SOUS UN AUTRE NOM

GONCOURT Jules et Edmond de, *La Faustin*, Babel, 1995.
LORRAIN Jean, *Le tréteau*, L'imprimerie moderne, 1941.
PROUST Marcel, *Le Côté de Guermantes*, Gallimard, coll. « Folio », 1988.
CHAMPSAUR Félicien, *Dinah Samuel*, Séguier, 1999.
JAMES Henry, *La muse tragique*, Belfond, 1992.

CATALOGUES D'EXPOSITION

Portrait(s) de Sarah Bernhardt, Bibliothèque nationale de France, 2000, publié à l'occasion de l'exposition « Sarah Bernhardt ou le divin mensonge » qui a eu lieu à la BNF rue de Richelieu, du 3 octobre 2000 au 14 janvier 2001.
Sarah Bernhardt : The Art of High Drama, Yale University Press, 2005, publié à l'occasion de l'exposition du même nom organisée par le Jewish Museum de New York, de décembre 2005 à avril 2006.

NOTES

UNE ENFANCE SOUS LE SIGNE
DE L'ABANDON (1844-1860)

1. Apollinaire, *La Chanson du mal-aimé*, in *Alcools*, coll. « Poésie Gallimard », Gallimard, 1966.
2. Sarah Bernhardt, *Ma double vie (MDV)*, Phébus, 2000.
3. Eugène Sue, *Les Mystères de Paris*, (1842-1843), Charpentier, t. 1.
4. Jules Huret, *Sarah Bernhardt*, Juven, 1899.
5. Sarah Bernhardt, *MDV*, *op. cit.*
6. Théodore de Banville, *Camées parisiens*, Pincebourde, 1866, 3ᵉ série, t. 1.
7. Sarah Bernhardt, *MDV*, *op. cit.*
8. Jules Huret, *Sarah Bernhardt*, *op. cit.*

APPRENDRE À JOUER : DE LA COMÉDIENNE
À LA COURTISANE (1860-1866)

1. Sarah Bernhardt, *MDV*, *op. cit.*
2. Jules Huret, *Sarah Bernhardt*, *op. cit.*
3. Sarah Bernhardt, *L'Art du théâtre*, Monaco, Sauret, 1993.
4. *Ibid.*
5. *Ibid.*
6. *Ibid.*
7. *Ibid.*
8. *Ibid.*

9. Sarah Bernhardt, *MDV, op. cit.*

10. Sarah Bernhardt, *L'Art du théâtre, op. cit.*

11. Lysiane Bernhardt, *Sarah Bernhardt, ma grand'mère*, Pavois, 1947.

12. Sarah Bernhardt, *MDV, op. cit.*

13. *Ibid.*

14. *Ibid.*

15. Francisque Sarcey, *Comédiens et Comédiennes, La Comédie-Française*, Librairie des bibliophiles, 1876.

16. Francisque Sarcey, *L'Opinion nationale*, 1er septembre 1862.

17. *Ibid.*, 12 septembre 1862.

18. Edmond et Jules de Goncourt, *La Faustin*, Charpentier, 1882.

JOUER C'EST PLAIRE : À LA CONQUÊTE DE LA RIVE GAUCHE (1866-1871)

1. Victorien Sardou, *L'illustration théâtrale*, 15 août 1908.

2. Sarah Bernhardt, *MDV, op. cit.*

3. Félix Duquesnel, « Les Débuts de Sarah Bernhardt », *Le Figaro*, 16 septembre 1894.

4. *Ibid.*

5. *Ibid.*

6. Francisque Sarcey, *Le Temps*, 20 janvier 1868.

7. Félix Duquesnel, *op. cit.*

8. Francisque Sarcey, *L'Opinion nationale*, 18 janvier 1869.

9. Adolphe Brisson, *Pointes sèches*, Armand Colin, 1898.

10. Francisque Sarcey, *Le Temps*, 27 septembre 1869.

11. Théophile Gautier, *Journal officiel*, 28 février 1870.

12. Sarah Bernhardt, *MDV, op. cit.*

UNE ÉTOILE EST NÉE (1871-1878)

1. Sarah Bernhardt, *MDV, op. cit.*

2. Francisque Sarcey, *Le Temps*, 16 octobre 1871.

3. Auguste Vitu, *Le Figaro*, 6 janvier 1871.

4. Sarah Bernhardt, *MDV, op. cit.*

5. *Ibid.*

6. Francisque Sarcey, *Le Temps*, 26 février 1872.

7. Sarah Bernhardt, *MDV, op. cit.*

8. Francisque Sarcey, *Le Temps*, 11 novembre 1872.

9. *Ibid.*

10. Théodore de Banville, *Camées parisiens, op. cit.*

11. Correspondance amoureuse entre Sarah Bernhardt et Mounet-Sully, Bibliothèque de la Comédie-Française.

12. *Ibid.* Le poème reproduit en note de bas de page 82 appartient aussi à ce fonds.

13. *Ibid.*

14. Sarah Bernhardt, *MDV, op. cit.*

15. Pierre Véron, « Monsieur Sarah Bernhardt », *Les Coulisses artistiques*, Paris, Dentu, 1876.

16. *Ibid.*

17. *Ibid.*

18. *Ibid.*

19. *Ibid.*

20. Francisque Sarcey, *Le Temps*, 10 août 1874.

21. Sarah Bernhardt, *L'Art du théâtre, op. cit.*

22. *Théâtre*, 21 décembre 1874.

23. Reynaldo Hahn, *La Grande Sarah*, Hachette, 1930.

24. Alexandre Dumas fils, *L'Étrangère*, acte III, scène 7.

25. Sarah Bernhardt, *MDV, op. cit.*

26. Francisque Sarcey, *Le Temps*, 2 octobre 1876.

27. Sarah Bernhardt, *MDV, op. cit.*

UN VENT DE LIBERTÉ (1878-1880)

1. Sarah Bernhardt, *MDV, op. cit.*

2. Albert Millaud, *Le Figaro*, 17 août 1878.

3. Lettre citée *in* Louis Verneuil, *La vie merveilleuse de Sarah Bernhardt*, Brentano's, 1942.

4. Gustave Kahn, « Sarah Bernhardt », *La Plume*, 1901.

5. Pierre Loti, *Journal inédit*, 6 juillet 1878, coll. P. Loti-Viaud.

6. Auguste Vitu, *Le Figaro*, 7 février 1879.

7. Sarcey, *Le Temps*, 9 juin 1879.

8. Cité par Maurice Baring, *Sarah Bernhardt*, Stock, 1993.

9. Sarah Bernhardt, *Ma double vie, op. cit.*

10. Francisque Sarcey, *Le Figaro*, 23 juin 1879.

11. Émile Zola, *Le Voltaire*, 8 juillet 1879.

12. Sarah Bernhardt, *MDV, op. cit.*

13. *Ibid.*

14. Auguste Vitu, *Le Figaro*, 18 avril 1880.

15. Sarah Bernhardt, *MDV, op. cit.*

16. Sarah Bernhardt, lettre à Perrin publiée dans *Le Gaulois*, 19 avril 1880.

17. Adolphe Brisson, *Pointes sèches, op. cit.*

18. Francisque Sarcey, *Le Temps*, 31 mai 1880.

19. Auguste Vitu, *Le Figaro*, 25 mai 1880.

LA MUSE FERROVIAIRE : PREMIÈRE TOURNÉE
EN AMÉRIQUE (OCTOBRE 1880 - MAI 1881)

1. Sarah Bernhardt, *Ma Double Vie, op. cit.*

2. *Ibid.*

3. *Ibid.*

4. *Ibid.*

5. « L'avènement de Bernhardt », *New York Times*, 9 novembre 1880, trad. S.-A. Picon.

6. Marie Colombier, *Les Voyages de Sarah Bernhardt en Amérique*, Marpon et Flammarion, 1887.

7. *Ibid.*

8. Ibid.

9. Racine, *Phèdre,* III, 3.

10. *In* Marie Colombier, *op. cit.*

11. Sarah Bernhardt, *MDV, op. cit.*

12. *Ibid.*

13. *Ibid.*

14. *Ibid.*

15. Marie Colombier, *op. cit.*

16. Sarah Bernhardt, *MDV, op. cit.*

17. *Ibid.*

18. Marie Colombier, *op. cit.*

19. *Ibid.*

20. *Ibid.*

21. *Ibid.*

FEMME-PROTÉE ET FEMME MARIÉE (1882-1890)

1. Robert de Montesquiou, « Melpomène », *in Les Hortensias bleus*, Paris, 1896.

2. Marie Colombier, *Les Mémoires de Sarah Barnum*, Chez tous les libraires, 1884.

3. Anton Tchekhov, *Tout ce que Tchekhov a voulu dire sur le théâtre*, L'Arche, 2007.

4. *Ibid.*

5. Lysiane Bernhardt, *Sarah Bernhardt, ma grand'mère, op. cit.*

6. Auguste Vitu, *Le Figaro*, 18 novembre 1882.

7. Auguste Vitu, *Le Figaro*, 12 décembre 1882.

8. Jules Lemaître, *Les Contemporains. Études et portraits littéraires*, Lecène et Oudin, 2ᵉ série, 1886.

9. Francisque Sarcey, *Quarante ans de théâtre (Feuilletons dramatiques)*, Bibliothèque des Annales, 1901, vol. 4.

10. *Sarah Bernhardt, Correspondance avec Duquesnel*, conservée à la BNF, site Richelieu.

11. Entretien d'Oscar Wilde avec un journaliste du *Morning News*, *in* Arthur Gold et Robert Fizdale, *Sarah Bernhardt*, NRF Gallimard, 1991.

12. Anatole France, *La Revue de Paris*, 15 déc. 1896.

13. *Le Gaulois*, 9 octobre 1887.

14. Francisque Sarcey, *Le Temps*, 28 novembre 1887.

15. Jules Lemaître, *Journal des débats*, 22 avril 1889.

16. Francisque Sarcey, *Le Temps*, 22 avril 1889.

LES VISAGES D'UNE STAR :
RÉPÉTITION ET VARIATION (1890-1898)

1. Albert Thomas, *in* « Sarah Bernhardt », *La Plume*, 1901.

2. *Le Gaulois*, 4 décembre 1889.

3. Anatole France, *La Vie littéraire*, Calmann-Lévy, s.d., t. 3.

4. *Ibid.*

5. Henri Bauer, *L'Écho de Paris*, 30 avril 1890.

6. Jules Huret, *Sarah Bernhardt, op. cit.*

7. Sarah Bernhardt, « Examen de conscience », *Le Figaro*, 8 décembre 1896.

8. Sacha Guitry, *Si j'ai bonne mémoire...*, Plon, 1940.

9. Traduit *in* Arthur Gold et Robert Fizdale, *Sarah Bernhardt*, *op. cit.*

10. Jules Renard, *Journal*, Paris, Laffont, 1990.

11. *Revue bleue*, 19 décembre.

12. *Revue de Paris*, 15 décembre 1896.

13. Sarah Bernhardt, « Examen de conscience », in *Le Figaro*, *op. cit.*

14. Gustave Kahn, « Sarah Bernhardt », *La Plume*, 1901.

15. Émile Zola, *Le Figaro*, 25 novembre 1897.

16. Lettre de Sarah Bernhardt à Émile Zola du 14 janvier 1898, manuscrit conservé à la BNF.

UN TRÉSOR NATIONAL (1899-1914)

1. Edmond Stoullig, *Annales du théâtre et de la musique*, Charpentier, 1900.

2. Jane Misme, *La Fronde*, 16 mars 1900.

3. Gustave Kahn, « Sarah Bernhardt », *La Plume*, 1901.

4. Louis Delluc, *Chez de Max*, L'édition, 1918.

5. Marguerite Moreno, *Souvenirs de ma vie*, Phébus, 2002.

6. Adolphe Brisson, *Le théâtre et les mœurs*, Flammarion, 1906.

7. « Sarah Bernhardt à Belle-Isle », *L'Opinion*, 3 août 1929.

8. Adolphe Brisson, *Le Temps*, 12 novembre 1906.

9. Sarah Bernhardt, « Sarah Bernhardt professeur », *Le Temps*, 18 février 1907.

10. Sarah Bernhardt, *Correspondance*, manuscrits conservés à la BNF, Mn 706.

11. *Ibid.*, Mn 710.

12. « Sarah Bernhardt et le cinéma », *Le Courrier cinématographique*, 25 avril 1914.

PORTRAIT DE L'ARTISTE EN MOUVEMENT

1. Théodore de Banville, *Camées parisiens*, 3ᵉ série, « Du théâtre », 1873.

2. Edmond Rostand, préface à Jules Huret, *Sarah Bernhardt, op. cit.*

3. Henri Bauer, *L'Écho de Paris*, supplément illustré du 18 janvier 1894.

4. Reynaldo Hahn, *La Grande Sarah, op. cit.*

5. Jules Lemaître, *Les Contemporains. Études et portraits littéraires, op. cit.*

6. Francisque Sarcey, *Le Temps*, 20 juin 1881.

7. Reynaldo Hahn, *La Grande Sarah, op. cit.*

8. Henri de Weindel, « Répétitions d'étoiles : Sarah Bernhardt », *Le Gaulois*, 20 janvier 1898.

9. Sarah Bernhardt, lettre d'Eaux-Bonnes, 21 août 1885.

10. Marguerite Moreno, *Souvenirs de ma vie, op. cit.*

11. Clément Caraguel, *Journal des débats*, 28 décembre 1874.

12. Marcel Proust, *Le Côté de Guermantes*, t. I, Gallimard, coll. « Folio », 1988.

13. Entretien de Jacques Lorcey avec Jean Yonnel, cité dans Jacques Lorcey, *Sarah Bernhardt, l'art et la vie*, Seguier, 2005.

14. Béatrix Dussane, *Dieux des planches*, Flammarion, 1964.

15. Sarah Bernhardt, *L'Art du théâtre, op. cit.*

16. *Ibid.*

17. Émile Faguet, *Journal des débats*, 7 décembre 1896.

18. Jules Lemaître, *Revue des Deux Mondes*, 1ᵉʳ janvier 1897.

19. Edmond Pilon, « La tragique histoire d'Hamlet, prince de Danemark, jouée par Mme Sarah Bernhardt », *Sarah Bernhardt, La Plume*, 1901.

20. *Ibid.*

21. Gustave Geffroy, *Revue encyclopédique*, 24 juin 1899.

22. Gustave Larroumet, *Le Temps*, 22 mai 1899.

23. Clement Scott, *Some Notable Hamlets*, Benjamin Bloom, 1900, extrait traduit de l'anglais par l'auteur.

24. *Daily Telegraph*, 16 juin 1899, lettre publiée dans *Le Figaro* du 19 juin 1899.

25. *Le Temps*, 19 mars 1900.

26. Henri Fouquier, *Le Figaro*, 16 mars 1900.

« MÊME ELLE AVAIT ENCOR CET ÉCLAT EMPRUNTÉ »,
RACINE, *ATHALIE*, II, 5 (1914-1923)

1. Mark Twain, in *New York Times*, décembre 1905.
2. Lettre de Sarah Bernhardt au Dr Pozzi, 4 février 1915, collection. Claude et Ida Bourdet, cité in Arthur Gold et Robert Fizdale, *Sarah Bernhardt*, NRF Gallimard, 1991.
3. Béatrix Dussane, *Reines de théâtre*, Lardanchet, 1944.
4. *Ibid.*
5. *Id., Le Théâtre illustré*, juin 1923.
6. « Sarah Bernhardt in real war film », *The New York Times*, 12 mars 1917.
7. Cité par Jacques Lorcey, *Sarah Bernhardt, l'art et la vie, op. cit.*
8. Citée par Philippe Jullian dans *Sarah Bernhardt*, Balland, 1977.
9. Jacques Lorcey, *Sarah Bernhardt, l'art et la vie, op. cit.*
10. Henri Bordeaux, *Revue hebdomadaire* du 24 avril 1920.
11. Racine, *Athalie*, II, 5.
12. François Mauriac, *Revue hebdomadaire*, 27 avril 1920, « Courrier théâtral ».
13. Sacha Guitry, *Lucien Guitry, sa carrière et sa vie*, impr. Coulouma, 1930.
14. Mary Marquet, *Ce que j'ose dire*, Jean Dullis, 1974.
15. Jules Lemaître, *Les Contemporains*, vol. V.
16. *The Mask*, juin 1908, traduit de l'anglais par Pierre-Emmanuel Dauzat.
17. Sarah Bernhardt, *L'Art du théâtre, op. cit.*
18. Colette, *Dernier Portrait, Plaquette du gala pour le centenaire de Sarah Bernhardt*, 1944.

Une enfance sous le signe de l'abandon (1844-1860)	9
Apprendre à jouer : de la comédienne à la courtisane (1860-1866)	30
Jouer c'est plaire : à la conquête de la rive gauche (1866-1871)	53
Une étoile est née (1871-1878)	71
Un vent de liberté (1878-1880)	99
La muse ferroviaire : première tournée en Amérique (octobre 1880 - mai 1881)	122
Femme-Protée et femme mariée (1882-1890)	143
Les visages d'une star : répétition et variation (1890-1898)	165
Un trésor national (1899-1914)	191
Portrait de l'artiste en mouvement	219
« Même elle avait encor cet éclat emprunté », Racine, *Athalie*, II, 5 (1914-1923)	241

ANNEXES

Repères chronologiques	267
Références bibliographiques	274
Notes	277

FOLIO BIOGRAPHIES

Alexandre le Grand, par JOËL SCHMIDT

Lou Andreas-Salomé, par DORIAN ASTOR

Attila, par ÉRIC DESCHODT. Prix « Coup de cœur en poche 2006 » décerné par *Le Point.*

Joséphine Baker, par JACQUES PESSIS

Balzac, par FRANÇOIS TAILLANDIER

Baudelaire, par JEAN-BAPTISTE BARONIAN

Beethoven, par BERNARD FAUCONIER

Sarah Bernhardt, par SOPHIE-AUDE PICON

Bouddha, par SOPHIE ROYER

James Brown, par STÉPHANE KOECHLIN

Maria Callas, par RENÉ DE CECCATTY

Calvin, par JEAN-LUC MOUTON

Camus, par VIRGIL TANASE

Le Caravage, par GÉRARD-JULIEN SALVY

Céline, par YVES BUIN

Jules César, par JOËL SCHMIDT

Cézanne, par BERNARD FAUCONNIER. Prix de biographie de la ville de Hossegor 2007.

Chopin, par PASCALE FAUTRIER

Cléopâtre, par JOËL SCHMIDT

Albert Cohen, par FRANCK MÉDIONI

Colette, par MADELEINE LAZARD

James Dean, par JEAN-PHILIPPE GUERAND

Diderot, par RAYMOND TROUSSON

Marlene Dietrich, par JEAN PAVANS

Albert Einstein, par LAURENT SEKSIK

Fellini, par BENITO MERLINO

Freud, par RENÉ MAJOR et CHANTAL TALAGRAND

Gandhi, par CHRISTINE JORDIS. Prix du livre d'histoire de la ville de Courbevoie 2008.

De Gaulle, par ÉRIC ROUSSEL

Geronimo, par OLIVIER DELAVAULT

Goya, par MARIE-FRANCE SCHMIDT

Billie Holiday, par SYLVIA FOL

Ibsen, par JACQUES DE DECKER

Jésus, par CHRISTIANE RANCÉ

Janis Joplin, par JEAN-YVES REUZEAU

Kafka, par GÉRARD-GEORGES LEMAIRE

Kerouac, par YVES BUIN

Louis XIV, par ÉRIC DESCHODT

Louis XVI, par BERNARD VINCENT

Michel-Ange, par NADINE SAUTEL

Modigliani, par CHRISTIAN PARISOT

Moïse, par CHARLES SZLAKMANN

Molière, par CHRISTOPHE MORY

Marilyn Monroe, par ANNE PLANTAGENET

Mozart, par JEAN BLOT

Musset, par ARIANE CHARTON

Pasolini, par RENÉ DE CECCATTY

Pasteur, par JANINE TROTEREAU

Picasso, par GILLES PLAZY

Louis Renault, par JEAN-NOËL MOURET

Rimbaud, par JEAN-BAPTISTE BARONIAN

Shakespeare, par CLAUDE MOURTHÉ

Stendhal, par SANDRINE FILLIPETTI

Jacques Tati, par JEAN-PHILIPPE GUERAND

Tchekhov, par VIRGIL TANASE

Toussaint Louverture, par ALAIN FOIX

Van Gogh, par DAVID HAZIOT. Prix d'Académie 2008 décerné par l'Académie française (fondation Le Métais-Larivière).

Verlaine, par JEAN-BAPTISTE BARONIAN

Boris Vian, par CLAIRE JULLIARD

Léonard de Vinci, par SOPHIE CHAUVEAU

Andy Warhol, par MÉRIAM KORICHI

Oscar Wilde, par DANIEL SALVATORE SCHIFFER

Virginia Woolf, par ALEXANDRA LEMASSON

Stefan Zweig, par CATHERINE SAUVAT

Composition Bussière
Impression Maury-Imprimeur
45330 Malesherbes
le 25 janvier 2010.
Dépôt légal : janvier 2010.
Numéro d'imprimeur : 152780.

ISBN 978-2-07-034544-1. / Imprimé en France.

150057